无界
BORDERLESS

不纯世界的有序见解

尘埃与灵光

李清照传

周文翰 著

图书在版编目（CIP）数据

尘埃与灵光：李清照传 / 周文翰著 . -- 北京：中信出版社 , 2025.3.（2025.4重印）-- ISBN 978-7-5217-7024-7

I. K825.6

中国国家版本馆 CIP 数据核字第 2024BL8710 号

尘埃与灵光：李清照传
著者： 周文翰
出版发行：中信出版集团股份有限公司
（北京市朝阳区东三环北路 27 号嘉铭中心　邮编　100020）
承印者： 嘉业印刷（天津）有限公司

开本：880mm×1230mm　1/32　　印张：11
插页：20　　　　　　　　　　　　字数：237 千字
版次：2025 年 3 月第 1 版　　　　 印次：2025 年 4 月第 2 次印刷
书号：ISBN 978-7-5217-7024-7
定价：69.00 元

版权所有·侵权必究
如有印刷、装订问题，本公司负责调换。
服务热线：400-600-8099
投稿邮箱：author@citicpub.com

李清照并未留下写真像，与她有交往的宋人也未描述过其相貌特点

目录

I 引言

1 第一章 城事，耳闻苏黄形迹
39 第二章 文事，细论诗词长短
64 第三章 婚事，一枝一叶关情
112 第四章 青州，略寂寞不忧愁
181 第五章 莱州，夫好古妇作词
196 第六章 淄州，天下乱且南奔
207 第七章 夫亡，江宁梅雪清寒
230 第八章 流落，海角天涯飘零
251 第九章 再婚，百日人间笑话
276 第十章 易安，江南居亦不易

294 第十一章 帖子，居士可比学士
319 第十二章 衰年，老了倦了走了

332 参考文献
334 后记
341 附录

引言

　　李清照被许多人视为"中国古代最伟大的女诗人",但是她的真实状况却犹如谜团,甚至没有关于她的高矮、胖瘦、卒年、享年的记载,她的形象犹如雾海中的影子,模糊不清。这与我之前写的《孤星之旅:苏东坡传》的主角形成鲜明对比,坡公是当时的第一名士,他的诗、词、文、信札几乎全都流传下来,他自己爱在诗词、小序中回味日常生活的细节,同时代人也记录了许多他的言论、故事。今天的人甚至能还原他在某年某月某日中午与谁聊天,晚上与谁饮酒,发了什么牢骚,讲了什么笑话。

　　原始资料的缺失,导致写一本严肃的李清照传记——既不是"传记小说",也不是"评传"——可以说是传记写作的极限挑战之一,几经犹豫,我才敢动笔。现在,总算可以交给读者评判了。

　　我相信,这本书呈现了目前所能见到的与时代勾连最为深切的李清照的形象,我尝试通过追溯两宋之际众多女性的群像,从她们的"重影"中辨认李清照的身影,让她以前所未有的清晰姿态站立于真实的文化生态之中。在党派纷争愈演愈烈、时局动荡的两宋之交,有过这样一位女性,她既作为一个世俗角色生活其间,有她的欢乐、愤怒、悲哀,也作为醉心文学世界的作家超脱其上，有她的雄心、幽思、创意。

她自是她，我只是在努力辨认她的侧影。

第一章　城事，耳闻苏黄形迹

元祐六年（1091年），李清照十一岁，懂点事体了。

一天午后，父亲李格非从太学归来，说他升官了，从正九品的太学正升为从八品的太学博士。虽然品级依旧较低，这一步升迁对为官之人却意味着鲤鱼跃龙门，实现了从"选人"到"京官"的身份飞跃。

按照朝廷制度，如今的两万多名官员分为选人、京官以及朝官（从七品以上的高中级文官）三个等次。考中进士之人只有前五名可以获授京官官衔，其他进士都只能被授予选人可担当的从九品、正九品、从八品官职，如辅助节度使和府、州、军、监长官的判官、推官、掌书记等"幕职官"，辅佐州县长官的录事参军、主簿、县尉、县丞等"州县官"。选人想升迁为中级官员，必须先通过程序"改官"，即升改为京官序列的官衔。京官指八、九品低级文官，太学博士就是京官。

改官最常规的途径是经三任六考之后，选人取得五名有朝官身份的上级官员作为"举主"提交"京削"（推荐书）保举，经吏部、刑部复核，皇帝"召对"面试觉得合适，才可获授京官官衔。此外，还有受荐参加制科考试、特恩改官等几种非常规的方式，如大名鼎鼎的苏轼当年考中进士的名次靠后，也是被任命为选人的官职，即福昌县主簿，后来得到举荐参加制科考试，取得最高成绩才得以改官。一些选人没有走通上述几条路径，只能终身以选人身份在州县当小官。

李格非已当了十三年选人，其中入京六年，历任太学录（正九品）、太学正[1]，到今年才得到五名朝官的保荐改官。其晋升速度比起官场幸运儿略慢些，与他性格耿介有关，他并非那种为了升官四处钻营之人。

李格非乃山东齐州章丘县明水镇（今山东济南章丘区明水街道）人。[2] 明水镇镇西有泉水喷涌而成的河溪，水草浮动，水纹如绣，本地人称为"绣江"。此处溪深水静，茂林修竹，是他从小玩乐的地方，故而他长大后经常自云"绣江李格非"。他的父亲曾任小官，一心想让他考进士。李格非求学期间，正是王安石阐释儒学经典的"新学"影响全国之时，年少的他受到重视解读儒家经典的思潮的影响，撰有字数多达数十万的《礼记说》。熙宁九年（1076年），他考中进士，此时朝廷高官有"榜下捉婿"的习俗，每年进士榜单公布之日，家中有适婚年纪的女儿的官员都爱打听哪一位进士还没有婚约，选一位当乘龙快婿。参知政事王珪的长女到了婚嫁的年纪，他赏识李格非的才学、仪表，把女儿嫁给他为妻。之后，李格非出任冀州（今河北冀州）司户参军、试学官。

---

[1] 北宋有太学资深学生出任太学正、太学录的记载，则此职位似乎并非京官。
[2] 于中航：《〈廉先生序〉石刻考释——兼谈李格非、李清照里居问题》，《文物》1984年第5期，第70—75页。

第一章　城事，耳闻苏黄形迹

不幸，妻子王氏因病早逝。岳父母觉得李格非对女儿照顾不周，颇有怨言。此时岳父已升为宰相，而李格非为人耿介，醉心经史，毫无讨好这位宰相岳父之意，和王家甚少往来。他心中或许对这位岳父也有些看法。王珪仕途通达，在仁宗朝、英宗朝长期担任翰林学士，所撰制诰典雅工整，所作诗赋辞藻富艳，爱用金玉一类词汇，乃至他的兄长戏称他的诗作犹如用昂贵材料配制的药丸"至宝丹"。如今他高居宰相之位，却很少发表意见，上殿奏事是为了"取圣旨"，皇帝表态之后他就"领圣旨"，退朝之后则对属下说"已得圣旨"，让他们照办就好。私下有人戏称他是"三旨相公"，这是讽刺他为相庸碌，唯皇帝旨意是从。

随后李格非续娶了仁宗朝名臣王拱辰的孙女王氏。她是大家闺秀，自小在洛阳长大，见识广博，识字能文，乃是家族中有名的才女。元丰四年，她生下个女儿，夫妻二人为其取名曰"清照"。[1]《水经注》记载巴郡的夷水十丈之内都能看清楚水底的沙石，

---

[1] 李清照的生年有元丰四年（1081年）、元丰六年（1083年）、元丰七年（1084年）三说，本书从元丰四年说。主要是根据李清照《金石录后序》云"绍兴二年玄黓岁，壮月朔甲寅，易安室题"与"呜呼！余自少陆机作赋之二年，至过蘧瑗知非之两岁，三十四年之间，忧患得失，何其多也"两句提示的年代推算。《淮南子·原道训》记蘧瑗"行年五十而知四十九年之非"，指绍兴二年（1132年）李清照五十二岁。古人计虚岁而非周岁，则其为元丰四年生。前人对李清照生年的误读，大多源于对"余自少陆机作赋之二年，至过蘧瑗知非之两岁，三十四年之间，忧患得失，何其多也"的解读。李清照说自己在"少陆机作赋之二年"（杜甫《醉歌行》云"陆机二十作文赋"），即十八岁时和五十二岁之间两次遭遇"忧患"。她五十二岁写作此序时遭遇的"忧患"，是与张汝舟再婚又离婚一事，此事时间点非常明确，而她十八岁遭遇的"忧患"是何事，前人多解读为她与赵明诚于建中靖国元年（1101年）结婚一事，即序中所云"余建中辛巳，始归赵氏"，并由她十八岁结婚倒推出她生于元丰七年（此说见黄盛璋《赵明诚、李清照夫妇年谱》等文）。

"水色清照",故而又称"清江",萧衍的《凡百箴》有"水清照净,表直影端"一说,以此为名,自然是寓意女儿洁净自清、秀外慧中。李格非故乡的绣江也清澈动人,给女儿起这个名字,也依稀有怀乡之意。

在母亲的照料下,李清照一天天长大,牙牙学语,蹒跚学步,渐渐学会在庭院跑来跑去。其间父亲调任郓州(今山东郓城)州学教授,李清照懵懵懂懂,整日在庭院玩耍,对房舍以外的地方并没有什么印象。元祐元年(1086年),李格非入京,出任太学录,六岁的李清照随父母进京,从此成了汴京人。

母亲知书达理,教她识字、读书,除了教常见的《女诫》《论语》《孝经》一类常见的蒙学教材,还念诵欧阳修、柳永、张先、苏轼等本朝名家的诗词歌赋,故而她从小就对文字敏感。说起来有趣,父亲就职的太学,最早是那个擅长写词的南唐后主李煜来京时居住的宅邸,他亡故后收归朝廷,后来改作了太学的房舍。

父亲租了太学西侧街巷中的一座小院当居所,这里地势比较低,一下雨就容易积水,周围有小河,河边胡乱长着柳树、杂

(接上页注释1)我认为这是重大误读,她与赵明诚乃原配夫妻,青年结婚是喜事,绝非"忧患"。我认为李清照十八岁遭遇的平生第一次"忧患"指母亲王氏逝世一事,此事对她的影响重大:一是她与母亲关系亲密,母亲逝世对其心理影响巨大;其次此时她十八岁,已到议婚年纪,因母亲逝世,她需守孝二十五个月或二十七个月,她的婚礼为此推迟近三年,使她二十一岁时("建中辛巳")才与赵明诚成婚。如此,她生于元丰四年。李清照的生母有王珪之女(李格非原配)、王拱辰孙女(李格非继妻)、无名氏女子(李格非侍妾)三说,因李格非、李清照与王珪家族似关系疏远,后遇到困难也未向王珪的亲友求助,更有秦桧(其妻乃王珪的孙女)之兄为难李清照之事,因此本书从生年、礼俗角度推断李清照生母乃王拱辰孙女。

第一章　城事，耳闻苏黄形迹

草，是孩子们玩闹的好去处。父亲在南轩的庭院栽种竹子，把中堂命名为"有竹堂"，请以文辞见长的朋友晁补之写了篇《有竹堂记》。父亲午后从太学回家，经常坐在堂中读书、写作，他擅长文章，写得颇为迅捷，晁补之夸张地形容是"为文章，日数十篇不休，如茧抽绪，如山云蒸，如泉出地流，如春至草木发，须臾盈卷轴"。[1]

在京城，李清照一天天长大，跟着父亲、母亲，经常到外头的街巷活动，渐渐熟悉了帝都的风景、风俗。

在家里，每天凌晨五更，就能听到附近寺院派人在街道上边走边撞击铁牌子、木鱼报晓，这些人大声念诵天气情况，如"天色晴朗""天色阴""雨"等等，房舍内的人听了可以根据情况穿着。[2]听到这声响，人们就知道该起身了。官吏准备去官署，店铺的人准备开门营业，尤其是卖粥、饭、点心、汤、茶等早点的更要早起。刚天亮就有商贩在御街、州桥、龙津桥等处叫卖各种食物、饮料，每一行当的商贩叫卖的声韵各不相同，市民闻听不同的声调就能知晓他们是卖什么的。

她家在太学西侧，这里位于龙津桥以南的御街之东。北边紧邻刘廉访的大宅，南边都是密密麻麻的民居。御街是贯通京城南北的主干道，常有车马来往，两侧设置有朱漆杈子，防止居民任意占

---

[1]　[宋]晁补之：《鸡肋集》卷三十，景印文渊阁四库全书本第1118册，台湾商务印书馆，1986年，第622页。
[2]　本书对汴京的人物、街道、风景的描写多依据《东京梦华录》相关内容，之后若非原文引用则不再一一注释。此处参见[宋]孟元老撰，伊永文笺注：《东京梦华录笺注》卷三《天晓诸人入市》，中华书局，2006年，第357页。

道。站在她家边上的这段御街上，向南可以直达南薰门，向北直通大内。南薰门是皇帝南郊祭祀时要经过的，故而朝廷不许士庶殡葬的车舆从这个门进出，不过，从早到晚都有猪倌赶着成千上万头肉猪从这个门进城，到杀猪巷屠宰，供给万千百姓当吃食。

沿着御街往北，站在蔡河上的龙津桥上就能望见百余步外的朱雀门城楼，御街两侧都是繁华的街巷，东西两教坊就在这里，故而这里住了许多歌儿舞女。西侧有一座娱乐场所新门瓦子，东侧的麦秸巷、状元楼等处有许多妓馆、茶坊，附近有好几座娱乐场所瓦子，如保康门瓦子、桑家瓦子以及靠北的中瓦子、里瓦子。每个瓦子又分隔成大小勾栏，少则十几个，多则几十个，每个都单独收费，可以在里面欣赏小唱、讲史、杂剧、说诨话（讲笑话）、悬丝傀儡（提线木偶）、上竿、跳索、相扑、鼓板、斗鸡、杂扮、商谜、合笙、乔筋骨、乔相扑、浪子、叫果子、学像生、倬刀、装鬼、砑鼓等等表演。如里瓦子里面的夜叉棚、象棚可以容纳数千人观赏演出，前者主打装扮神神鬼鬼大吐烟火，后者乃是驯象表演，都是百姓和各地商旅喜欢看的。李清照也常常跟着母亲、亲戚到瓦子里听小唱，熟悉许多音乐、歌词的调子。

进入朱雀门，往北就是汴河上架设的州桥，桥下的柱子和桥上的石梁、栏杆都是青石所制。两岸的堤岸外侧也镶嵌着整块青石，上面镌刻海马、仙鹤、祥云等图案，尽显京城的气派。龙津桥到州桥之间乃是汴京人口密集、商业发达的区域，井字形街巷彼此相连，大街小巷密密麻麻都是住宅、作坊、酒馆、茶坊、妓楼、旅店，白天有许多商贩在街道两侧设立遮阳伞，在下面摆地

第一章 城事，耳闻苏黄形迹

摊出售各种商品。管理市容的街道司在街道两旁竖立了许多"表木"，在表木之内可以摆摊，表木之外的街道正中则是车、人通行的地方。除了固定的店铺，还有许多走街串巷的小贩推着小车沿街叫卖各种杂货、食品，每个人叫卖的声调、措辞都不同，听上去如同吟唱一般，此起彼伏的叫卖声一直到晚上三更才罢休。主要的街道上从早到晚都有食肆开门，许多人一天都在食肆买现成食品吃，家中从不做饭。

这一带夜市发达，晚上汴京人都爱来这里品尝各种小吃，夏有麻腐鸡皮、麻饮细粉、素签、砂糖冰雪冷元子、水晶皂儿、生腌水木瓜、砂糖绿豆甘草冰雪凉水、荔枝膏、广芥瓜儿、梅子姜、芥辣瓜儿、香糖果子、糖荔枝、越梅等清凉食品，冬有盘兔、旋炙猪皮肉、野鸭肉、滴酥、水晶鲙等吃食。三更以后，还有人提着瓶卖热茶给那些夜归的人，让他们暖暖身子。州桥附近之所以如此繁华，是因为官府在附近修建了储藏粮食等货物的大仓库，顺着汴水而来的货船大都在州桥码头靠岸卸货，这里便成了人流集散的热闹地点。汴河即隋炀帝开凿的人工运河通济渠，沟通黄河与淮水，目的是给洛阳供给物资，如今以孟州河阴县南为西端起点，淮南、江南的税粮以及各种物资主要都是经汴河运输到汴京的，两岸的码头是众所周知的繁华之地。汴河从汴京外城西水门入城，再入内城水门，横穿宫城前州桥、相国寺桥，出内城水门，然后向东南而出外城东水门，一直向东与贯通南北的淮南运河（楚州至真州，亦称"扬楚运河""真楚运河"）、江南运河（京口至杭州）相交。

过州桥继续沿着御街往北就可以走到宫城的正南门宣德门，朱红色的五个门洞依次排列，墙壁上镌镂龙凤飞云的形状，显示皇家的权威，再上面就是皇帝在大典时会驾临的宣德楼。宫城的东门东华门外的市场极为热闹，因为宫人经常在此采买饮食、衣裳、花果、鱼虾、腊肉、金玉珍玩等，要是宫里有人请客，临时来采办一二十味下酒小菜、果品，当即都能置办好。

州桥的东北乃是大相国寺，这是汴京尽人皆知的热闹地方。这座佛寺占地五百多亩，分成六十四个禅院，进门两廊都是精美的彩色壁画和名士的题诗，附近几条街道上有许多店铺、摊位，可以买到古书画或雕版刻印的文集等。寺中的资圣阁高达三百尺，乃是汴京城里最高的几座建筑之一。相国寺周围、州桥西大街等处有书铺售卖国子监、各地官府和民间书坊刻印的书籍。爱好书画、古玩、诗文抄本之人，还可去著名酒店潘楼下面的早市寻觅好玩意儿。李清照随父母到街上买过印刷的书籍、抄写的本子之类。如今寻常书籍都有印刷的版本。朝廷一些部门奉命雕版刻印九经、史书、类书、诸子书、文章总集、历书、医方以及御制文章等，各地官府、民间商业书坊也雕版印刷医药、诸子百家、诗文集等图书。尤其是杭州、福建、汴京、益州等地书坊较多，其印制的书籍把各种经史典籍、实用知识、学术思想、诗文潮流快速传播到各地的文士群体中，对文化生态有重要影响。比如元丰年间苏公遭"乌台之狱"打击，据说就是他的诗集刻本、诗文抄本流行各处，引起皇帝和言官的关注所致。

汴京的节庆也比他处热闹。正月初一到初三过年，汴京的城

第一章　城事，耳闻苏黄形迹

门彻夜开放，百姓都到各处游览、走亲戚，贵族、士族女子也都纷纷相约到勾栏瓦舍游玩，乃至到赌场参观，到酒楼饮酒，吃腌制的鹌鹑、兔子之类的冬令食品。

上元节是一年中最热闹的节庆之一。刚进正月，许多茶肆便开始出售各种形状的灯笼，有可以旋转的彩画走马灯，有玻璃做的全透明琉璃炮灯，等等。此时皇宫、官署、街道、民宅都张灯结彩，街市上搭起灯楼、灯轮、灯树，以及印有做腾跃之状的龙凤虎豹的灯笼，寺庙也陈列灯烛及描绘着佛教人物故事的灯笼。正月十一，许多人都到大街上围观皇帝出行的仪仗，皇帝会带着朝臣去太平兴国寺开元殿、启圣禅院朝谒太祖、太宗的神御（御容与牌位）。从正月十四到十八，官府一连五夜不宵禁，允许百姓彻夜赏灯看戏。树木、屋檐上到处都悬挂着华灯，主要街道的空地上搭起许多舞台与戏棚，通宵达旦地演出杂技、歌舞、戏曲等，吸引许多民众围观打赏。人们在家里吃汤圆、金柑、橄榄、绿橘之类的食物，然后带着灯笼结伴到街道游览、观赏花灯，各处都辉煌灿烂，人声鼎沸。

宫城南门宣德门前的大街尤其热闹，街上竖立着两根高达数十丈的长杆，上面贴着五彩缤纷的百戏人物画像迎风招展，下面是开封府搭建的大露台，这是给皇帝演戏的地方。上元节晚上皇帝和后妃登上宣德门城墙上的宣德楼与民同乐，城楼上垂挂一溜黄色带子，后面坐着皇帝和妃嫔，两边是随从的臣僚。两侧角楼悬挂直径一丈的巨大圆形灯笼。等皇帝、妃嫔和大臣上楼坐定后，诸色艺人在大露台上表演相扑、蹴鞠、百戏等节目，百姓们则挤在露台两侧观看，艺人在演出中会不时带领观众一起讲祝贺皇帝"万岁"等吉祥话。周围都是卖各种小吃的摊贩，看累了随时可以买小吃果腹，赏灯的嫔妃也会让侍从下去购买各种小吃，打赏小贩。

那个擅长写词的柳永作过一首《迎新春》形容京城上元节的热闹情景，在他看来，这也是少年男女"奇遇"的私会时节：

> 嶰管变青律，帝里阳和新布。晴景回轻煦。庆嘉节、当三五。列华灯、千门万户。遍九陌、罗绮香风微度。十里然绛树。鳌山耸、喧天箫鼓。
>
> 渐天如水，素月当午。香径里、绝缨掷果无数。更阑烛影花阴下，少年人、往往奇遇。太平时、朝野多欢民康阜。随分良聚。堪对此景，争忍独醒归去。[1]

二月，柳树变绿，春天来了，人们纷纷到郊区踏青，到三月一日，按照惯例，皇帝让人打开西城墙外的金明池、琼林苑两座皇家园林的大门，允许百姓在四月八日之前去游赏。于是，每天都有成千上万的人去那里，在东岸的花草树木之间野餐。讲究的女眷都穿着精致，如欧阳修在《于飞乐》中描述的"蜀红衫，双绣蝶、裙缕

---

[1] ［宋］柳永著，薛瑞生校注：《乐章集校注（增订本）》下编《迎新春》，中华书局，2012 年，第 346—347 页。

第一章　城事，耳闻苏黄形迹

鹈鹕"[1]。金明池西岸几乎没有屋宇，花木繁茂，游人稀少。垂钓之士喜欢去那里钓鱼，他们必须先到管理池苑的官吏那里购买牌子才可以去划船、钓鱼、捕鱼，游人可以花钱买下他们钓上来的鱼，在岸边当场斫开，制成鱼脍佐酒。皇帝也会在特定的日子驾临金明池的临水殿，观赏在水上舞台、大船甲板之上进行的水戏表演。最激动人心的是诸军划着龙舟展开夺标竞赛，水中军士争相奋力挥桨，沿岸数万百姓摇旗呐喊，格外热闹。

六月六日是神灵崔府君的生辰，传说他是东岳泰山主神，掌管人的寿命长短、善恶报应，故而城中百姓纷纷前去城北十五里处的崔府君庙进献祭品。二十四日是开远门（万胜门）外一里处的灌口二郎庙的主神二郎神的生辰，传说这位神灵曾降下大雪迫使西夏从延州退兵，庙里的水可治疗疾病，故而深受百姓崇信，各衙门、各处的百姓都会献祭各种供品。[2] 皇家也会提前一天进献球杖、弹弓、弋射、鞍辔、衔勒、樊笼之类，让人抬着，一路吹吹打打送到庙里。第二天从早到晚，教坊会在庙前的露台上演出各种杂技、歌舞节目，吸引万千百姓围观。

中秋节前各个酒楼都重新布置彩楼，开始卖新酿成的好酒，街道上常常能闻到美酒的香味，这时也是吃螃蟹、石榴、梨子、枣子、栗子、橙子、橘子的时节。冬天碰上三年一次的南郊祭祀大典，就可以看到交趾进贡的大象在御街来来回回的场景，让京

---

[1] ［宋］欧阳修著，李逸安点校：《欧阳修全集》卷一百五十四《于飞乐》，中华书局，2001年，第2551页。
[2] 胡小伟：《宋代的二郎神崇拜》，《世界宗教研究》2003年第2期，第29—38页。

城百姓大开眼界。这些大象平时在应天府（今河南商丘）宁陵县的养象所饲养。南郊祭祀前的两个月由专人将七头大象赶到京城排练。它们从皇家园囿玉津园走到御街上，每头大象背上坐着一名驯象人。他们骑着大象缓缓行到宣德门前的广场上，发出口令让七头大象整整齐齐排成一列，面向宣德门城楼跪倒前腿礼拜。从排练那天开始，每天都有数万乃至十几万百姓在御街两侧、宣德门广场围观这些大象，还有商贩售卖用泥土、木头、面粉制作的大象模型或画像，贵戚还可以出钱请驯象人把大象赶到自己的宅院表演节目。当然了，南郊祭祀那日，只派六头大象出场，有一头大象仅是备用而已。

李清照也随母亲去过开宝寺、天清寺、太平兴国寺、玉清昭应宫、会灵观、东太一宫等寺观，这些地方的雕塑、壁画都出自名家手笔，形象动人，吸引了许多善男信女前去礼拜、游览。一些寺观的墙壁、柱子上还有名家的题诗，如金明池西侧的普安禅院墙壁上有苏轼、晁补之等人的题诗。

除了随父母、亲戚外出，李清照大多时候都在自家的院子玩耍、读书。不少邻家的孩子喜欢踢毽子，用仿制的铜钱捆绑鸡毛，三五成群地在庭院、街头踢毽子，有里外廉、拖枪、耸膝（膝踢）、突肚（肚踢）、佛顶珠（头踢）、剪刀、拐子等不同的技巧。有时候父亲需要刮胡子，就让仆从到街上招呼走街串巷的刀镊工（理发师）来家里，可以去除白发、拔鼻毛、剃颊毛、刮脸等等。家里的屋宇、墙壁有了破损，就去城门外、桥头寻觅揽活的木匠、竹匠、瓦匠、泥匠来处理。汴京还有许多中介，官僚、富户要雇侍妾、歌

第一章 城事，耳闻苏黄形迹

童、舞女、琴童、棋童、厨娘、针线人、拆洗人等等，都可以找中介寻求合适的人选。京城的中低收入人家都爱生女儿，供养女儿长到十来岁，就教她们学习针线、洗涤、烹饪乃至歌舞、琴艺等技艺，将来可以进入官员、富户的府邸服务，获取相应的收入。

近来颇有一些歌妓学习宫廷的风尚缠足。据说南唐李后主喜欢小脚，让宫嫔以丝帛缠绕足部，令脚掌纤小，故而皇宫中一些女子会缠足，外人把她们穿的小鞋子称作"宫样"或者"官样儿"。东坡公写过一首《菩萨蛮》形容女子的小脚，"偷穿宫样稳，并立双趺困。纤妙说应难，须从掌上看"。[1]因为缠脚以后女子难以走远路、干重活，寻常人家还要女儿干活，故并无缠足的兴趣。[2]

偶尔，李清照也随母亲前往洛阳探亲，从汴京向西四百里就是洛阳，乘船或坐车五六日就能到。环溪是曾外祖父王拱辰家的宅院，是洛阳南部一处有名的园林，以水景出名，北边有一座大池塘，中间有凉榭、洁华亭、多景楼等建筑。凉榭中的"锦厅"的规模在洛阳首屈一指，可以容纳数百人在此举行宴会。南边又是一处水池，因为水池、水渠环绕中间的陆地，故名"环溪"。站在高耸的多景楼上，天气好时可以望见南方的山峰，母亲说那里是龙门山、嵩山之类的地方，而站在北边的风月台上，也能看到

---

1 ［宋］苏轼著，邹同庆、王宗堂校注：《苏轼词编年校注》，中华书局，2007年，第842页。
2 南宋人以为缠足"起于近世"，元人认为"如熙宁、元丰以前人犹为者少，近年则人人相效，以不为者为耻也"。见［宋］张邦基撰，孔凡礼点校：《墨庄漫录》卷八《妇人缠足起于近世》，中华书局，2002年，第220页；［元］陶宗仪撰：《南村辍耕录》卷十《缠足》，中华书局，1959年，第127页。

洛阳城的万千建筑。李清照也喜欢到环溪西边的锦厅、秀野台玩，那里有松、桧等花木，夏秋开花时王家经常在这里布设幄帐欣赏花木。前几年故去的名臣司马光生前曾多次来游览，写诗《君贶环溪》赞美这里"地胜风埃外，门深花竹间。波光冷于玉，溪势曲如环"。[1]

已故的曾外祖父十九岁考中状元，仁宗皇帝亲自赐名拱辰，一日之间闻名京城，参知政事薛奎得知王拱辰还未婚配，为了在"榜下捉婿"的竞争中取胜，特地征得仁宗皇帝首肯，召他为三女婿。此后他仕途颇为平顺，最后的官职距宰执仅一步之遥。他是个保守的士人，早年反对范仲淹的新政，后来又反对神宗、王安石变法，元丰八年（1085年）病逝后，朝廷追赠开府仪同三司，故而洛阳人把环溪称作"王开府园"。说起来，王拱辰和欧阳修还是连襟，当年王拱辰先娶薛奎的三女儿，她入门没多久便早逝，他又娶了薛奎的五女儿，而欧阳修娶了薛奎的四女儿。欧阳修曾调侃王拱辰先后娶薛家姐妹是"旧女婿为新女婿，大姨夫作小姨夫"。这位"小姨"就是李清照的曾外祖母薛氏，她现今是个白发苍苍的老太太，李清照拜见过几次。

李清照心思聪慧，受父亲、母亲的熏陶，对诗、词、赋、文兴趣浓厚，把有竹堂的藏书读了个七七八八，爱抄写、阅读当今名士撰写的诗词。母亲擅长撰写诗文，与爱好此道的女性亲友经常交流信息，对京城能文的男子、女子的名字皆有了解。

---

1 ［宋］司马光著，李之亮笺注：《司马温公集编年笺注》卷十四《君贶环溪》，巴蜀书社，2009年，第435页。

第一章　城事，耳闻苏黄形迹

要说当今的诗文名家，当然数五十五岁的翰林学士承旨苏轼最为声名显赫。他年仅二十二岁就考中进士，文章得到翰林学士、文坛盟主欧阳修的一再称赞，已小有名气，二十六岁考中制科的最高名次，待遇如同状元，更是名动士林。熙宁年间他在杭州当通判时，不到四十岁就以诗文闻名天下，民间书坊雕版印刷《钱塘集》等诗集传播，脍炙人口。元丰二年（1079年）他因为在诗文中讽刺新法、新政，被贬黄州，此事让他在官场受挫，可是名气更盛，乃至成为近些年天下士人皆知的第一名士，所作诗、词、赋、文流传天下。元祐元年他入朝，先后任中书舍人、翰林学士，在官职上与欧阳修前后辉映，成了当之无愧的当代文宗。他两次主持馆职考试，一次任省试主考官，拔擢了不少人才，众多文士都以出入苏公门下为荣。在朝廷官员的酒宴上，他如果动笔写字、绘画，年轻官员会纷纷抢夺他写画的东西，就算只写了几句话的短信，也有人拿到街市出售，可以换钱或羊肉。前几年，听说有个叫章元弼的文士娶了中表陈氏为妻，妻子相貌美丽，而章元弼相貌丑陋，不久之后两人就协商一致离婚了。[1] 章元弼自称离婚的原因是他得到苏公《眉山集》的印本，经常连夜阅览，无心理会妻子，导致妻子与他离婚，也不知此言的虚实。

只是，苏公在朝堂待得并不愉快。听人说，如今朝堂上分为朔党、洛党、蜀党几派，右相刘挚是河北东光人，以他为首的一派被称为朔党，以王岩叟、刘安世等为羽翼；已离朝的程颐是河

1　李廌《师友谈记》云"陈氏有言，遂求去，元弼出之"，则或许是"和离"。见［宋］李廌撰，孔凡礼点校：《师友谈记》，中华书局，2002年，第27页。

南洛阳人，以他为首的一派被称为洛党，以门人朱光庭、贾易等为羽翼，如今他们依附刘挚；而苏轼、苏辙兄弟则被视为蜀党首领。苏公平常爱说笑话，爱议论，爱写诗作文，在官场容易得罪人，也容易被人抓住把柄。谏官对他的一字一句、一言一语、一举一动最是关注，几年来不断有言官抨击他言语轻率、接纳轻薄、所出考题不妥、教授小皇帝的内容冒失等等，他受不了这些聒噪，一再请求到地方任职。两年前太皇太后派他外任杭州知州，到今年的五月二十六日，才调他回京任翰林学士承旨。而他的弟弟苏辙乃是尚书右丞，是执政大臣之一，故而他们兄弟在京都极受瞩目。

近来，太皇太后赞助的上清储祥宫复建完工，这是太宗时期修建的一座道观，仁宗时毁于火灾，元丰年间神宗听道士说此宫所在的位置关系皇家子嗣繁衍，故而赐钱、赐地重修一部分建筑，赐名上清储祥宫，即保佑皇嗣延绵的道宫。太皇太后继续这一工程，修成三座大殿、九座小殿及钟楼、经楼、石坛、斋殿、道馆等，其中设有太皇太后的本命殿。小皇帝亲书碑额"上清储祥宫碑"几个大字。苏公奉命撰书碑文，文章自然大大颂扬太皇太后的功德，如"臣观上与太皇太后所以治天下者，可谓至矣，检身以律物，故不怒而威。捐利以予民，故不藏而富。屈己以消兵，故不战而胜。虚心以观世，故不察而明"云云。[1] 这篇《上清储祥宫碑》被刻石展示在新落成的院落中，许多人都去这座道观礼拜

---

1 ［宋］苏轼撰，［明］茅维编，孔凡礼点校：《苏轼文集》卷十七《上清储祥宫碑》，中华书局，1986年，第504页。

第一章　城事，耳闻苏黄形迹

和参观苏公撰写的碑文。

苏公乃是大名士，出行的时候常引人围观，李清照也跟着母亲在街上眺望过。他是个大个子，身形英挺，喜欢戴短檐高帽，京城士人也纷纷戴起这种样式的帽子，称之为"子瞻样"。据说有一次皇帝带着近臣到东水门醴泉观游览，观赏滑稽剧时，名角丁仙现戴着高高的帽子出场，与其他几名文士扮相的滑稽演员互相夸耀自己的才学，他扬扬得意地说："吾之文章，汝辈都比不上。"众人不服气，问他为何这样说，他说道："你们难道没有看见我头上戴着的子瞻样吗?!"[1] 皇帝听了不由莞尔一笑，侧头看了苏公一眼。苏公的诗已有雕版印刷的《眉山集》《钱塘集》等等，可以在大相国寺集市上买到，可那都是旧作，他写得又多又快，巧妙新奇，京城的士人都以得到最新的苏公作品为乐。此时士大夫大多推崇"古文"（散文），对诗颇为轻视，词就更等而下之，被视为偶尔一为的"余技"而已。[2] 苏公从前在杭州当通判和在黄州闲居时，写了不少让人耳目一新的词，如今身为高官，为人瞩目，已经很少写词，估计也是怕惹人议论。

与苏公亲近的黄庭坚、张耒、晁补之、秦观四人都擅长诗文，颇有名气，且都任职馆职，前途看好，外人称之为"四学士"。[3] 秘书省的正字以上官职号称馆职，素来是能文之士走向荣显的佳

---

1 ［宋］李廌撰，孔凡礼点校：《师友谈记》，中华书局，2002年，第11—12页。
2 ［宋］苏轼撰，［明］茅维编，孔凡礼点校：《苏轼文集》卷六十八《题张子野诗集后》，中华书局，1986年，第2146页。
3 ［元］马端临撰，上海师范大学古籍研究所、华东师范大学古籍研究所点校：《文献通考》卷二百三十六，中华书局，2011年，第6443页。

美途径。在此为官，容易接触皇帝、大臣，便于升官，甚至有望成为知制诰、中书舍人、翰林学士等两制词臣或台谏近臣。

四十七岁的黄庭坚名声仅次于苏公，他乃洪州分宁县（今江西修水）人，生于官宦家庭，自幼聪颖过人，二十三岁时考中进士，之后长期在地方为官。元丰八年才获得五名举主的保举并通过吏部、刑部的审核，得以改为京官，入京担任秘书省校书郎。次年他与张耒、晁补之等通过苏轼等人主持的馆职考试，得以充任馆阁官职。他自编的诗集《焦尾集》《敝帚集》《退听堂录》以及所写的词、文的抄本颇有流传，乃至有些年轻文士把他与苏公并称"苏黄"。黄公年轻时曾混迹风月场中，写了不少艳歌小词，如《千秋岁》：

> 世间好事。恰恁厮当对。乍夜永，凉天气。雨稀帘外滴，香篆盘中字。长入梦，如今见也分明是。
> 欢极娇无力，玉软花欹坠。钗胃袖，云堆臂。灯斜明媚眼，汗浃蓍腾醉。奴奴睡，奴奴睡也奴奴睡。[1]

前些年，与他关系亲近的僧人法云秀劝他不要写这类艳歌小词，"若以邪言荡人淫心，使彼逾礼越禁，为罪恶之由"。黄庭坚辩解说这是自己写的想象性、游戏性的"空中语"而已，并非有

---

[1] 唐圭璋编：《全宋词》，中华书局，1965年，第412—413页。

第一章　城事，耳闻苏黄形迹

什么坏心思。[1] 他入京为官以后身份与之前不同，又受到苏轼的影响，不复创作这类艳词，现在的词大多写士人的闲适生活。可是，他以前写的艳词在市井颇有传唱，有谏官不断拿这些旧作攻击黄庭坚的品德，让他无可奈何。今年六月，因母亲去世，他离任集贤校理，回故乡守孝去了，离开了京城，脱离了朝堂的是非。

四十三岁的秦观最擅长写长短句，他虽然文辞出色，可科考不顺，直至元丰八年才考中进士，先后授定海主簿、蔡州教授，元祐初年应贤良方正科试后，出任太学博士，但是很快受到谏官的攻击，又被免去职位，只能失意地继续担任蔡州教授。去年他得到范纯仁推荐，参加制科考试之后被授予新设的秘书省校对黄本书籍的官职。校对黄本书籍仅有一个员额，负责校对和监督抄写御前书籍。他以写词著称，或是因为个性多愁善感，爱写男女恋情和相思之苦，寄情深微，措辞精巧，如《满庭芳》：

> 山抹微云，天连衰草，画角声断谯门。暂停征棹，聊共引离尊。多少蓬莱旧事，空回首、烟霭纷纷。斜阳外，寒鸦万点，流水绕孤村。
>
> 销魂。当此际，香囊暗解，罗带轻分。谩赢得，青楼薄幸名存。此去何时见也，襟袖上、空惹啼痕。伤情处，高城望断，灯火已黄昏。[2]

---

1 ［宋］惠洪撰，陈新点校：《冷斋夜话》卷十《邪言罪恶之由》，中华书局，1988年，第76—77页。
2 唐圭璋编：《全宋词》，中华书局，1965年，第458页。

他写离愁别恨，比那些俗套词作高妙，有一种欲言又止的蕴藉情态，情景交融，耐人寻味，最是让心思灵敏的女子感触良多。他与擅长演唱曲子词的教坊艺人来往较多，给她们写过《调笑令十首》，歌咏王昭君、乐昌公主、崔徽、无双、灼灼、盼盼、莺莺等传奇人物，前半部分介绍人物，后半部分多有调侃。还给一位新晋出名的少年歌妓李师师赠过一阕词《一丛花》：

> 年时今夜见师师。双颊酒红滋。疏帘半卷微灯外，露华上、烟袅凉飔。簪髻乱抛，偎人不起，弹泪唱新词。
> 佳期。谁料久参差，愁绪暗萦丝。想应妙舞清歌罢，又还对、秋色嗟咨。惟有画楼，当时明月，两处照相思。[1]

苏公觉得秦观善写男女之情，与柳永可以并肩，有"山抹微云秦学士，露花倒影柳屯田"的戏语。而保守儒士如程颐对秦观的词不以为然，他见秦观所作《水龙吟》中"名缰利锁，天还知道，和天也瘦"一句，认为他这是对上天不敬，居然评价说"高高在上，岂可以此渎上帝"！[2] 这人也是没甚情趣，容不得别人抒情的片言只语。

三十九岁的晁补之是济州钜野（今山东巨野）人，元丰二年考中进士，历任澶州司户参军、北京（今河北大名）国子监教授，

---

1 徐培均著：《秦少游年谱长编》卷五，中华书局，2002年，第455页。
2 ［宋］陈鹄撰，孔凡礼点校：《西塘集耆旧续闻》卷八《秦少游晏叔原词》，中华书局，2002年，第373页。

第一章　城事，耳闻苏黄形迹

元祐元年入京担任太学正，与旧交李格非成了同事。之后他受李清臣的举荐参加苏轼主持的馆职考试，考中后历任秘书省正字、校书郎。去年，他因校书郎的俸禄微薄，不足赡养家人，上书请求到地方任职，去担任秘阁校理、扬州通判。他从前在京期间，常来李家拜访，写过一首诗《与李文叔夜谈》：

> 中庭老柏霜雪里，北风烈烈偏激耳。
> 诵诗夜半舌入喉，饮我樽中渌醽美。
> 升堂辞翰愧非有，何异还家数其齿。
> 文章万古犹一鱼，乙丙谁能辨肠尾。
> 更惭颇似会嵇康，欲语常遭士瑶枑。
> 广陵八月未足言，曾使醒酸涊然起，安得谭如子枚子。[1]

他也写词，前几年与友人廖正一同去拜访歌妓田氏，她起床一边对着铜镜整理头发，一边与他们说话，草草收拾完毕后与他们两人坐着谈话，晁补之回家后回味这一场景，作了一阕《下水船》，颇有情调：

> 上客骊驹至。鹦唤银屏睡起。困倚妆台，盈盈正解螺髻。
> 凤钗坠。缭绕金盘玉指，巫山一段云委。
> 半窥镜，向我横秋水。斜领花交镜里。淡拂铅华，匆匆

---

[1] ［宋］晁补之：《鸡肋集》卷十二，景印文渊阁四库全书本第1118册，台湾商务印书馆，1986年，第488页。

自整罗绮。敛眉翠，虽有惜惜密意，空作江边解佩。[1]

三十八岁的张耒比秦观幸运，熙宁六年（1073年）便考中了进士，之前在地方当主簿、县尉、县丞一类小官，元祐元年入京担任太学录，得到范纯仁荐举，通过苏轼主持的馆职考试，先后出任秘书省正字、著作佐郎，今年六月刚升为秘书丞。

还有一位贵戚与苏、黄关系亲近，其诗词、绘画有些名气。此人名叫王诜，今年五十五岁，乃是开国勋臣王全斌的裔孙，神宗熙宁二年（1069年）尚英宗之女蜀国长公主，成了驸马都尉。元丰二年他给受御史台调查的苏轼通风报信，遭到降职的处分，元丰三年（1080年）蜀国长公主病逝后，婢女揭发他的轻浮举止，其被皇帝贬为昭化军节度行军司马，均州安置。元祐元年他才被召回京城，恢复驸马都尉的官职。他的宝绘堂收藏了不少书画名作，他与苏公、黄公、秦观、李公麟等人多有交往。

除了这几位与苏、黄亲近的人士，还有几人的诗词也在京城有些名气。

五十四岁的晏几道最为特立独行。他乃擅长诗文的宰相晏殊之子，生于富贵之家，从小个性孤介，不爱与人往来，只与黄庭坚等数人关系友好。他爱写小令，词名颇盛，据说苏公几年前刚入京时，请黄庭坚转致结识之意，但他拒绝说："今政事半吾家旧

---

1 ［宋］周煇撰，刘永翔校注：《清波杂志校注》卷九《下水船词》，中华书局，1994年，第414页。

客，亦未暇见也。"[1] 这是说政事堂的高官很多都是父亲当年提携的客人，自己都没有空闲见他们，更无意与没有情分的苏轼结交。元祐二年（1087年）应同知枢密院事范纯仁之请，他把所作的词编辑为《小山词》，请黄庭坚作序。黄庭坚在《小山集序》中列举晏几道的"四痴"："仕宦连蹇，而不能一傍贵人之门，是一痴也；论文自有体，不肯一作新进士语，此又一痴也；费资千百万，家人寒饥，而面有孺子之色，此又一痴也；人百负之而不恨，己信人，终不疑其欺己，此又一痴也。"并说他"嬉弄于乐府之余，而寓以诗人之句法，清壮顿挫，能动摇人心"。[2] 以诗人的句法写作小令，乃是晏殊、欧阳修、宋祁等前辈就开创的写法，如今的苏公、黄公也是如此。

近来贺铸的词也颇有名声。他今年四十岁，出生在卫州（今河南卫辉），乃是太祖贺皇后的族孙，所娶亦宗室之女。他出身武官世家，按照武官的铨选当了许多年小官。他长身耸目，面色铁青，人称"贺鬼头"，平素喜欢议论时事、臧否人物，不受上司所喜，在官场长期徘徊低位，最近才得到李清臣、范百禄、苏轼等人推荐，从武职改为文官。后来他上书请求担任监北岳庙，可惜并没有得到允准，只能去任通直郎、泗州（今江苏泗洪）通判。[3] 他好作诗词，自称远祖乃是贺知章，长于锤炼语言并善融化前人

---

[1] 丁传靖辑：《宋人轶事汇编》卷七，中华书局，2003年，第294页。
[2] ［宋］黄庭坚著，刘琳等点校：《黄庭坚全集》正集卷第十五《小山集序》，中华书局，2021年，第358页。
[3] 程俱《宋故朝奉郎贺公墓志铭》认为此事发生于元祐七年（1092年），夏承焘《贺方回年谱》认为此事发生在元祐六年。

成句，自称"吾笔端驱使李商隐、温庭筠常奔命不暇"。[1]

自熙宁四年（1071年）神宗皇帝、王安石在进士科考中取消诗赋考试之后，年轻士人大多不再重视学习诗赋，以致诗赋创作不如从前兴盛。不过，依旧有一些年轻士人对此有所留心。有一位王齐叟[2]颇有才名，他乃是枢密直学士、签书院事王岩叟的弟弟，自小性情不羁，性好滑稽，精通词、赋、音乐、舞蹈、蹴鞠、绘画等技艺，善作诙谐幽默之词，任太原掾官时期曾作了《青玉案》《望江南》两首词嘲笑长官与监司。其妻舒氏亦擅诗词。可惜他不久之前因病故去，年仅三十九岁。他也写过模拟歌女口气的艳词：

> 靥绣圈金，盘囊密约，未赴意先警。欲罢还休，临行又怯，倚定画栏痴等。帘风渐冷。先自虑、春宵不永。更那堪、斗转星移，尚在有无之境。
>
> 绿云满压蟠蜥领。惭愧也、满怀香拥。此际有谁知证。但楼前明月，窗间花影。[3]

京城也有几位女子以诗词著称，其中最特立独行的是五十二岁的女道士曹希蕴。她乃汴京的官宦世家之女，生于宝元二年

---

1 ［元］脱脱等撰：《宋史》卷四百四十三《文苑五·贺铸》，中华书局，1985年，第13103页。
2 对其生活的年月有元祐、宣和两说，但是从其兄生卒年和其享年推断，应以元祐年间活跃为是。
3 唐圭璋编：《全宋词》，中华书局，1965年，第358页。

第一章　城事，耳闻苏黄形迹

（1039年）[1]，自小博览群书，通声律、书画、历数、方技。她觉得"处世居家，均在樊笼"，不愿意嫁人，二十一岁去少室山玉华峰隐居修行，后正式出家当了女冠，喜四处游历，爱好赋诗作词。最近这些年她隐居京城闾阖门边的咸宁坊，经常有文士带着礼物请她创作相应主题、韵脚的诗词，她略作思考便能随口吟诵或者书写出来，是京城有名的奇女子。她作过一首以"灯花"为主题，模拟歌女口气的《踏莎行》：

> 解遣愁人，能添喜气。些儿好事先施力。画堂深处伴妖娆，绛纱笼里丹砂赤。
> 有艳难留，无根怎觅。几回不忍轻轻别。玉人曾向耳边言，花有信、人无的。[2]

苏公对她的诗词也有所了解，曾评论说："近世有妇人曹希蕴者，颇能诗，虽格韵不高，然时有巧语。尝作《墨竹》诗云：'记得小轩岑寂夜，月移疏影上东墙。'此语甚工。"[3]之前苏公被贬黄州，曾化用此句写了一首词《定风波·元丰五年七月六日，王文甫家饮酿白酒，大醉。集古句作墨竹词》：

1　有关曹氏生年、经历的考证见尹志华：《曹仙姑的生平、著作考》，《中国道教》2002年第4期，第40—42页。
2　唐圭璋编：《全宋词》，中华书局，1965年，第701页。
3　［宋］苏轼撰，［明］茅维编，孔凡礼点校：《苏轼文集》卷六十八《诗词题跋·书曹希蕴诗》，中华书局，1986年，第2130页。

雨洗娟娟嫩叶光。风吹细细绿筠香。秀色乱侵书帙晚。帘卷。清阴微过酒尊凉。

人画竹身肥拥肿。何用。先生落笔胜萧郎。记得小轩岑寂夜。廊下。月和疏影上东墙。[1]

这首词的上阕集杜甫《严郑公宅同咏竹》"雨洗涓涓净，风吹细细香"，下阕集白居易《画竹歌并引》以及曹希蕴的诗句。能得到苏公的青眼，可见曹氏的文字是有些功力、巧思的，一般的士人缺少她那样的文采，也不如她博学。

现任尚书左丞的苏颂的两个妹妹都以诗文著称。她们的母亲是龙图阁学士陈从易之女，擅诗文，对子女的教育颇为开明，让女儿也学习诗文。苏颂的长妹兼擅诗文，可惜命运不佳，先头嫁给世家子弟吕昌绪为妻，三年后丈夫病故，四年后她又改嫁张挺卿，几年后此人也故去，她回到娘家服侍母亲。熙宁五年（1072年）她陪同苏颂一家前去婺州（今浙江金华），不幸在富春江上溺水亡故。苏颂的小妹"十一妹"也擅长诗文，颇为外界所知，她嫁给进士林旦。熙宁初年林旦担任监察御史里行时，弹劾王安石引荐的新党官员，对其不满的新党官员私下议论，说他乃是受到苏颂的教唆，有人开玩笑说："何必诸苏，家中自有一文士。"[2] 林旦这几年在京城先

---

1 [宋]苏轼著，邹同庆、王宗堂校注：《苏轼词编年校注》，中华书局，2007年，第396页。

2 [宋]苏颂著，王同策、管成学、颜中其等点校：《苏魏公文集》附录一《丞相魏公谭训》，中华书局，1988年，第1158页。

第一章 城事，耳闻苏黄形迹

后任秘书少监、太仆寺卿，最近刚外任河东转运使。

这位苏小妹有"延安郡夫人"的命妇位号，词作在外颇有流传，如有一首寄给妹妹的《更漏子》：

> 小阑干，深院宇。依旧当时别处。朱户锁，玉楼空。一帘霜日红。
> 弄珠江，何处是，望断碧云无际。凝泪眼，出重城。隔溪羌笛声。[1]

听说，宫廷中也有些女子擅长文辞。宫内的尚书内省有一群协助太皇太后、皇帝处理文书的宫廷女官，主掌把外朝的奏章登记编目、伺候进呈、代批文字的工作，太皇太后、皇帝也常让她们代笔书写"内批"颁降给外廷。她们如男子一般戴幞头、穿筒靴，行男子拜姿，号称"裹头内人"。她们也有品级，尚书犹如外朝的五品官，其他如司字、典字、掌字等亦各有品级。[2] 她们不是嫔御，住在单独的宫院，宫门口有金字大牌曰："官家无故至此。罚金一镒。"[3] 她们不得与外界朝臣往来，故而所作文辞很少外传，但也偶有一些命妇传抄她们写的诗词，听说有个叫张夫人的颇有

---

1 ［宋］赵令畤撰，孔凡礼点校：《侯鲭录》卷四《延安夫人词》，中华书局，2002年，第121页。
2 邓小南：《掩映之间——宋代尚书内省管窥》，《汉学研究》2009年第27卷第2期，第13—29页。
3 ［元］陶宗仪撰：《南村辍耕录》卷十九《宋朝家法》，中华书局，1959年，第229页。

才气，太皇太后让她担任皇帝的伴读。当下太皇太后高氏垂帘听政，执掌朝政，听说她也爱好文辞，她重用苏轼兄弟，恐怕也与欣赏苏公的诗词文章有关。

与上面这些学士、才女相比，李清照的父亲李格非在诗词上就逊色许多。他不爱写词，诗也不够新巧，主要致力于文章，从前热衷研究礼制，如今沉迷研读史传、撰写散体文章，每天回家都要写一阵子。

李格非年轻时就与晁补之、李昭玘交善。入京以后，经晁补之引介，在社交场合也见过苏公，有过寒暄，文章得到过苏公的称赞。只是，他不好交际，与苏公并没有什么亲密来往。[1] 他倒是对苏公的《胜相院经藏记》等文章有所揣摩，写过一篇《论文章之横》，谓："余尝与宋遐叔言，孟子之言道，如项羽之用兵，直行曲施，逆见错出，皆当大败，而举世莫能当者，何其横也。左丘明之于辞令，亦甚横，自汉后千年，唯韩退之之于文，李太白之于诗，亦皆横者。近得眉山《笺筜谷记》《经藏记》，又今世横文章也。夫其横乃其自得而离俗绝畦径间者，故众人不得不疑，

---

[1] 苏轼在黄州曾作《与文叔先辈二首》两信，其中云"闻公数日不安，既为忧悬，又恐甲嫂见骂，牵率冲冒之过"，其中"先辈""甲嫂"等言辞显示此"文叔"是比苏轼年长之人，之前已经有研究者指出这是黄州或附近地区的某位字文叔的士人，并非李格非，本处从此说。此黄州李文叔即元符三年（1100 年）六月在樊口送别张耒之人，张耒在《自庐山过富池隔江遥祷甘公祠求便风》一诗后附记"元符庚辰……过樊口，李文叔棹小舸相送"。此时李格非或在京担任礼部员外郎，或已转任提点京东刑狱，绝无可能在长江边的樊口与张耒相聚，有关研究参见 xiayuan：《苏轼析真 11. 北宋"后四学士"中的李格非不是苏轼的学生》，https://zhuanlan.zhihu.com/p/480057741。

第一章 城事，耳闻苏黄形迹

则人之行道文章，政恐人不疑耳。"[1] 他觉得文章要能脱离惯常的俗套程式，要能以出人意料的语句引起人的好奇、疑问，然后引出自己的论点，韩愈、李白和苏轼的文章都有这种优点，这种"横"也是李格非撰文所追求的。

李格非也欣赏晋人刘伶、陶渊明的文章，说："文不可以苟作，诚不著焉，则不能工。且晋人能文者多矣，至刘伯伦《酒德颂》、陶渊明《归去来辞》，字字如肺肝出，遂高步晋人之上，其诚著也。"[2] 因父亲爱吟诵《归去来辞》，李清照也对这篇文章的一字一句耳熟能详。

李格非对写作诗词歌赋兴趣不大，他倾心经学、史学，期待以后能参与编纂史书。这十几年来朝中新旧党争激烈，熙宁、元丰年间是新党执政，现在又是旧党得势，纷纷扰扰，他基本上是中立派，与李清臣等倾向新党的官员有往来，也与倾向旧党的晁补之等交好。

七月二十二日这天，担任太学博士的李格非午后回家，说朝廷调秘书省校对黄本书籍秦观、太学博士吕大临两人为秘书省正字。[3] 此时的秘书省中，张耒为秘书丞，李昭玘为校书郎，都是能

---

1 引文根据《全宋文》校订部分文字，引文见[宋]张邦基撰，孔凡礼点校：《墨庄漫录》卷六《李文叔杂书二篇》，中华书局，2002年，第180页。
2 [元]脱脱等撰：《宋史》卷四百四十四《文苑六·李格非》，中华书局，1985年，第13122页。
3 《续资治通鉴长编》引刘挚日记云："二十二日除目，吕大临、秦观并秘书省正字"，则李格非调职当在本日或之后数日，见[宋]李焘撰，上海师范大学古籍研究所、华东师范大学古籍研究所点校：《续资治通鉴长编》卷四百六十二，中华书局，2004年，第11034页。

文之士，且李昭玘与李格非青年时代就相识，来往较多。

不料，刚升为秘书省正字的秦观，不几日就惹出一场大麻烦，让苏公也陷入新的纷争。七月二十六日，与苏公交恶的侍御史贾易弹劾刚出任秘书省正字的秦观，指责他行为不检，是苏轼结交的轻薄之人。苏辙通过某人了解到弹章的内容，急忙告诉了苏轼，让他小心提防。苏轼派自己的学生王遹去找御史中丞赵君锡，通报秦观被贾易弹劾的消息，希望赵氏注意，还把弹章的内容告诉了秦观。秦观刚来京城当官一年多，没有官场争斗的经验，次日私下去找曾举荐自己的赵君锡，透露了贾易弹章中的具体字句，劝赵君锡弹劾贾易，帮自己开脱。赵君锡作为御史中丞，一般不会得罪台谏同僚，而且如果扳倒苏辙，他也有成为副相的机会。经过一番思考，他于八月一日把王遹、秦观于夜间来找自己的情况上奏，弹劾他们凭借苏轼的"威势"离间台谏官员。这让苏轼、苏辙十分尴尬，不得不承认自己泄露了朝中机密奏章，在家等候太皇太后的圣裁。赵君锡还说自己举荐秦观是因为看重他的文学才能，如今了解到他品行浮薄，决定撤回之前的举荐。

苏轼把这次经历看作秦观引发的"一场闹"[1]，对赵君锡的所为感到悲凉。两年前，赵君锡在苏轼外出任杭州知州时盛赞："轼之文，追攀六经，蹈藉班、马，自成一家之言，国家以来，惟杨亿、欧阳修及轼数人而已。"他主张留苏轼在朝中为官，之后又与苏辙一起出使辽国，从此与苏轼、苏辙颇为亲近。不料他如今反戈

---

1 ［宋］苏轼撰，［明］茅维编，孔凡礼点校：《苏轼文集》卷六十一《尺牍·与参寥子二十一首·七》，中华书局，1986年，第1861页。

第一章　城事，耳闻苏黄形迹

一击，让苏轼对官场争斗心寒，深感官场中人为了权力斗争，一点私人情分都不讲，已变成"平生亲友，言语往还之间，动成坑阱"[1]。他没有直接责怪秦观，但对他心存芥蒂。结果，八月五日朝廷外派苏轼为颍州（今安徽阜阳）知州，贾易为庐州（今安徽合肥）知州。这一次，苏轼仅仅在京城待了不到三个月。次日，秦观被免去秘书省正字的官职，仍然担任校对黄本书籍。

十月十五日，皇帝驾临国子监，祭拜孔子，宰执吕大防、刘挚、苏颂，以及韩中彦、苏辙等随行。之后，群臣纷纷赋诗称颂皇帝尊师重教，李格非也作了一首《驾幸太学倡和》：

日月天回十二章，诏移清跸幸胶庠。
六龙稳转桥门曲，多士横穿锦仗行。
俎豆威仪瞻阙里，东西风教自周王。
太平谁谓初无象，四海形容在一堂。[2]

十二月，国子祭酒丰稷、国子司业赵挺之收集众臣的诗作，打算立碑传扬此事。李格非奉命撰写序言，他花费许多力气，到元祐七年正月才完成这篇序言，该刻碑后竖立于太学。这一年，秘阁校理、扬州通判晁补之回朝担任著作佐郎，他与李格非是故

---

1 ［宋］苏轼撰，［明］茅维编，孔凡礼点校：《苏轼文集》卷五十二《尺牍·与王定国四十一首·二十六》，中华书局，1986 年，第 1526 页。
2 ［明］李濂撰，周宝珠、程民生点校：《汴京遗迹志》卷二十三《幸太学倡和》，中华书局，1999 年，第 456 页。

交，时而往来。

苏轼在颍州、扬州待了一年，太皇太后依旧信重他，又调他回朝任礼部尚书兼翰林侍读学士。听说，这次到京城以后，苏轼和秦观的关系冷淡了许多，两人没有单独往来，秦观只是和其他友人张耒、李之仪等一起拜会过苏轼两三次。

近来京城士人闲谈，常提起一个叫姚安世的道士，此人说自己是唐代大诗人李白转世，颇擅长作诗、闲谈。苏轼、秦观、王巩、直集贤院兼天章阁侍讲吴安诗等人都与之往来。苏轼多次作诗与之唱和，对他颇为恭敬。也有私下传言，说此人实际上是汴京富户王氏子弟，少年时代行为放荡，被父亲赶出家门，后来投靠建隆观一道士，学习道藏、方术、炼丹等。他之前在淮南厮混，屡次变更姓名，自称是苏州人。他口才好、会作诗，渐渐有了些名气，如今到京城来，与苏轼、秦观等名士交际，有利于他树立名声。

元祐八年（1093年）春末，李清照一家接到讣闻，她的曾外祖母于二月二十五日在洛阳故去，享年七十三岁，父母带着她前去吊祭，来去奔波一场。

听闻被贬到岭南新州的新党首领蔡确病故，父亲作了挽诗，写道："邴吉勋劳犹未报，卫公精爽仅能归。"[1]这是用西汉官员邴吉保护年幼的皇孙刘病已（汉宣帝）的典故，赞颂蔡确护持当今皇帝登基之举。传说元丰七年冬神宗皇帝生病时，犹豫传位给年

---

[1] ［宋］刘克庄著，辛更儒笺校：《刘克庄集笺校》卷一百七十九，中华书局，2011年，第6918页。

第一章　城事，耳闻苏黄形迹

幼的儿子还是已成年的皇弟，蔡确率先发言支持皇帝传位于皇子。次年正月皇帝病重，难以说话。据说神宗之母高太后、神宗之后向皇后为嗣君人选而明争暗斗。神宗之弟雍王赵颢入宫探视时，与高太后私下交流，据说赵颢在紫宸殿外建议宰相奏请高太后垂帘听政，又请太后同意自己住在宫里伺候皇帝，因向皇后大声反对才作罢。首席宰相王珪认为谁即位为帝是皇帝的家事，自己不应该插手，还私下通过高士充打探高太后的立储意向。次相蔡确力主立皇子即位。二月二十九日他约集王珪、章惇等宰执大臣讨论立储之事，逼王珪表态赞同立皇子为太子。蔡确立即让章惇书写奏请立太子的札子，与各位宰执大臣共同签字画押，当晚就呈送给神宗、高太后，次日立了皇太子。几天后太子登基，即当今皇帝。这是太皇太后高氏忌讳的宫廷秘事，四年前蔡确对人夸耀自己这一"定策"之功，惹怒太皇太后，他之后被贬谪岭南。李格非写了同情蔡确的诗，也不敢外传，怕导致池鱼之殃。

　　四月二十四日，秘书省正字吕大临病故了，年仅四十七岁。[1] 吕大临是宰相吕大防之弟，醉心经学、礼学研究，考中进士之后二十年才成功改官为京官，成为太学博士。他去年撰成一部叫《考古图》的著作，著录内府、秘阁、太常寺和私家收藏的古代铜器、玉器藏品二百二十四件（实收二百三十四件），按器型分类编排，每件器物均先描绘图形，其次为铭文拓印和释文，并记录原器的尺寸、容量、重量、出土地点、收藏者等信息，另有《考古

---

[1] 李如冰：《秦观〈吕与叔挽章〉笺证》，《聊城大学学报（社会科学版）》2022 年第 2 期，第 29 页。

图释文》一卷。吕大临希望自己的著作"探其制作之原，以补经传之阙亡，正诸儒之谬误"[1]，有助于恢复三代礼制。

也不知为何，从四月起，京城和周围州县就阴雨连绵，昼夜不息。街巷到处都是泥水，人们轻易都不敢出门。父亲要冒雨去太学，衣服经常让雨打湿了，让泥弄脏了，总是需要家里的婢女洗濯。太皇太后命京师的宫观举行五天法事祈求停雨，宰相吕大防等人也居家请罪。李清照无法外出玩耍，只好闭门在家中读书、诵诗，与母亲说些闲话。

六月的一天，父亲从太学回家，颇为高兴，说那位秦观受到宰相吕大防的赏识，被任命为秘书省正字，而他有幸接替了秦观留下的空缺，调任秘书省校对黄本书籍，从此要与晁补之、秦观等人同堂为官了。

太学博士与校对黄本书籍虽然都是从八品的官职，可秘书省乃清要之地，主掌古今经籍图书、国史实录、天文历数之事，设有监、少监、丞、著作郎各一员，著作佐郎、秘书郎各二员，校书郎四员，正字二员，校对黄本书籍一员。本朝崇尚文治，官员出任秘书省等处的馆职就可被人尊称为"学士"，可谓一大荣耀。李格非虽然还不是正字、校书郎，但是勉强也可以被称作"李学士"了。

听闻此事，李清照有些兴奋，不仅为父亲高兴，还因她与母亲王氏都爱好诗词文章，如今京城最流行苏轼、黄庭坚、秦观等人的诗词文集，她们常常从亲友处借阅、抄写。以后父亲常能见

---

1 ［宋］吕大临著，廖莲婷整理校点：《考古图》，上海书店出版社，2016年，第2页。

第一章　城事，耳闻苏黄形迹

到秦观，想读他最新创作的长短句，可以让父亲直接从他本人手里借抄，说不定还能从他那里借阅苏、黄两公诗文的抄本，可谓近水楼台先得月。

一直到八月，雨才停下，洪水退去，街巷上渐渐恢复了往日的热闹。可是朝局却有了大变化，听说太皇太后高氏病了，朝野议论纷纷。到九月三日，太皇太后驾崩，终年六十二岁。京城官僚都穿上白衣，勾栏瓦舍也暂停了演艺活动。

十七岁的皇帝开始亲政。朝局的第一个大变化是，九月十三日，还在宫中服丧的皇帝下手诏，命端明殿学士兼翰林侍读学士、礼部尚书苏轼出京担任河北西路安抚使兼马步军都总管、知定州。这是一个信号：皇帝不喜欢苏轼，在这个权力交接的关头，不想让他出现在自己面前。

一些敏感的朝臣从中多少体味到皇帝的一些心思。之前皇帝的祖母太皇太后高氏掌握大权，宫中妃嫔、内侍和朝中大臣都唯太皇太后马首是瞻，小皇帝过得颇为压抑。这位少年皇帝对老祖母的不满整整积累了八年，对祖母和她信任的大臣极为怨恨，内心发誓要全盘否定祖母的政策，排斥祖母重用的那些大臣。

十一月初二，皇帝开始到垂拱殿处理政务。他不满父亲神宗的政策被太皇太后和旧党大臣全盘推翻，开始反其道而行，以继承神宗政策为志。礼部侍郎杨畏、兵部尚书邓圣求、户部尚书李清臣等，劝说皇帝追随熙宁、元丰的政策，起用新党官员。年底，皇帝把几位新党名人召回京城，知汝州章惇升任资政殿学士，曾布升任翰林学士。皇帝还重用蔡卞、蔡京等人。新上任的御史、谏官开始频频上章攻击在任的旧党宰执高官。

绍圣元年（1094年）二月，皇帝没有和宰相商量，直接下旨任命户部尚书李清臣为中书侍郎，兵部尚书邓圣求为尚书右丞，经常召他们议论政事、人事。三月，皇帝罢去吕大防的宰相之位、苏辙的门下侍郎之职，派他们去地方当知州。皇帝的好恶已经公开，于是朝臣纷纷上书弹劾苏轼等旧党官员。四月十一日，皇帝撤掉苏轼的端明殿学士、翰林侍读学士的官职，将其贬为七品左朝奉郎、知英州军州事。三天后，皇帝又下诏把苏轼再降一级，为从七品充左丞议郎、知英州军州事。苏轼是在新帝亲政后第一个遭外派的元祐大臣，之后连遭贬谪，可见皇帝对他的怨恨。

四月二十一日，皇帝任命章惇为尚书左仆射兼门下侍郎，免去范纯仁尚书右仆射的官职，并外派其担任知府。当今朝廷，以左仆射兼门下侍郎为左相，右仆射兼中书侍郎为右相。又以门下侍郎、中书侍郎、尚书左丞、尚书右丞为副相，与知枢密院、同知枢密院事、签书枢密院事均属执政官之列。宰相与执政每日在"三省都堂"（原中书门下的正厅）议事。这以后，左相章惇主政，他配合皇帝陆续宣布恢复免役法、保甲法、青苗法等熙宁新法，把旧党的大小官僚全部罢黜和贬谪，新党官员纷纷升至要位。

章惇要设立一个临时机构编辑元祐时期群臣的章疏，实际是要搜罗旧党的材料，为打击旧党官员准备证据。他想让李格非出任检讨参与此事，李格非坚决推辞，不愿就职，得罪了章惇，不久后，他被外派出任广信军通判。

李清照随父母离开汴京，从陆路北上，每天傍晚都在官府设

第一章 城事，耳闻苏黄形迹

置的驿站休息。当地的通判、县令还会设宴招待父亲，有时就在驿馆设宴，这种场合经常招歌妓来演唱曲子词助兴。李清照和母亲在房舍中也听到悠扬的曲调，她们免不了议论几句所唱曲子词的优劣。

广信军的治所在遂城（今属河北徐水），乃是宋辽边境的军事重镇，此处人烟稀少，驻扎的军士比平民还要多，与繁华的汴京相比完全是另一副模样。李清照毕竟是个少女，对这里的风土人情颇为好奇。这里设有与辽国贸易的榷场，不断有各地商人带着茶叶、丝绸、瓷器等物资来此，与辽国商人交易皮毛等物资，官府设有专门人员监管、征税。听说，朝廷严令禁止将"九经"以外的书籍、硫黄、硝石等卖给辽人，辽国也禁止把战马、盐、铁、铜等物资卖给宋人。听说边境有商人在"草市"私下交易，可以逃税，交易各种违禁品，朝廷、军队对这种情况也只能睁一只眼闭一只眼，据说朝廷还鼓励民间从辽国购买战马，以此装备军队。

父亲信奉儒家学说，一日在驿馆听闻一名道士谣言惑众，说能预测祸福，颇为无知乡民尊崇，李格非对其行为不满，叱令左右把这名道士驱逐出境。如今不仅民间崇信道士，京城的高官中也不乏崇道之人，甚至连皇帝也崇奉道士。据说苏轼也是爱好修道之人，爱与道士、方士往来，从前在京城时经常在官服下面穿道袍。

听说，汴京朝堂上的旧党官员纷纷遭贬。起居舍人张耒被外派担任润州（今江苏镇江）知州，著作佐郎晁补之出任济州知州，国史编修官秦观被贬为监处州酒税，颖州教授陈师道被贬为监海陵酒税。当代名士苏轼在南下途中，被贬为宁远军节度副使，惠州安置，彻底成了闲人。皇帝下令追夺之前给司马光、吕公著的赠谥，命人敲碎了两人墓前的神道碑。司马光的神道碑上的文字乃是苏轼所撰，顶部的碑额乃是当年皇帝在太皇太后主政时御书的"忠清粹德之碑"六个篆字。李格非对撰著《资治通鉴》的司马光的德行、史识非常敬佩，觉得皇帝、宰执如此对待前朝名臣，是逞一己之私而已，并不公道。另一名士黄庭坚结束为母亲守孝，本来被任命为知州，可是新党认为他之前参与修撰《神宗实录》，撰写的文字有污蔑神宗变法之嫌，改任他为管勾亳州明道宫，又命他到开封府界内居住，听候国史院查问。年底，他被贬为涪州（今重庆涪陵）别驾，黔州（今重庆彭水）安置。

这时，家里有个小小的变化，母亲生了个男孩，父亲给他起名"迒"。李清照爱逗弄这个弟弟，看他牙牙学语，一天天长大。对李清照来说，父亲醉心写作，母亲也能诗能文，母亲的教育和阅读偏向影响了她的趣味。一些士人如欧阳修对女子撰写诗文持开明态度，也有些人反对女子写作诗词，如司马光在《家范》中虽然赞同女子也应识字，以及诵读《孝经》《论语》《列女传》之类的书，但是反对女子学作"歌诗"。

在母亲的影响下，李清照也爱提笔撰文、作诗，经常与母亲讨论诗词的写法，品评前人作品的长短。在这样的家庭氛围中，她一天天长大，成了有几分闲愁的少女，对那些描摹女子情态的小令、长词有了更深的体会。

第二章　文事，细论诗词长短

绍圣二年（1095年）初，李清照十五岁了。许是得到旧交中书侍郎李清臣的帮助，朝廷召李格非回京任秘书省校书郎。如此，父亲获得了馆职，从此别人都要尊称他为"李学士"，让母亲和李清照都大为高兴。

李清照随父母回到京城。在地方生活了半年多，再来到京城，才体会到京城与州郡的差别。汴京是大宋的都城，有七八十万[1]人口，是大宋最繁华、人口最多的都市，也是皇亲国戚、文武官员、文人墨客最集中的地方。

汴京有三重城墙，每重城墙外都环有护城河。汴京的外城墙（罗城）方圆四十余里，墙外的护城河有十余丈宽，比汴河还宽，人称"护龙河"，两边都栽种着杨柳。从城门进入，沿路越来越繁华，走三四里路就到了周长近二十里的旧京城墙（内城城墙），四

---

1 《宋史》记载开封府在崇宁年间有二十六万多户，二十岁至六十岁之间的男丁有四十四万多人，以每户约六口人计算，开封府的人口超过一百五十六万。开封府当时一共管理十六个县，上述人口可能约三分之一居住在开封县及其近郊，另外还有约二十万禁军、官员、僧人、道士和流动人口，推算汴京城人口数量约七八十万。

面各三门。[1]这道城墙内就是汴京的中心区域,汇聚了大内、官署、寺观、府第、商店、作坊和繁华街市。

京城百业繁荣,权贵高官、富商大贾、小贩、工匠、艺人、雇工、流民、僧道各有门道,各有生路。许多富人、士人都喜欢乘坐四人抬着的木轿出行,这种轿子前后通透,左右有遮挡,座位顶上有棕叶搭成的盖子可以防雨、遮阳。夏天时有位御史进言说这是僭越,朝廷下令禁止没有官职的人乘坐这种轿子出行,让汴京人议论了好几天,都觉得此人多事,既影响乘轿人的出行,也妨碍抬轿子的人的生计。

汴京的勾栏瓦舍数量之多、规模之大,以及艺人的多姿多彩也是别处比不上的。李清照跟着母亲去勾栏瓦舍,听艺人小唱。她对音律敏感,爱细细品味所唱之词与演奏的音乐是否合拍。听说酒楼、妓院中也有一些妓女擅长唱这类曲子词,技艺最高超之人被尊为"行首"。可惜作为女子,她无缘出入那等场合,无法听闻。

这次回来,京城风气大变,已没有官员敢公开赞美苏、黄的诗文,他们都成了被贬之人。苏轼在惠州,黄庭坚在黔州,亲近苏轼的文人雅士风流云散,一个时代已然过去。

听说秦观在被贬之地作了一首词《千秋岁》,回顾从前在西池(金明池)与苏轼等友人春游、雅聚的情形。因为政治气氛所限,他不好直抒胸臆,只能以貌似抒写男女相思的语句隐约表达心情:

---

1 [宋]孟元老撰,伊永文笺注:《东京梦华录笺注》卷一,中华书局,2006年,第2—12页。

第二章 文事，细论诗词长短

水边沙外，城郭春寒退。花影乱，莺声碎。飘零疏酒盏，离别宽衣带。人不见，碧云暮合空相对。

忆昔西池会，鹓鹭同飞盖。携手处，今谁在。日边清梦断，镜里朱颜改。春去也，飞红万点愁如海。[1]

另一批新贵开始在京城吟风弄月，此时蔡京为翰林学士兼侍读、修国史，其弟蔡卞十月升任尚书右丞，犹如之前苏轼和苏辙两兄弟的官职一般。他们虽然诗词不如苏公、黄公出色，文章却有相当功底，也引荐自己欣赏的人才进入馆阁。

蔡卞娶了王安石的次女为妻，家中称之为"七夫人"。她博学多闻，精通诗词。外界传说蔡卞经常与妻子商量政事，在她的指点下提出意见再上报朝堂，进言皇帝，故而蔡家摆设宴席庆祝蔡卞荣升之时，招请来演出的滑稽演员在台上念叨"右丞今日大拜，都是夫人裙带"。[2] 这是说他出任执政是得到夫人帮助的缘故。七夫人不仅为蔡卞出谋划策，而且她乃当今皇帝尊崇的名臣王安石之女，会让皇帝对蔡卞也多一分好感。

李格非人微言轻，不敢出言议论朝政，可是心中对宰执的所作所为若有所思。他抽出余暇撰写《洛阳名园记》，记录环溪等洛阳有名的园林，其中特别提到司马光家的独乐园，曰：

---

[1] 唐圭璋编：《全宋词》，中华书局，1965 年 6 月，第 460 页。
[2] ［宋］周煇撰，刘永翔校注：《清波杂志校注》卷三《七夫人》，中华书局，1994 年，第 130 页。

> 司马温公在洛阳自号迂叟，谓其园曰"独乐园"。卑小，不可与他园班。其曰"读书堂"者，数十椽屋。"浇花亭"者，益小。"弄水种竹轩"者，尤小。曰"见山台"者，高不过寻丈。曰"钓鱼庵"曰"采药圃"者，又特结竹杪，落蕃蔓草为之尔。温公自为之序，诸亭台诗，颇行于世。所以为人欣慕者，不在于园耳。

他觉得司马光的园林虽然狭小，但是他的德行、著述为人尊崇，必将传之久远，他被人们怀念，并不在于园林的存废、大小。这隐约指向了当今皇帝、宰相毁坏司马光的神道碑以及迫害元祐大臣的举动。

冬天，宰相章惇主导设立编类臣僚章疏局，让人把元丰八年五月至元祐九年（1094年）四月十一日之间臣僚所上奏疏分类编排，挑出对新法、新政不满或者同情元祐旧臣之人，指控他们诽谤先帝、朝政之类的罪名，借此贬黜这些官员。

李格非与旧党没有多少干系，未受影响。他得到中书侍郎李清臣的关照，在朝中颇为顺遂，并在绍圣三年（1096年）任著作郎。

如今的京城，在那位女道士曹希蕴之外，又多了几位擅长作词的著名女子。知枢密院事曾布的妻子魏玩擅长写小令，颇有流传。她是邓城（今湖北襄阳）人，自幼聪颖，诗词、书画、音律无所不通，受封为瀛国夫人，经常出入宫廷。她是当朝宰执之妻，身份贵重，所作的诗词声名远扬。她模拟思妇的口气写过一首词

第二章 文事,细论诗词长短

《江城子·春恨》:

> 别郎容易见郎难。几何般。懒临鸾。憔悴容仪,陡觉缕衣宽。门外红梅将谢也,谁信道、不曾看。
> 晓妆楼上望长安。怯轻寒。莫凭栏。嫌怕东风,吹恨上眉端。为报归期须及早,休误妾,一春闲。[1]

在京闲居的右朝请大夫赵令畤新娶的继妻王氏也擅长诗词。赵氏是宗室子弟,颇有文采,元祐六年在颍州当签判时,受到担任知州的苏轼的赏识。苏轼多次上书举荐他,还为其改字"德麟",时常与之诗歌唱和。赵令畤还把自己与苏公、陈师道唱和的诗作编成《汝阴唱和集》流传。他在元祐八年入朝出任光禄寺丞,近来却因与苏轼亲近的缘故,成了闲散官员。他在原配妻子故去后,见到王氏所写的诗歌:"白藕作花风已秋,不堪残睡更回头。晚云带雨归飞急,去作西窗一夜愁。"[2] 他对此诗大为欣赏,得知对方还未婚配,托人前去说和,续娶为妻,两人经常诗词唱和。

李清照喜欢阅读诗词抄本,觉得自己的才华不在魏氏、王氏之下,她尝试作诗、作词,以桂花为题写了一首长短句《鹧鸪天》:

> 暗淡轻黄体性柔。情疏迹远只香留。何须浅碧深红色,

---

[1] 唐圭璋编:《全宋词》,中华书局,1965 年,第 269 页。
[2] [宋] 赵令畤撰,孔凡礼点校:《侯鲭录》附录一,中华书局,2002 年,第 223 页。

自是花中第一流。

　　梅定妒，菊应羞，画栏开处冠中秋。骚人可煞无情思，何事当年不见收。[1]

　　咏物之词，之前有柳永的《黄莺儿》咏黄莺，张先的《汉宫春》咏梅，苏轼的《荷华媚》咏荷花，晏几道、黄庭坚更是写过不少《鹧鸪天》词牌的小令。她多少受了晏、黄的影响，也有苏、黄二公爱议论的特点，"骚人可煞无情思，何事当年不见收"，是指屈原作《离骚》为何不收录桂花，质疑他的情思不足，竟把香冠中秋的桂花给遗漏了。《离骚》中提及的"桂"都指作为香料的肉桂，也不知屈子是没有在楚地见过桂花树，还是对桂花不屑一顾。

　　京城女子私下闲谈，经常议论孟皇后的遭遇。当今皇帝在后宫最宠爱的妃嫔是刘婕妤，她恃宠而骄。按照规矩，后宫妃嫔前去朝谒景灵宫后，只有皇后可以坐下，其他妃嫔都要面向皇后站立，可这位刘婕妤偏偏背对皇后站着，故意遮挡皇后的视线，皇太后的侍从让她闪开，她也毫不理会。冬至这天妃嫔都要去拜贺皇太后，完事后仅有皇后能坐在"朱髹金饰"的座椅上，其他妃嫔只能坐其他形制的坐具，刘婕妤却让侍从带着与皇后一样的座椅供自己使用。皇后的侍从气愤不过，故意大声说："皇太后来了！"皇后、刘婕妤都站起来要去迎接，皇后的侍从偷偷拿走刘婕

---

[1] [宋]李清照著，黄墨谷辑校：《重辑李清照集》卷二《鹧鸪天》，中华书局，2009年，第25页。

好的座椅，刘婕妤回头一看自己的椅子没了，大为恼怒，从此不再拜见皇后。[1] 皇帝心存逆反，不仅推翻太皇太后高氏的政策，对当年她指定的皇后孟氏早就不满。据说孟皇后所生之女福庆公主得了重病，孟皇后之姐带着符水入宫给公主服用。由于符水之事向为宫中禁忌，孟皇后大惊失色，命其将符水藏起来不要使用。等到皇帝来时，她向皇帝解释此事原委，皇帝当时听了也未怪罪，不料之后刘婕妤搬弄是非，说孟皇后这是以符水诅咒皇帝。皇帝命亲信宦官梁从政、苏珪调查此案，逮捕皇后身边的侍女、宦官数十人刑讯逼供，罗织罪名。皇帝随后废去孟氏皇后之位，立刘婕妤为皇后。

孟氏被安置在被废的妃嫔出家所居的瑶华宫，那里还住着神宗的钱美人等几位因为犯错而被迫入道的女冠。京城的商贩卖东西时都有各自招揽生意的唱词，一个卖馓子的商贩总是唱"亏便亏我也"，意思是卖的东西价格低廉，自己在做赔本买卖。他知道京城百姓同情孟氏，每次经过金水门外的瑶华宫外面，总是放下担子一边大声叹息，一边议论几句这位废后的遭遇。这事不知引起皇宫中哪位人物的不快，让开封府的衙役把他逮到衙门杖击了一百下。他因为受了伤，在街头叫卖时经常要休息，他就喊"待我放下歇则个"。附近的人都觉得这个商贩言辞机智，又同情孟氏，许多人都去买他的东西。[2]

---

1 ［宋］陈均编，许沛藻、金圆、顾吉辰、孙菊园点校：《皇朝编年纲目备要》卷二十四，中华书局，2006年，第595页。
2 ［宋］庄绰撰，萧鲁阳点校：《鸡肋编》卷上《馓子》，中华书局，1983年，第7页。

绍圣四年（1097年）初，李格非升为礼部员外郎。可惜，与他友好的李清臣因与宰相章惇不和，被免去中书侍郎之职，外派为河南府知府。闰二月，也不知道为何，皇帝突然下诏将苏轼撰书的《上清储祥宫碑》的碑石销毁，让翰林学士承旨蔡京重新撰文、书丹。据说每隔三天蔡京入宫书丹一段，皇帝赏赐他龙涎、上尊、椽烛、珍瑰等宫廷御用之物。[1] 苏公从前写的碑文主要是称颂太皇太后，如今蔡京来写，想必要大力恭维当今皇帝。免不了有人联想前朝韩愈所撰《平淮西碑》被磨毁的旧事，苏公当年写过《潮州韩文公庙碑》，如今有此遭遇，也要感慨一番吧。

听父亲闲谈，如今朝中有许多过激之事，因为司马光被全盘否定，有国子监的官员打算把那里保存的《资治通鉴》的雕版也毁掉。太学博士陈莹中说这部史书得到过神宗皇帝的赞扬，是神宗亲自命杭州官府组织工匠雕版印刷的，如此那些人才不敢造次，把那些雕版"束之高阁"，不再印刷传播。宰相章惇对被贬谪的元祐大臣格外仇视，经常对朝臣说，要砍掉十多个"大奸"的首级，将其子孙流放到偏僻恶劣之地。[2] 他们没能说服皇帝杀人，就把元祐党人都流放到更偏远的地方。他们把苏轼从惠州赶到海岛昌化军安置。秦观也从郴州被赶到横州。

他们所写的诗词，很久以后才有几首被传到京城，士子都以

---

1 ［宋］蔡絛撰，惠民、沈锡麟点校：《铁围山丛谈》卷二，中华书局，1983年，第37页。
2 ［宋］李焘撰，上海师范大学古籍研究所、华东师范大学古籍研究所点校：《续资治通鉴长编》卷五百《哲宗元符元年》，中华书局，2004年，第11921页。

第二章 文事，细论诗词长短

得到他们的新诗、新词的抄本为幸事。苏轼听说自己所书《上清储祥宫碑》碑石被毁，写了诗词议论此事，为了避祸，他假托这是唐人所作的，针对的是唐代名士韩愈所撰《平淮西碑》被磨去，改由翰林学士段文昌重写的史事，其一云：

> 淮西功业冠吾唐，吏部文章日月光。
> 千载断碑人脍炙，不知世有段文昌。[1]

段文昌写的碑文已经被人遗忘了，而韩愈的文章依旧在流传，苏公这是说自己写的碑文必然要比蔡京写的流传得久远。

元符元年（1098年）初，李清照十八岁了，到了该论婚嫁的年纪。李格非与吏部侍郎赵挺之相识，对方是山东诸城人，以前在太学是李格非的上司，两人有些往来。赵挺之的第三子赵明诚刚好十八岁，两位父亲就为子女定下了这桩婚约。

据说，赵挺之在元祐年间得到御史中丞刘挚的举荐出任谏官，多次攻击苏轼、黄庭坚等人，被目为刘挚的党羽。不过太皇太后故去后他上书主张恢复新法、新政，近来得到皇帝、宰相章惇的重用，仕途亨通，如今已担任从三品的吏部侍郎，而李格非仅为正七品的礼部员外郎，对李家来说有点高攀。李清照也听亲友说过赵明诚的情况，知道他是太学生，虽非那种早慧或才学超群之人，但也温雅好文，有些学问。

---

[1]〔宋〕苏轼撰，〔明〕茅维编，孔凡礼点校：《苏轼文集》卷六十八《记临江驿诗》，中华书局，1986年，第2157页。

就在两家商议婚事时，母亲却生了病，请大夫诊治也不见好，竟然一病不起。李清照亲眼见到她临终的凄婉模样，心中大为悲伤。母亲自小教导她识字作文，与她讨论诗文的作法。她对母亲在心理上、写作上有许多依赖，觉得她是与自己最亲的人。谁知，母亲不到四十岁，竟然撒手而去。

母亲的音容笑貌让她久久难以忘怀，悲伤了好一阵。这是李清照第一次面对亲密之人的故去。更何况，弟弟还是个孩童，母亲想必心有不舍，到了幽冥世界也会放心不下吧。她与弟弟穿上孝服，为母亲服丧二十七个月。按照礼制，婚事也要推迟到服丧之后举行。

哀切了一阵，只能无奈收拾心情，在家中一边守孝，一边照看弟弟，指挥奴婢干各种事务，俨然半个女主人。闲暇的时候，就点上沉香之类，在缕缕轻烟中点茶、挂画、插花、读书、写作。现在，只能自己琢磨诗词的写法，没了母亲那样的研讨者。

她经常通过亲友寻找或摘抄晚唐、五代的选集，如《花间集》《尊前集》《家宴集》，以及晏殊、欧阳修、宋祁、张先、柳永、苏轼、黄庭坚、秦观等人的词作。渐渐地，她对长短句的历史源流也有了些了解。

配合乐曲演唱曲子词是中晚唐以来酒宴上流行的助兴活动。酒宴的主人常让歌妓主持酒令，她每一轮劝酒时都须唱一首曲子词，即所谓"一曲新词酒一杯"，唱的时候不仅要随着节拍发声，还要有相应的笑、劝之类的眼神、动作，引导客人举杯，而歌妓如果唱词、动作有误，也要被罚酒。这种酒宴助兴娱乐渐渐在士人、商人的交际中流行，宫廷岁时宴飨也常让教坊的演员演唱助兴。有单独一个人边打板边演唱的，有一人演唱，另一人打板或吹奏乐器的，也有数人乃至十多人一起群唱的，另有一队乐师演奏乐器配合。

唐时唱曲子词的乐人兼有男女，如李龟年、李衮、米嘉荣、何戡、李可及等都是有名的男伶，那时的词调大多是简短的令曲（小令），仅有个别是乐谱较长的长调，如钟辐《卜算子慢》、杜牧《八六子》、李存勖《歌头》、尹鹗《金浮图》，以及《内家娇》《倾杯乐》等。[1] 无论小令还是长调，每个词牌都有定句、定字和定声的要求，其声律变化比律诗更繁难微妙，分五音，又分五声、六律、清浊轻重，需要词句与音律一一应和。

五代以来，酒宴上的歌手几乎都是女性，她们唱的曲子词的内容不外乎诉说离情别恨，感叹年华易逝，歌咏及时行乐之类，目的是劝酒、娱宾。南唐的君主李璟、李煜以及宰相冯延巳都是写词高手，除了模拟歌妓的语气写春愁秋恨、离愁别绪、男欢女爱之类的感触，他们会偶作表达士人闲适情趣的词作交给歌妓演唱。也有极少数女子会作词，如南唐的耿玉真、前蜀的花蕊夫人都有词作传世。

本朝太宗皇帝洞晓音乐，好听曲子词，主持制作了不少宫廷宴饮演唱的曲子词，如《万国朝天乐》《瑞雪歌》。朝臣中高怀德精通音律，钱惟演、寇准擅作小令，影响了晏殊、欧阳修等人。

---

1 参见吴熊和：《唐宋词通论》，上海古籍出版社，2022年，第93—104、165—176页。

真宗、仁宗时朝廷容许百官各择胜景之处宴饮，士大夫家中举办宴会时也常叫来歌妓演唱配乐的词，有些收入丰厚的官员家中还养着家妓。高官、名士如宰相晏殊、翰林学士欧阳修、宋祁等还爱写小令。以前的曲子词几乎都模拟歌妓的心理、口吻写她们的眼前事、眼前景、心中情，如男女情思、伤春悲秋等等，再由歌妓加以渲染、演唱，故而被称为"艳科"。但晏殊、欧阳修、宋祁、张先等士大夫之词风格更含蓄婉丽，常陈述闲适生活，感叹年华易逝等，这类词被称作"雅词"。当下苏轼、黄庭坚、秦观等人写的词，大都也属于这类风格。

如今的士大夫在官署或家中设宴，大都会招请歌妓唱词，而商人、富户到酒楼、茶坊、妓院聚宴也常招来歌妓演唱长短句助兴。勾栏瓦舍的"小唱"也以唱曲子词为特色，故而这是士人、商人、其余市民都欣赏的娱乐方式。正统士人不屑写曲子词，觉得词不如诗、文重要，可是也有少数士人好写曲子词，乃至以此著称，如有个叫柳永的就以擅写慢词出了大名。柳永是福建崇安（今属武夷山）人，出身仕宦之家，年轻时多次参加科考都落第，流寓汴京、杭州、苏州、扬州等地，经常出入青楼楚馆。他擅长从情人的角度细腻地缀连情节，铺陈场景和心理变化，描写男女相思、欢爱、离别等细节。他的词中有许多市井俗语，曲调也缓慢缠绵，唱起来语娇声颤、情意绵绵。其词作流传各地，号称"凡有井水处，即能歌柳词"。[1] 景祐元年（1034年），五十来岁

---

1 ［清］徐釚撰，唐圭璋校注：《词苑丛谈》卷四《黄不及秦》，中华书局，2008年，第89页。

第二章 文事，细论诗词长短

的柳永才考上进士，当了十多年小官，最终以从六品的屯田员外郎的官职致仕。

柳永不仅会小令，更擅长写长词，尝试以旧调翻新、选用时调等手段大量制作长词，比如唐、五代的旧曲《浪淘沙》《定风波》《木兰花》等本是小令，柳永都写成慢曲长调，可谓"变旧声作新声"[1]。他还开拓词的题材，以之表达羁旅行役、怀古、咏物、投献、游仙、悼亡等主题。因慢词的难度比小令高，青楼、酒馆中的著名歌妓都会精心练习柳永所作的慢词，当作压场的节目。柳永的词作流行多年，据说致仕的太子少傅韩维每次饮酒之后来了兴致，便喜欢唱一曲柳永的词。

擅唱曲子词的歌妓活跃在京城的酒楼、妓院、茶坊、勾栏瓦舍等处。在京城，可以自己酿酒出售的大酒楼有几十家，如东华门外景明坊的白矾楼、御街天汉桥南的遇仙正店等，一次能接待数百人饮酒，门口用涂成红绿等颜色的木棒、竹竿搭成壮观的门楼，上面装饰五彩缤纷的丝帛、美食彩画以招揽宾客。这种大酒楼不仅提供酒菜，还有官妓以歌舞助兴，每天晚上灯烛通明，上下相照，上百位化着浓妆的官妓聚集于主廊等待酒客招请。她们的"花名"被写在牌子上，挂到显眼处，客人点哪个牌子，侍者就去请相应名字的歌妓陪酒，人们称之为"点花牌"。[2] 酒楼内分

---

[1] [宋]李清照著，黄墨谷辑校：《重辑李清照集》卷四《词论》，中华书局，2009年，第53页。

[2] [宋]吴自牧撰，阚海娟校注：《梦粱录新校注》卷十《点检所酒库》，巴蜀书社，2015年，第168—169页。

成一个个院落或者小阁子，客人可以一边品尝冷热菜肴、美酒，一边点选歌妓演唱曲子词助兴。因为歌妓众多，彼此有竞争，她们也以名人、进士赠送的新词、题扇、题领巾作为招徕顾客、宣扬名声的砝码。汴京的茶坊也如酒楼一般，里面不仅可以品茶，还能喝酒，吃小吃，欣赏书画、奇石、盆景。有些"花茶坊"让歌妓在门口靓妆演出歌舞，以招揽宾客上门。

京城的歌妓有好几种来源，一种是给宫廷宴会表演的教坊妓，有数百人之多。还有属于开封府的郡妓、属于军队的营妓，她们要在公务宴会、集会上表演歌舞或者佐酒逗乐。数量更多的歌妓是市妓，她们在青楼楚馆为各色人等佐酒助兴，也可以提供有偿的性服务。汴京有许多妓馆，高级妓馆堂宇宽大，往往有数重院落，每个庭院中都栽种花卉，布置怪石盆池，设置茵榻帷幌。其中妓女不仅姿色动人，还擅长才艺表演，乃至对文辞颇有了解。按规定，现任官员不能出入青楼楚馆，如果朝廷官员举办公务宴会时想邀请这些妓女去表演，需要先派人到管理妓女户籍的教坊，取得公文后才能招妓女赴宴。

以词闻名的人士如苏轼、黄庭坚、秦观等已被贬谪边荒，如今京城善作词的士人是晏几道、驸马都尉王诜、监内香药库李之仪、国子主簿周邦彦等数人。

李之仪在熙宁六年考中进士[1]，可惜仕途不顺，中间闲居多年。元祐八年他去定州担任苏轼的幕僚数月，如今却因此成了新党的

---

1 龚延明、祖慧：《宋代登科总录》，广西师范大学出版社，2014年，第1084页。

第二章　文事，细论诗词长短

眼中钉。他的诗文得到过苏轼的称赞，他也好写词，颇为推崇柳永的慢词，觉得柳词"铺叙展衍，备足无余，形容盛明"。所谓"铺叙"，就是在词中纳入叙事的因子，注重对景物、场景、过程的细致描述。柳词大多上片详细写出所见所闻环境状况、人物的动作情态与心理活动，下片追忆旧欢，伤离惜别。[1] 他认为词与诗有别，"自有一种风格。稍不如格，便觉龃龉"。他觉得柳永"韵终不胜"，张先"才不足而情有余"，晏殊、欧阳修、宋祁等士大夫写的雅词则"语尽而意不尽，意尽而情不尽"，当今词人应把柳、张和晏、欧的长处结合起来，有所创造。[2]

他的妻子胡淑修也擅长诗词。她出身书香门第，祖父、父亲都曾任翰林学士。她自小聪慧而博学，遍观经史子集，能作小诗、歌词、禅颂，精于算术。仁宗嘉祐年间她跟随祖母进宫参拜，曹皇后早就听说她有学问、擅诗文，特意问她来了没，夸赞她是个"能文之女"，赏赐她一套冠帔。就连博雅的沈括也常通过朋友向她请教疑问，屡次感叹"她要是男子的话，一定是我的益友啊"！[3]

1　周曾锦《卧庐词话》云"柳耆卿词，大率前遍铺叙景物，或写羁旅行役，后遍则追忆旧欢，伤离惜别，几于千篇一律"，见唐圭璋编：《词话丛编》，中华书局，2005年，第4648页。
2　李之仪《跋吴思道小词》创作于政和四年（1114年）、政和五年（1115年），但是其中思想或许早就有了，故而在此引用此文。见［宋］李之仪：《姑溪居士文集》卷四十《跋吴思道小词》，景印文渊阁四库全书本第1120册，台湾商务印书馆，1986年，第2—3页。
3　［宋］李之仪：《姑溪居士前集》卷五十《姑溪居士妻胡氏文柔墓志铭》，景印文渊阁四库全书本第1120册，台湾商务印书馆，1986年，第625页。

周邦彦乃是杭州士人，于元丰二年到太学求学，出入酒楼妓馆，写作《少年游》《一落索》《凤来朝》等艳词。元丰六年，他作了一篇长达七千字的大赋《汴都赋》，模仿《两都赋》《二京赋》，歌颂汴都的繁荣、新政的功绩，得到神宗皇帝赏识。神宗召他到政事堂问话，命翰林学士李清臣在迩英阁朗诵此赋。神宗特旨任命他为试太学正，从此他有了些名声。元祐二年，他被外派担任庐州教授，绍圣四年他回汴京担任国子主簿。当今皇帝对他的才名也有所耳闻，今年六月十八日在崇政殿召见他，特地让他重新进呈《汴都赋》，任命他当秘书省正字，成了馆阁官员。他的词、赋俱佳，词句能与音乐精准配合，据说晁补之、张耒也自叹不及。他善于融合前人词句，用字妥帖，场景细腻，而且严格应和乐谱，其作品都是可以配合音乐演唱的。他所写的除了常见的代言女子口气的艳词，也有一部分是抒写士人奔波仕途、羁旅乡思之类的，如在汴京怀念故乡杭州的《苏幕遮》云：

燎沉香，消溽暑。鸟雀呼晴，侵晓窥檐语。叶上初阳干宿雨，水面清圆，一一风荷举。

故乡遥，何日去。家住吴门，久作长安旅。五月渔郎相忆否，小楫轻舟，梦入芙蓉浦。[1]

除了京城，地方上也有不少人爱写词，有几个高手颇有名

1　唐圭璋编：《全宋词》，中华书局，1965年，第603页。

气。如江西抚州临川县人谢逸虽然屡试不第,如今依旧是白衣文士,可是诗词颇有名声。他写过三百首歌咏蝴蝶的诗,人称"谢蝴蝶"。元祐年间他在黄州杏花村驿站与几位文士相遇,几人开玩笑说当年曹植七步成诗,我们也来尝试七步之内作词,谢逸才思敏捷,在五步之内就念出一首词,题写在墙壁上,即《江城子》:

> 杏花村馆酒旗风。水溶溶,飏残红。野渡舟横,杨柳绿阴浓。望断江南山色远,人不见,草连空。
> 夕阳楼外晚烟笼。粉香融,淡眉峰。记得年时,相见画屏中。只有关山今夜月,千里外,素光同。[1]

这个"五步成词"的故事流传颇广,据说文士经过杏花村驿站,常常向驿卒借笔抄写这首词,驿卒觉得麻烦,就用泥把这些字都涂掉了。黄庭坚也看过他的诗文,评论说他的才华足以成为馆阁文士,不比晁补之、张耒、李彭逊色。[2]

元符二年(1099年),有御史弹劾监内香药库李之仪,认为他曾任苏轼幕僚,不可以在京为官,于是他遭到免职。同年,知枢密院曾布的夫人魏玩卒于相府,时年五十九岁。在宫廷担任女官的张氏特地到曾府哭吊,写了一首诗寄托感慨:

---

1 唐圭璋编:《全宋词》,中华书局,1965年,第650页。
2 傅璇琮总主编,张剑主编:《宋才子传笺证(北宋后期卷)》,辽海出版社,2011年,第423页。

香散帘帷寂，尘生翰墨闲。
空传三壶誉，无复内朝班。[1]

此女二十多年前跟着担任监酒的父亲在海州（今江苏连云港）怀仁县，认识了县令曾布的夫人魏玩。魏玩见这个六七岁的小女孩聪慧异常，教过她背诵诗文。张氏长大后入宫做了女官，负责在后宫书写各种文书，太后让她做了皇帝的伴读。元祐年间升为典赞夫人时，她的任命文告《内人张氏可特封典赞》还是苏轼撰写的。

元符三年正月十二，满京城传扬皇帝年纪轻轻就驾崩了，李格非等官员都换上了素服。据说哲宗之前生病时，宫中局势颇为微妙。哲宗没有儿子，有五个弟弟在世，分别是申王赵佖、端王赵佶、莘王赵俣、简王赵似、睦王赵偲，宫中对拥立哪一位为帝暗暗拉锯。向太后（神宗皇后）、哲宗生母朱太妃、哲宗皇后刘氏围绕嗣君人选展开博弈。最终向太后决策，认为神宗皇帝的几个儿子中申王最为年长，可他患有目疾，其次以端王赵佶为长，于是立端王为帝。据说新帝（宋徽宗）自少年时便喜欢学习书画、射箭、赏玩奇石古器，与擅长绘画的驸马都尉王诜、宗室赵令穰常往来，想必也是个有文采的人。赵令穰从前与黄庭坚交往密切，书风也受到黄庭坚的影响，故而新帝少年时代也学过黄体。后来因王府内知客吴元瑜推崇薛稷的书体，故而新帝之书也浸染了薛

---

[1] 丁传靖辑：《宋人轶事汇编》卷二，中华书局，2003年，第52页。

第二章 文事，细论诗词长短

稷那种瘦硬的体式。[1]

新帝登基，向太后垂帘听政，五月赦命下达，边荒的元祐党人如苏轼、苏辙、黄庭坚、秦观等得以移到离中原近些的地方。向太后还恢复了那位被哲宗废弃的孟氏的皇后之位，从此在宫中，元祐皇后孟氏与元符皇后刘氏并立，开了本朝先例。

秋末，秦观在北上时，于八月在滕州染疾病过世，享年五十二岁。一代才子，如此命运，令人无比感慨。正在北上的苏轼对秦观的病逝大为感伤，在自己的扇子上抄写了秦观所作的词《踏莎行》：

> 雾失楼台，月迷津渡。桃源望断无寻处。可堪孤馆闭春寒，杜鹃声里斜阳暮。
> 驿寄梅花，鱼传尺素。砌成此恨无重数。郴江幸自绕郴山，为谁流下潇湘去。[2]

这是孤独的被贬谪者才能写出的词，在一处处驿馆，他期待收到亲友的书信，这似乎是唯一能安慰他的心灵的东西，而眼目所及，轻雾、孤月、鸟鸣、水流都让他感到寂寞。

朝中又有一番变动，向太后任用持重的韩忠彦出任右相，牵制左相章惇。七月，向太后撤帘归政，皇帝掌握大权。不久便听

---

1 ［宋］蔡絛撰，惠民、沈锡麟点校：《铁围山丛谈》卷一，中华书局，1983年，第6页。
2 ［宋］惠洪撰，陈新点校：《冷斋夜话》，中华书局，1988年，第91页。

说谏官连连弹劾章惇，章惇先后五次上表请求辞去相位。皇帝乘势把他贬谪到边荒。据说哲宗驾崩后，向太后与宰相商议帝位人选时，太后主张立端王，章惇主张立哲宗的同母弟简王，故而当今皇帝亲政以后，把他赶出了朝廷。[1]

皇帝和新近拜相的曾布认为高太后在元祐时期的政策和哲宗在绍圣时期的政策各走极端，都有不足之处，故而提出要消除朋党之见，执行至公至正的政策。十一月初八，皇帝下诏明年改年号为"建中靖国"，表明要走中庸路线，不希望新旧两党纠缠不休。

李清照从父亲那里得到张耒所写长诗《题浯溪中兴颂》（今人研究实乃秦观托名张耒所写）的抄本。唐肃宗上元二年（761年），元结撰《大唐中兴颂》，刻于浯溪石崖上，碑文歌颂肃宗平定安史之乱，中兴大唐之事。张耒大概是对当今的政坛交替有所感慨，写了如下文字：

  玉环妖血无人扫，渔阳马厌长安草。潼关战骨高于山，万里君王蜀中老。
  金戈铁马从西来，郭公凛凛英雄才。举旗为风偃为雨，洒扫九庙无尘埃。
  元功高名谁与纪，风雅不继骚人死。水部胸中星斗文，太师笔下蛟龙字。
  天遣二子传将来，高山十丈磨苍崖。谁持此碑入我室，

---

[1] 参见顾宏义：《宋徽宗即位日记事发覆》，《首都师范大学学报（社会科学版）》2017年第5期，第11—21页。

第二章 文事，细论诗词长短

使我一见昏眸开。

百年废兴增叹慨，当时数子今安在。君不见荒凉浯水弃不收，时有游人打碑卖。[1]

李清照最近正在读史书，也经常听父亲议论时政，见到这首诗，也对朝代兴废有些感慨，作了《和张文潜浯溪中兴颂二首》，感慨安史之乱是"胡兵忽自天上来，逆胡亦是奸雄才"，又对刻碑之举不以为然，称"尧功舜德本如天，安用区区纪文字。著碑铭德真陋哉，乃令神鬼磨山崖"。受到父亲爱读史书的影响，她觉得史册比碑文更具有借鉴意义，即"夏商有鉴当深戒，简策汗青今具在"。据说高力士晚年被赶出皇宫，流放黔中，在巫州见到许多荠菜而本地人并不食用，感伤地歌咏道："两京作斤卖，五溪无人采。夷夏虽不同，气味终不改。"[2] 她把这个细节写入诗中，提及"呜呼奴辈乃不能道辅国用事张后尊，乃能念春荠长安作斤卖"。

她在诗中写"谁令妃子天上来，虢秦韩国皆天才"，她认为杨贵妃姐妹的美色乃是上天赋予的，故称"天才"。她对女子的命运，有过思考。历史上有名的女子，要么以色闻名，如西施、貂蝉、杨贵妃姐妹；要么以权势闻名，如西汉的吕后、唐代的武则天、本朝的刘太后和高太后，都是以至尊身份行事；要么以文辞

---

1 ［宋］张耒撰，李逸安、孙通海、傅信点校：《张耒集》卷十三《读中兴颂碑》，中华书局，1990年，第232—233页。
2 ［唐］郑处诲撰，田廷柱点校：《明皇杂录》补遗《高力士贬巫州》，中华书局，1994年，第41页。

闻名，如班昭、蔡文姬、上官婉儿、李冶（李季兰）、薛涛、鱼玄机等等。其中，上官婉儿、李冶乃是宫廷女官，依附皇帝、皇后获得权威，薛涛乃是风尘女子，鱼玄机乃是女道士。本朝也有几位风尘女子以才艺著称，如楚州官妓王英英善写笔札，学颜鲁公的书体，得到名臣蔡襄的指点，梅尧臣赠诗称赞她"山阳女子大字书，不学常流事梳洗。亲传笔法中郎孙，妙画蚕头鲁公体"云云。[1] 至于女道士，也有曹希蕴那样的著名人物。

本朝还有不少以才艺著称的士族女子：

才女谢希孟写过不少诗，可惜年仅二十四岁就早逝。其兄谢伯初收集她的百首诗作，请好友欧阳修为之作序，欧公在序言中认为谢希孟的诗以"隐约深厚"见长，感叹谢家兄妹的不同遭遇："然景山（伯初）尝从今世贤豪者游，故得闻于当时；而希孟不幸为女子，莫自彰显于世。"[2] 男子可以外出求学、做官，可以呼朋唤友，借助社交关系传播诗文、名声，而女子只能待在家中，结交的也是亲友中的女性，无法借助学校、官场、士林这样的体系。

王安石的妹妹、妻子、长女、次女都能作诗。其妻吴国夫人尝作小词约亲戚游览金明池，"待得明年重把酒，携手。那知无雨又无风"。[3] 王安石次女嫁给了蔡卞，她知书能诗，经常在家中为

---

1 周义敢、周雷编：《梅尧臣资料汇编》，中华书局，2007年，第59页。
2 ［宋］欧阳修著，李逸安点校：《欧阳修全集》卷四十三《谢氏诗序》，中华书局，2001年，第608—609页。
3 ［宋］胡仔辑，廖德明点校：《苕溪渔隐丛话（前集）》卷六十《丽人杂记》，人民文学出版社，1990年，第416页。丁传靖辑：《宋人轶事汇编》卷十，中华书局，2003年，第507—508页。

第二章 文事，细论诗词长短

夫君筹划政事，也是当下京城有名的人物。

已故的魏王赵頵的妃嫔越国夫人王氏擅长诗书画，所作篆隶、小诗、竹画都有一些名气。尚书都官郎中李无兢之女李仲琬擅长诗、文、书法，也有些小名声。[1] 右奉议郎、通判颍州的曹评之女曹氏擅诗，作有五七言诗百余篇，流传颇广，所写笔札亦精妙。雅安张祺之妻史琰擅长诗词、书法，还把自己的诗词编为《和鸣集》，黄庭坚称其为"女博士"[2]。

李清照对这些女子的名字略有耳闻，还有其中一些人的诗词抄本，她觉得自己的才思不比这些人差，做个"女博士"不在话下。受到父亲的影响，她好读史书，熟悉历史掌故，有男子般的思辨、才华，要是男儿身，必是风流蕴藉的俊才，可去考取进士建功立业。可惜她是女儿身，只能局限在庭院、花园之中，在文字中驰骋想象。她觉得女子写作，也不一定只能关心园林花木、男女相思之类题材，也可以写作《题浯溪中兴颂》这类论朝代兴废、人事变迁的文字，也能与那些名士一较思想、文辞的高下。

冬末，下雪时，蜡梅开了，她作了一首关于蜡梅的词《渔家傲》，以美人的"香脸"形容梅花即开的花苞，又以刚洗浴完毕的"玉人"形容梅树的清新姿态。晚唐的唐彦谦、仁宗时的强至都曾用"玉人"比拟梅花，但是都不如"玉人浴出"的表达生动，

---

1 ［宋］晁补之：《鸡肋集》卷六十六，景印文渊阁四库全书本第1118册，台湾商务印书馆，1986年，第968页。
2 ［宋］黄庭坚撰，［宋］任渊、史容、史季温注，刘尚荣点校：《黄庭坚诗集注》，中华书局，2003年，第28页。

词云：

> 雪里已知春信至。寒梅点缀琼枝腻。香脸半开娇旖旎。当庭际。玉人浴出新妆洗。
> 造化可能偏有意。故教明月玲珑地。共赏金尊沉绿蚁。莫辞醉，此花不与群花比。[1]

青春年纪的她也有春愁秋恨，写了几首表现少女情态的词作，如《点绛唇》：

> 蹴罢秋千，起来慵整纤纤手。露浓花瘦，薄汗轻衣透。
> 见客入来，袜刬金钗溜。和羞走。倚门回首。却把青梅嗅。[2]

这首词结合她自己的生活经验与韩偓的《偶见》一诗，化用鹿虔扆《思越人》中的"玉纤慵整云散"，李后主《菩萨蛮》中的"刬袜步香阶"和《浣溪沙》中的"佳人舞点金钗溜"等语句，[3] 呈现外人前来拜访，女子急忙躲开，金钗掉下来的模样，但是到了

---

[1] [宋]李清照著，黄墨谷辑校：《重辑李清照集》卷二《渔家傲》，中华书局，2009年，第16页。
[2] [宋]李清照著，黄墨谷辑校：《重辑李清照集》卷三《点绛唇》，中华书局，2009年，第49—50页。
[3] [南唐]李璟、李煜著，王仲闻校订，陈书良、刘娟笺注：《南唐二主词笺注》，中华书局，2013年，第80页。

后门,依旧回头要看看来的是谁。男子写这样的词,是观察女子情态之后"代言",李清照身为女子,写这样的词,容易让人以为是在"自述"。女子写词,在"代言"和"自述"之间,有些亦真亦假的模糊意味。

她因为写词,对《花间集》里李后主、韩偓等人的词作,以及本朝柳永写的慢词多有感触。柳永在风月场中消磨许久,精熟声律,所写的词适合歌女配合酒宴上的曲子演唱,故而最为流行。而晏殊、欧阳修乃至当代的苏轼所写的一些词难以配合音乐演唱。在音律方面,黄庭坚、秦观要比苏轼娴熟,他们的词也适合配乐演唱。

这时,父亲的友人晁补之回朝,听说他的文采得到宰相韩忠彦的赏识,被举荐担任吏部员外郎、实录院检讨官、国史编修官。他知道修撰本朝皇帝的实录是个危险的职位,之前黄庭坚、秦观等都因为参与修纂《神宗实录》惹上麻烦,所以再三上表辞谢,请求到地方为官,可是并没有获得批准,最后改任吏部员外郎。

晁补之来家里拜会时,父亲把女儿写作的诗词拿给他点评,他大为赞叹,觉得清照这个少女的才思就算放在士子中也难得一见,不仅当面夸奖和指点她,之后还在士大夫聚会的场合公开称赞李清照所写的诗词。一时间,李清照也在京城有了点小名气,成了闺阁中的一号人物,让热衷创作的她有些得意。她的诗词与一般女子不同,她并不觉得女子就必须写那类儿女情长、吟风弄月的诗词,论史、论事、论人,如苏、黄那般,又有何不可?谁说女子的才情比不了男子?

第三章　婚事，一枝一叶关情

建中靖国元年，李清照二十一岁了。这年三月，韩忠彦又推荐晁补之为礼部郎中兼实录院检讨官，从此晁补之与担任礼部员外郎的李格非成了同僚。礼部官署栽种新竹，李格非作诗歌咏此事，晁补之也作了《礼部移竹次韵李员外文叔》。他在诗中提及李格非有志撰著史书，"尚思杀青书，充宇白虎观。"[1] 只是，如今写本朝的历史容易惹来祸患，晁补之是不愿参与写史却被迫成了史官，而李格非是期望写史却没有机会，可谓阴差阳错。

李清照结束守孝，李、赵两家重新商议举办婚礼。当下流行"厚嫁"，士绅之家要为女儿置备丰厚的嫁妆，这样女儿到了婆家才会被看得起。女子过门时陪嫁的衣服、首饰、家具、房契、田契乃至丫鬟、老妈子都属于"妻产"，可以自己支配，公婆、丈夫以及丈夫的其他族人不得干涉。按照大宋律条，如果她与丈夫合法离婚，可以将这些陪嫁全部带走。父亲只有这一个女儿，自然早就备好了说得过去的陪嫁。

李清照从亲友那里对赵明诚和其家庭有些了解，他的父亲赵

---

[1] ［宋］晁补之：《鸡肋集》卷七，景印文渊阁四库全书本第1118册，台湾商务印书馆，1986年，第454页。

第三章 婚事，一枝一叶关情

挺之是官场的红人，三年来连连升官，历任中书舍人、试给事中兼侍读、吏部侍郎，已成了从三品要员。他有两位兄长和四个姐妹，长兄存诚、次兄思诚皆已成婚，都住在赵府大院中。

因为是双方家长早就议定了的事情，所以只需按照婚俗的正常流程办理纳采、纳币（纳征）、亲迎即可。

纳采即议婚，赵家聘请媒人向李家递上"草帖"，列明赵家主要信息，如家族谱系，以及赵明诚在家中的地位、生辰、母亲的姓氏等。如果女方对他有兴趣，就给赵家回一份列明李清照个人信息的草帖。下一步赵家再给李家送来一份"细帖"（定帖），包含更多男方的个人信息，如父亲、祖父、曾祖三代名讳，五服之内的亲戚，官职，田产，生辰八字，女方嫁来后的家庭情况等。女方收到后，也要写一份细帖，详细写明李清照的生辰八字，以及陪嫁钱物的数量、类别等。陪嫁的房奁包括首饰、宝器、帐幔等物，还有田地、房舍等，这是属于女方的"奁产"，婚后依旧属于女方掌控。双方觉得合适的话，就进入下一步"相媳妇"，男方派女眷到女方家中，对新娘的体貌、性情、家境进行当面考察，觉得满意的话，男方随后就给女方家送去八坛酒，表示确认这桩婚配。[1]

纳币分为三个步骤：下定礼、下聘礼、下财礼。新郎家分三次把聘礼送到新娘家，一般包括食品、衣衫、丝绢、金饰等。新娘家也回送相应的礼品。两家请占卜者确定"亲迎"的良辰吉日。

---

[1] ［宋］孟元老撰，伊永文笺注：《东京梦华录笺注》卷五《娶妇》，中华书局，2006年，第481页。

亲迎的礼俗比较烦琐。正式婚礼之前一日，李家派遣女眷到赵家"铺房"并预送部分嫁妆，即给李清照布置新房。新房中，床榻、荐席、椅桌之类家具由男方提供，毡褥、帐幔、衾之类由女方提供。女家亲近之人要为新人暖房并负责守护新房，不让外人进入。次日，到了良辰吉日，还没有当官的赵明诚按照礼俗穿着九品官服到李家迎接李清照，一路吹吹打打。她则告别父亲，蒙着盖头坐在带帘的花轿里，在亲友的护送下，于击鼓吹笙声中到达新郎家。赵挺之是当红的人物，亲友、同僚自然都来祝贺，他家的院子内外挤满了围观的男男女女。

新娘李清照跨过中门前寓意平安的"马鞍平秤"，进入中门后先到室内稍作歇息。室内当中悬帐，此谓"坐虚帐"，而新郎先要到中堂行"高坐"之礼：中堂已经摆放好床榻，上面安置了一把椅子，即"高坐"，新郎坐在椅子上，媒人、舅母等斟酒请新郎下来，新郎各饮一杯，然后下座，与新娘一起到新房，新郎坐在床左侧，新妇坐在床右侧，号称"正坐富贵"。之后礼官请新人出新房，男女两家各出红绿彩缎，彩缎被绾成同心结，一端挂在新郎手中的槐简（笏）上，另一端搭在新娘的手中，由新郎倒行，新娘相向而行，新郎牵着新娘至中堂参拜家庙，这一礼俗即所谓"牵巾"。之后到中堂跪拜天地，拜高堂，夫妻对拜，新娘要应承敬奉公婆，然后就是婚宴、入洞房，热闹了整整一天。

成亲次日五更，李清照作为新妇起床，将自己绣的女红巧作，如鞋袜、枕头等献给公婆，此谓"赏贺"，公婆则回送一匹彩缎，此谓"答贺"。

第三章　婚事，一枝一叶关情

能嫁入这样的人家，外人自然是羡慕的。因为是一大家族聚居在大院落中，李清照每日晨昏要向公婆问安，与两位嫂嫂也时常见面，其他时间主要待在自己的小院子里。婆婆郭氏祖籍山东东平，后随其父郭概移居青州。郭概在元祐年间担任提点刑狱，把几个女儿分别嫁给赵挺之、陈师道、高昌庸、谢良弼，其中赵挺之仕途通达，而陈师道、谢良弼相对逊色一些。

三天后，李格非派人送来首饰、彩缎、油蜜、蒸饼、鹅蛋等，即"送三朝礼"，又称"煖女"。随后赵明诚、李清照回娘家，谓之"拜门"。李家在家大摆筵席，名曰"会郎"，长辈们再答贺女婿，最后礼毕席散，在鼓吹声中，热热闹闹送赵明诚一个人回家。七日后，赵明诚再来李家，接李清照回家，李家还要送彩缎、首饰、吃食之类的礼物，谓之"洗头"。一个月后，李格非到赵家，送上弥月礼盒，赵家也开宴款待亲家，此谓"贺满月会亲"。

夫君赵明诚是太学生，平日要在太学住宿、学习，只在寒食、冬至与新年各放假三天。他在太学学习经义、策论、诗赋，早晚还要学习射箭。太学有两千四百名学生，其中外舍生两千名，内舍生三百名，上舍生一百名，从外舍升入内舍、上舍，需修满不同的课程并考试合格。太学的学生每人每月可以领取补贴一千多文钱。

如今皇帝、宰相力图调和元祐、绍圣两党之争，这也是"建中靖国"这个年号的寓意。只是，自熙宁年间以来，新旧两党相争近三十年，士人大都分门别派，恩怨纷纭。比如赵挺之与担任秘书省正字的陈师道是连襟，陈师道与苏轼、黄庭坚亲近，而赵挺之却与苏轼、黄庭坚是仇敌，所以陈师道从不来赵府拜会，只是女性家眷互有往来。

李清照对陈师道的名字早有留意，知道他与苏轼亲近，也擅长诗词文章。陈师道乃徐州彭城（今江苏徐州）人，生于仕宦家庭。曾巩对他十六岁时所写文章大为惊奇，让他在门下求学。可惜他一直没能考中进士，一度生活困苦，不得不让妻女回岳父家中居住。元祐二年，他得到苏轼、傅尧俞、孙觉等人的推荐，以布衣出仕，历任徐州州学教授、颍州州学教授。哲宗亲政不久，他被目为苏轼余党，遭到罢职，回家闲居六年，去年新帝登基后才入京担任秘书省正字。

赵挺之与苏轼的仇怨与黄庭坚有点关系。元丰末年赵挺之任德州通判，与在那里监德平镇的黄庭坚有交往，他曾邀黄氏到官舍欣赏过古书、碑帖。当时他想在德平镇推行新党颁布的市易法，黄庭坚认为这座市镇人少民贫，施行市易法的话，来此活动的商贩就跑光了，两人就此以公文来往争论了数次。元祐元年，中书侍郎张璪举荐赵挺之参加选拔馆职人才的考试，考试之前黄庭坚对苏轼随口说起这件往事，让担任考官的苏轼对赵氏大为看轻，宣称："挺之聚敛小人，学行无取，岂堪此选？"苏轼乃是名士，如此评论赵挺之，对他的声誉颇有影响，加上当时苏轼之弟苏辙弹劾赵挺之的岳父郭氏包庇官吏，导致郭氏被朝廷处罚，从此他与苏轼、苏辙、黄庭坚有了仇怨。[1] 不过，苏轼的反对没有奏效，赵挺之顺利通过馆职考试，成为集贤校理。次年又得到御史中丞

---

1 ［宋］苏轼撰，［明］茅维编，孔凡礼点校：《苏轼文集》卷二十九《乞郡札子》，中华书局，1986年，第828页。

刘挚的举荐，当上了监察御史，他在任上一再弹劾苏轼、黄庭坚等人，指责苏轼举荐的王巩、黄庭坚"轻薄无行"，苏轼的学问出自"战国策苏秦、张仪纵横揣摩之说"[1]。后一说法是王安石当年评论苏洵文章的话，在京城颇有影响，不喜苏氏的人常以这句话抨击苏轼、苏辙兄弟的学问。

虽然父亲赵挺之与苏轼是仇人，可赵明诚素来喜欢诗文，与姨父陈师道关系亲近，经常从他那里抄写苏轼、黄庭坚的诗文，为此几次遭到父亲训斥，可他依旧不改，私下还是经常如此行事。这种事情也是有先例的，赵挺之的妹夫邢恕与新党首领蔡确关系密切，与司马光、苏轼等旧党大臣不和，可是他的儿子邢居实（字惇夫）擅长文章，喜欢与苏轼、黄庭坚、张耒、秦观、晁补之等来往，父子二人因此有些矛盾。邢居实在元祐二年早卒，年仅二十岁，当时黄庭坚等人都写过悼亡诗。李清照读过黄庭坚写的《忆邢惇夫》：

> 诗到随州更老成，江山为助笔纵横。
> 眼看白璧埋黄壤，何况人间父子情。[2]

婚后闲聊，李清照得知丈夫赵明诚早年一直随赵挺之在各处

---

1 ［宋］李焘撰，上海师范大学古籍研究所、华东师范大学古籍研究所点校：《续资治通鉴长编》卷四百七《哲宗元祐二年》，中华书局，2004年，第9915页。
2 ［宋］黄庭坚撰，［宋］任渊、史容、史季温注，刘尚荣点校：《黄庭坚诗集注》卷十《忆邢惇夫》，中华书局，2003年，第377页。

官署迁移。元祐初年赵挺之入京担任秘阁校理，赵明诚才第一次踏入京城，与自己同一年进京。[1] 故而，丈夫并不是自小在京城长大，也没有京城官宦子弟身上常见的浮华习气，性情颇为朴实。只是，他有时会对自己感兴趣之事显得急躁。

李清照发现，丈夫与自己的爱好相近，也喜欢诗词文章，熟读杜诗，家中有雕版印刷的《杜工部集》，有时两人也会聊到当今文士诗词的优劣。当下最著名的文士，当然是苏轼。他乃是当世第一名士，诗词文章传播广泛，许多人都按照他写的《念奴娇》《水龙吟》《贺新郎》《水调歌头》《满庭芳》等词调填作。赵明诚的姨父陈师道虽然敬佩苏轼的才学，可是觉得词本是歌女配合曲子演唱的，而苏轼所写之词乃是"以诗为词"，并不符合词本来的文体特征："退之（韩愈）以文为诗，子瞻以诗为词，如教坊雷大使之舞。虽极天下之工，要非本色。"他认为秦观、黄庭坚二人的作品超越了前人，"今代词手唯秦七、黄九尔，唐诸人不迨也"。[2]

秦观之词婉丽丰润、流畅蕴藉。黄庭坚之词早年受柳永影响，后受到苏轼启发，以诗法入词，又比苏轼擅长协调音律，故而超出一筹。他擅长化用典故、诗文，如《水调歌头》中"瑶草一何碧"不仅运用陶渊明《桃花源记》和李白"谪仙人"的典故，其

---

[1] 今人有以《金石录》卷十三《玉玺文跋尾》"初至京师"证明赵明诚十八岁初入京师，系明显错误。该文"初至京师，执政以示故将作监李诚"指此玉玺发现后被送到京师之处，而非赵明诚初入京师，而且该文所云"执政"断非指赵挺之，而是指蔡京等人，《金石录》中只以"先父"指赵挺之。

[2] ［清］何文焕辑：《历代诗话》，中华书局，2004年，第309页。

第三章　婚事，一枝一叶关情

中"我为灵芝仙草，不为朱唇丹脸"还化用了苏轼《寓居定慧院之东杂花满山有海棠一株土人不知贵也》中"朱唇得酒晕生脸，翠袖卷纱红映肉"的词句。晁补之觉得黄庭坚写词也有"以诗为词"的毛病，批评说："黄鲁直间作小词，固高妙，然不是当行家语，是著腔子唱好诗。"他认为"近世以来作者，皆不及秦少游。如'斜阳外，寒鸦万点，流水绕孤村'，虽不识字人，亦知是天生好言语"。[1] 他认为诗词两种文体的写法不同，秦观才是当下最出色的词作家。李清照喜欢秦观的词，对其写法多有揣摩。

丈夫另有一大爱好是收藏古书、碑帖、字画、古器等。他拿出自己之前收藏的《晋乐毅论石本》《隋化善寺碑拓》等碑拓，一一展示给李清照，她随口都能点评几句。其中有一件《唐遗教经》的书帖颇有来历，这是公公赵挺之于治平二年（1065 年）刚考中进士时购藏的，已在家里保存了三十多年。早年间它刚面世时，有些人以为它是书圣王羲之所书，但博学多闻的欧阳修认为此书乃唐人所书，而非晋人之书，也是因欧公有此一说，这件藏品的价格并未暴涨，才能被公公收入囊中。

自南朝起，贵族、士族就有收集碑石拓片之举，当时的目的是模仿前贤文辞或学习书法。至本朝之初，太祖开宝九年（976 年），徐铉《古钲铭碑》第一次把上古钟鼎上的文字摹拓成帖，他还曾摹写篆文《秦峄山刻石》，其门生郑文宝刊刻立石，制作拓片流传各处，对后来的好古风气颇有影响。淳化三年（992 年），爱

---

[1]〔宋〕吴曾：《能改斋漫录》卷十六，上海古籍出版社，1979 年，第 469 页。

好书法的太宗皇帝命人把内府所藏历代法书名迹摹辑为十卷，镌刻于枣木板并印制汇帖拓片赏赐近臣，世称"官帖"（《淳化阁帖》）。这是皇家重视文治之举，对后人汇集刊刻书帖、碑刻或抄录碑石、钟鼎文字的行为大有启发。皇祐三年（1051年），仁宗皇帝把秘阁、太常收藏的钟鼎古器的铭文拓本赏赐给宰执，文彦博命知国子监书学的杨南仲释其文，编为《皇祐三馆古器图》，颇有传播。这些举措对欧阳修大有影响。欧阳修爱好驳杂，有收藏古器、考订释文的兴趣，于是开始收集钟鼎彝器铭刻、法帖等拓片、摹本，一一写明释文。至嘉祐七年（1062年），编纂成《集古录》一千卷。[1] 之后，他又写下题跋四百余篇，简述器物的出土、收藏情况，记录所属年代及其遗闻逸事等，编为《集古录跋尾》十卷。这些题跋以碑刻拓片为依据，或订正史籍错误，或补充史传疏漏，或考索典制渊源，或品评历史人物，显示了欧阳修的史识、文采和雅趣。神宗熙宁二年，欧阳修让儿子欧阳棐从《集古录》搜集的一千卷铭刻、法帖中选出一部分重要篇目，分注其撰者姓名、官位、事迹以及立碑时间等，编为《集古录目》二十卷，这些著述在士人中颇有流传。

博学之士刘敞受到欧阳修的影响，于嘉祐八年（1063年）把家里的十一件古器物的器型图、铭文镌刻上石，名为《先秦古器图碑》。他认为收藏和研究古器对当今学者大有益处，"礼家明其

---

[1] 参见王宏生：《〈集古录〉著录、流传与版本研究》，《淮北煤炭师范学院学报（哲学社会科学版）》2007年第4期，第34—37页。

制度，小学正其文字，谱牒次其世谥"[1]，这一碑刻的拓本颇有流传。另外，刘敞还撰著《先秦古器记》文稿，记录更多古器的器型、图样、铭文摹本、释文及自己的考释、赞文等。[2] 稍后，和州知州胡俛得到之前仁宗赏赐朝臣的宫廷所藏五件器物的拓本，让人汇集刻石，以《古器图》组合拓本的方式流传。以文章著称的曾巩也爱搜集古今碑刻，纂辑有《金石录》五百卷，对碑刻的史料价值、书画艺术多有评论。龙图阁待制、扬州知州杨景略搜集的周秦以来的金石刻文多至七千卷，可惜他并没有留下什么著述。

元祐年间，擅长绘画的名士李公麟爱好收藏，撰著《古器图》一卷、《考古图》五卷、《周鉴图》一卷，都是图文兼具的著述。他给收录的每件器物绘图，解释其镂文、款字以及用途，并写有序、赞，流传颇广。另一位学者吕大临参考李公麟的方法著有《考古图》十卷，收录宫廷及民间所藏青铜器、玉器的器型摹绘、铭文摹本，配有释文，并记录器物的尺寸、容量、重量、出土地、收藏者及若干考释。说起来，吕大临还曾是李清照父亲的同僚，当年他撰著《考古图》时正担任秘书省正字。

赵明诚随赵挺之入京时，正是欧阳修、李公麟、吕大临等人的著作在京城流传之时，他也爱上了收藏碑帖、古器。赵挺之年轻时就爱好收藏碑帖，或许这是他们家族的风气。

赵明诚说，他从三四年前开始用心收藏各种碑刻的拓片，也

---

1 ［宋］吕祖谦著，任远点校：《皇朝文鉴》卷七十九《先秦古器记》，浙江古籍出版社，2017年，第1270页。
2 赵学艺：《刘敞〈先秦古器记〉考》，《文献》2022年第4期，第10—22页。

有订正前人著作疏漏之意。如欧阳修的《集古录》开金石著作的先风，可其中也有些错误，自己有心一一校订。比如，欧阳修以为小篆书石刻《唐题阮客旧居诗》乃是李阳冰所书，但是从自己所得的拓片辨认，其实是缙云县县令李韶撰文并篆书，并非李阳冰的手笔。

李清照与丈夫爱好也算相近，她自小受父亲影响，熟读史书，对这类考订工作有些兴趣。这么看来，丈夫的才学倒是与自己的父亲相近，长于史学、考证，诗词上的功夫与巧思不如自己。丈夫见了她之前写的诗词，也知道自身在诗词上没有天分，只是士人的一般水准而已，远不如妻子。

收藏是他们夫妻共同的爱好。大相国寺的集市每月初一、十五和逢八的日子开市。每到这样的日子，丈夫都会从太学请假，与李清照一起到相国寺寻觅好东西。大相国寺的中庭广大，足可容纳上万人。每次集市时，大门那里的地摊主要卖飞禽、猫犬之类的宠物，二门、三门之间主要是卖铺盖、席子、鞍辔、水果、腊脯等货品与食物，快到佛殿的空地主要卖道冠、笔、墨等文化用品，两廊下有许多地摊售卖绣品、首饰、帽子等装饰品，佛殿后面资圣门前主要卖书籍、珍玩、图画和各地官员家属带来京城出售的土特产、香料、药材之类。他们夫妻最喜欢到资圣门前一个个摊位寻访金石字画，有时候手头没什么钱，就姑且把贵重的衣服典当换钱，过些日子等太学的补助金发下来了再去赎回衣服。每次搜罗到好东西，顺便再买些水果、点心，回到书房一边欣赏新收藏，一边吃水果，犹如陶渊明《五柳先生传》所言："每有会

第三章　婚事，一枝一叶关情

意，便欣然忘食……酣觞赋诗，以乐其志，无怀氏之民欤？葛天氏之民欤？"[1]

结婚以后，李清照对男女之事也有了体验，从前她阅读前人写男欢女爱的词作，只是想象，如今也有些新的感触，作了一首小词《采桑子》：

晚来一阵风兼雨，洗尽炎光。理罢笙簧，却对菱花淡淡妆。

绛绡缕薄冰肌莹，雪腻酥香。笑语檀郎，今夜纱厨枕簟凉。[2]

在大家族里，与公婆、兄嫂、亲友交际，当然要讲究言谈举止，穿着打扮要符合各自的身份。如今女子中流行腰身窄瘦贴身的服装，正如张泌《江城子》所云"窄罗衫子薄罗裙"，夏日女子大都上身穿修身的罗衫，下身穿轻薄的罗裙，要细心搭配适合自己的色彩、饰品。如秦少游在《南歌子》中写的"揉蓝衫子杏黄裙"，指上身穿浸揉蓝草而成的湛蓝色衫子，下身穿黄中带点红的罗裙。

丈夫平日都要去太学上课，她白天大多空闲无事，便待在房

---

[1] [晋]陶渊明著，逯钦立校注：《陶渊明集》卷六《五柳先生传》，中华书局，1979年，第175页。

[2] 此词《词林万选》作李清照词，《花草粹编》作康与之词。引自[宋]李清照著，黄墨谷辑校：《重辑李清照集》卷三《采桑子》，中华书局，2009年，第49页。

中读书、写字，偶尔与一些女性亲友在节日聚会，会玩打马、投壶之类的游戏，谈点茶、插花的趣事。

点茶可以参考名士蔡襄撰著的《茶录》准备各式茶器，如茶焙、茶笼、砧椎、茶钤、茶碾、茶罗、茶盏、茶匙、汤瓶等。点茶时，一边让仆从点燃燎炉、备好汤瓶煮水，一边选取好茶饼，把茶饼磨碎、研细，然后用茶罗筛出细末。有几个人喝茶就把茶粉放入几个碗盏，取汤瓶注入刚烧开的沸水，还要以形如小刷子的茶筅不断点拂茶汤，让茶末与水充分混合，在茶汤表面形成白色泡沫，宛如白花布满碗面。前些年士人爱用金、银、铁制作的茶匙搅拌茶末，讲究"击拂有力"。近些年开始流行竹子制作的茶筅，上面三分之一的部分是整块竹板，用以手握，下面三分之二是把竹板剖成许多细小的竹条，茶人拿着它点拂茶水时讲究"指绕腕旋"的巧劲儿，要学一阵子才能掌握其中奥妙。

京师士人讲究生活情调，欧阳公曾云"京师谁家不种花，碧砌朱栏敞华屋"。李清照也会指点仆从栽种花草，把各样时令花卉安置在书房、卧房，冬春时如张耒那般"疏梅插书瓶，洁白滋媚好"。春夏更不用说，月季、牡丹、荷花等等争奇斗艳，也都可置之案头。她从前听母亲说过许多次，西京洛阳的牡丹闻名天下，开花之时太守举办宴会"万花会"与民同乐。届时会以万千牡丹花组成屏障，在梁、栋、柱、拱之间也都挂满牡丹，满城人都去赏花，还纷纷在头发上簪花。

春秋两季的假日，他们也常到郊区游玩。有时走到东水门外七里处的虹桥附近，这座桥没有桥柱，全是用巨大的木料穿插搭

第三章 婚事,一枝一叶关情

置、相互承托,桥身为朱红色,犹如彩虹凌空一般,也叫"无脚桥"。让赵明诚得意的是,这种桥据说首创于他的故乡山东青州。青州有阳河穿城而过,夏秋之际发洪水时经常把阳河上的桥柱冲毁。仁宗朝的青州太守夏竦采纳当地一位老牢卒的设计,修建了这种没有桥柱的虹桥,此后才传播到附近的州县乃至汴京。

中秋之前,传来噩耗,苏东坡北上途中生了重病,于七月二十八日在常州去世了,享年六十五岁。他是天下最闻名的诗文大家、第一名士,可惜晚年因为政争,被贬惠州、儋州,如今又不幸病逝。京城的不少太学生都去佛寺为这位天下第一名士追福,赵明诚、李清照也感伤了一阵。

如今天下以诗词文章闻名之士,大都在外地。黄庭坚去年也得到赦免,据说朝廷要调他回京担任吏部员外郎,他一再上书推辞不就,请求在地方当个知州,可见他对朝中党派争斗的恐惧,不愿来京城挨明枪暗箭。张耒去年一度被召入京担任太常少卿,很快就改任兖州知州、颍州知州。擅长诗词的贺铸在地方任太平州(治所在今安徽当涂)通判,他把自己的一些诗词整理为《庆湖遗老前集》,颇有流传。那个擅长写词的周邦彦也被外派到地方去了。

晁补之、陈师道两人倒是在京,可他们经历了之前几年的纷争,都谨小慎微,远不如从前活跃。陈师道与李格非有交往,春末写过一首描述天气溽热的唱和诗《和李文叔退朝》:

    朝流骇汗蒸双猊,风卷屯云散万蹄。

任使轻衫污娇色，可令纤手洗春泥。[1]

晁补之也收藏一些古器物，赵明诚听说他家收藏的一件律管上有铭文，于是特地弄来拓片，上面有"始建国元年正月癸酉朔日制"几个字，看来是王莽篡位后制作的。[2]

从丈夫这里，李清照听闻他的姨父陈师道不少趣事。陈师道也留心古器，得知赵明诚喜欢收藏石刻铭文与拓片，经常与他交流。绍圣年间，他在彭城得到"唐起居郎刘君碑"的拓片，此碑文字大都已经磨损了，但依稀能辨认出柳公权的姓名和一些字。他把拓片寄给赵明诚，还告诉赵明诚，丰县有一座"汉重修高祖庙碑"，乃是郭忠恕用八分书体书写的，赵明诚托人前去访求拓片。颜真卿撰书的《麻姑仙坛记》素来受重视，还有一种小字版本的拓片流传，人们以为也是颜真卿所书，可是笔法与原大字版本有别。陈师道告诉赵明诚，黄庭坚以前对他说过这种小字版本的《麻姑仙坛记》乃是庆历年间一个学佛的人士所书，还告诉过陈师道这人的名字，可惜如今他已忘了此人的名讳。[3]

陈师道结识黄庭坚后，作诗的方法一度大受黄庭坚的影响，后来他发现黄庭坚"过于出奇，不如杜之遇物而奇也"[4]，转而致力

---

1 ［宋］陈师道撰，［宋］任渊注，冒广生补笺，冒怀辛整理：《后山诗注补笺》，中华书局，1995年，第424页。
2 ［宋］赵明诚著，刘晓东、崔燕南点校：《金石录》卷十二《古器物铭第十五》，齐鲁书社，2009年，第107页。
3 ［宋］赵明诚著，刘晓东、崔燕南点校：《金石录》卷二十八《唐麻姑仙坛记》，齐鲁书社，2009年，第232—233、252页。
4 ［清］何文焕辑：《历代诗话》，中华书局，2004年，第307页。

第三章 婚事，一枝一叶关情

于学杜甫。他作诗用力极勤，平时出行脑中有了想法，就急忙回家思考、修改，必须在安静的环境中构思。为此家人要把猫犬都赶到院外，以防吵闹。黄庭坚称之为"闭门觅句陈无己"（《病起荆江亭即事》）。他还有一大遗憾，之前他曾把自己听闻的熙宁、元丰之间的政事、言论按照年月编辑成书稿，交给舅舅庞家保存，可惜绍圣年间，庞家子弟担心这部书稿惹来麻烦，一把火烧掉了。据说，黄庭坚对陈师道的诗颇为推崇，外人问他："今之诗人，谁为冠？"他回答说："无出陈师道无己。"[1]

陈师道爱作词，自称"余它文未能及人，独于词自谓不减秦七、黄九"[2]，觉得自己的词不比秦观、黄庭坚的逊色。三年前晁补之被贬信州，经过徐州时，陈师道与他一起在酒宴上观赏歌妓演出舞蹈《梁州》，陈师道当场作了一首《减字木兰花》：

> 娉娉袅袅，芍药梢头红样小。舞袖低徊，心到郎边客已知。
> 金尊玉酒，劝我花间千万寿。莫莫休休，白发簪花我自羞。

晁补之赞叹说，人疑宋开府（宋璟）《梅花赋》清艳不类其为

---

1 ［宋］惠洪撰，陈新点校：《冷斋夜话》卷二《陈无己挽诗》，中华书局，1988年，第19页。
2 ［宋］陈师道：《后山集》卷十七，文渊阁四库全书本第1114册，上海古籍出版社，1987年，第678页。

人，无己（陈师道）你的这首词，远超《梅花赋》啊。[1] 这是陈师道的得意之作，李清照也能从赵明诚那里得到抄本。

入秋后，晁补之带着比自己大七岁的从叔晁端礼一起拜会左相韩忠彦。韩家的家妓在宴会上表演歌舞、弹奏琵琶，晁补之、晁端礼各作了一首词《绿头鸭》，在外都有流传。当下有"出塞愁思，移船感恨"的习语，晁端礼化用在自己所作的这首《绿头鸭》中：

> 锦堂深，兽炉轻喷沉烟。紫檀槽、金泥花面，美人斜抱当筵。挂罗绶、素肌莹玉，近鸾翅、云鬟梳蝉。玉笋轻拢，龙香细抹，凤凰飞出四条弦。碎牙板、烦襟消尽，秋气满庭轩。
>
> 今宵月，依稀向人，欲斗婵娟。变新声、能翻往事，眼前风景依然。路漫漫、汉妃出塞，夜悄悄、商妇移船。马上愁思，江边怨感，分明都向曲中传。困无力、劝人金盏，须要倒垂莲。拼沉醉，身世恍然，一梦游仙。[2]

晁端礼熙宁六年考中进士，之后一直在地方担任主簿、知县，可惜元丰七年因把官府钱财借贷给友人等过错，被免职，编管楚州。次年遇到哲宗登基大赦，才得以回到家乡，已闲居多年。晁

---

[1] ［宋］周煇撰，刘永翔校注：《清波杂志校注》卷九《彭门会》，中华书局，1994年，第413页。
[2] 唐圭璋编：《全宋词》，中华书局，1965年，第418页。

第三章 婚事，一枝一叶关情

补之带着他去见韩相国，也是期望能帮助他得到任用。之后晁端礼连连给韩相国赠词，明显是期望他能注意到自己的文采，关照一二。

晁补之的文采得到韩相国的赏识，本来前途看好。不料，年底政局又有变化，皇帝用"建中靖国"这个年号是为了宣示消除朋党之见，可实际上新旧两党多年争斗，积怨已深，既有政策、权位、名分、利益之争，也有各种私怨积累，根本无法调和，朝中官员也各有偏向。皇帝观察了许久，觉得与其努力调和新旧两党，还不如选择一端，继承由父亲神宗、兄长哲宗推行的新政、新法。据说十一月二十三日皇帝赴南郊祭祀途中，起居舍人邓洵武进献《爱莫助之图》，建议大用蔡京、温益、赵挺之、范致虚、王能甫、钱遹等支持新法之人。[1] 皇帝发布诏书，宣布明年改纪元为"崇宁"，决意"奉神考初行之志，绎绍圣申讲之文"。[2] 这意味着宰相韩忠彦即将失宠，与之亲近的晁补之等人难免有些忐忑。

赵明诚的姨父陈师道也参加了这场南郊祭祀大典。此时天寒地冻，随从人员大多都要室外奔忙，必须穿两层厚的裘衣才能抵御寒冷，陈家没有这种贵重的衣服。其妻到赵家找姐姐借了一件，可陈师道是个固执的人，见到这件裘衣，问妻子是从哪里借来的，妻子说是从赵家借来的，陈师道说："你难道不知道我不可能穿他

---

1 [宋] 陈均编，许沛藻、金圆、顾吉辰、孙菊园点校：《皇朝编年纲目备要》卷二十六《徽宗皇帝建中靖国元年》，中华书局，2006年，第657页。
2 司义祖整理：《宋大诏令集》卷一百二十二《建中靖国元年南郊改来年崇宁元年赦天下制》，中华书局，1962年，第417页。

家的衣服?!"让妻子马上归还。[1] 结果，他因为穿得单薄，在南郊祭祀中受了风寒，不久便病逝了，享年四十九岁。赵明诚与这位姨父关系亲近，自然要去吊唁。

李格非也受到时局变化的影响，被外派出任提点京东路刑狱，这是监督州县司法是否公平、官吏处事是否清平的监司官员，官署在南京应天府。父亲带着李迥一起离京，李清照和夫君前去送别，好在距离不远，可以时常书信通问。

此时，赵明诚结识了前朝宰相刘挚之子刘跂。他比赵明诚大二十八岁，元丰二年考中进士。之后一直在地方任州学教授、推官、知县之类的官职。绍圣年间他因党争被免职，追随被贬的父亲刘挚辗转在蕲州、新州活动，去年才得到赦免回京。他的父亲对赵挺之有知遇之恩，所以两家有往来。刘跂擅长诗文，元符二年他在岭南听闻朝廷花费巨大的人力和物力在黄河以北修筑堤坝，想要彻底阻绝黄河向北流动，逼使它向东流入大海，可惜却白费力气。六月黄河又在内黄口决口，奔流向北，淹没了河北许多州郡。"自永静以北，居民所存三四，自沧州以北，所存一二，其他郡大率类此，千里萧条，间无人烟"，可见这一场水灾的严重程度。刘跂就此作了一篇《宣防宫赋》，借元封二年（公元前109年）汉武帝修筑宣防宫，在那里亲自指挥堵塞瓠子堤决口的故事讽喻此事。文中说汉武帝自夸"颓林竹兮楗石菑，宣房塞兮万福来"，觉得可以一劳永逸地解决黄河洪灾的问题。东方朔进谏说

---

[1] ［宋］罗大经撰，王瑞来点校：《鹤林玉露》卷四，中华书局，1983年，第302—303页。

第三章 婚事，一枝一叶关情

"未可谓无忧也"，指出这样做耗费巨大，"析骸樵苏，惨于长平之祸；累块珠玉，埒乎水衡之藏"，以后难免"财乏力屈，河且再塞"，之后"语未既，天子数顾尚席，推几欲兴。臣朔逡巡却立，不谢而退。其后馆陶之役，竟如东方大夫言"。[1]这是说，不久之后，黄河就在馆陶决口了。从前刘跂被贬谪，写的这类诗文自然不敢传播，如今才稍稍为人所知。

到了崇宁元年（1102年）正月，京城又是一番节日气象。有中间人带着徐熙所画《牡丹图》求售，要价二十万钱，赵明诚喜欢这幅画，带回家观摩，与李清照一起细细欣赏。二人手边没有这么多钱，思来想去，向父亲要钱也不合适，只能留在家里观赏一晚，第二天还给中间人。此后夫妻每次想起这件宝贝就有些惋惜。

李清照接到父亲来信，说他趁最近去曲阜，带着子侄去拜谒孔庙、孔林。并留下题记："提点刑狱、历下李格非，崇宁元年正月二十八日率通、迥、近、远、逖，恭拜林冢之下。"[2]

二三月，有花农挑着担子，用马头竹篮装着花枝，在街头一边走一边以悠扬的调子叫卖，李清照让婢女也买了几枝，作了一首《减字木兰花》：

---

1 ［宋］吕祖谦编，齐治平点校：《宋文鉴》卷九《宣防宫赋》，中华书局，1992年，第120页。
2 周祖譔主编，钱建状著：《宋史文苑传笺证》卷六，凤凰出版社，2012年，第606页。

卖花担上，买得一枝春欲放。泪染轻匀，犹带彤霞晓露痕。

怕郎猜道，奴面不如花面好。云鬓斜簪，徒要教郎比并看。[1]

她还另作一首《浣溪沙》，这是模拟歌女的口气的作品，想象一位女子如崔莺莺那样"待月西厢下"，正思念情人的情态。这都是由前人开创的套路，比如先形容女子的相貌、情态，再描绘花前月下相约的场景：

绣面芙蓉一笑开，斜偎宝鸭衬香腮。眼波才动被人猜。
一面风情深有韵，半笺娇恨寄幽怀。月移花影约重来。[2]

"眼波"乃杜牧《宣州留赠》中形容女子眼神的词语，韩偓和欧阳修都爱用这个字眼。唐代无名氏的《长信宫》有"月移花影到窗前"一句，王安石的《夜直》化用为"月移花影上栏干"。女道士曹希蕴也有诗句"记得小轩岑寂夜，月移疏影上东墙"，受到过苏轼的称赞。

这个曹希蕴现在靠卖诗、卖词换钱，在京城颇有些名气，经

---

[1] [宋]李清照著，黄墨谷辑校：《重辑李清照集》卷三《减字木兰花》，中华书局，2009年，第50页。
[2] [宋]李清照著，黄墨谷辑校：《重辑李清照集》卷三《浣溪沙》，中华书局，2009年，第49页。

第三章　婚事，一枝一叶关情

常有闲散的文士去找她，指定主题请她当场作诗作词。一天，有几个人故意为难她，要求她作以"浪花"为主题的绝句，以"红"为韵，她推辞说"非吾所能为，唯南薰门外菊坡王辅道学士能之耳，他人俱不可也"。在馆阁任职的王寀善谈论，工辞章，是京城名士。那几个人说，他们也知道王学士的名字，可是"彼在馆阁，吾侪小人耳，岂容辄诣"？曹希蕴说："试赍佳纸笔往拜求之，必可得。"于是这些人带着笔墨纸张前去王家拜谒，王寀听了来龙去脉，当即欣然捉笔作了一首《浪花》：

> 一江秋水浸寒空，渔笛无端弄晚风。
> 万里波心谁折得，夕阳影里碎残红。[1]

此事、此诗流传颇广，大家都当作雅事传播。

春末牡丹花开时候，京城士人都喜欢到寺观、亲友的园林、郊区的花圃等处赏花。李清照作了一首咏牡丹花的《庆清朝慢》，其中用到了欧阳修、晁补之两人爱用的"金尊倒"三字：

> 禁幄低张，雕阑巧护，就中独占残春。容华澹伫绰约，俱见天真。待得群花过后，一番风露晓妆新。妖娆态，妒风笑月，长殢东君。
> 东城边，南陌上，正日烘池馆，竞走香轮。绮筵散日，

---

[1] [宋]洪迈撰，何卓点校：《夷坚志·夷坚三志》己卷第八《浪花诗》，中华书局，2006年，第1367—1368页。

谁人可继芳尘？更好明光宫殿，几枝先向日边匀。金樽倒，拚了画烛，不管黄昏。[1]

这时在朝中，新党全面得势，纷纷升官加爵。三月皇帝提拔刚回家的蔡京为翰林学士承旨、知制诰兼侍读、兼修国史，五月又提拔蔡京为尚书左丞，吏部尚书赵挺之为尚书右丞，他们两人都成了执政大臣。此时韩忠彦为左相，曾布为右相，蒋之奇为知枢密院事，但是他们都没有蔡京、赵挺之两人受宠。

蔡京乃是兴化军仙游县（今福建仙游）人，熙宁三年（1070年）进士及第，应对敏捷，擅长文辞、行政。他在官场以"有手段"著称，神宗朝已经先后任中书舍人、知开封府等要职，哲宗初期太皇太后高氏和旧党秉政，他被排挤到地方任知州，等到哲宗亲政，才得以回朝，先后任代理户部尚书、翰林学士等要职。当今皇帝登基后他因与内侍交结等罪过，被免去官职，任提举杭州洞霄宫的闲职，在杭州闲居。据说他与元符皇后刘氏的内侍郝随等颇有结交，通过他们奉送自己所书屏障、团扇等到禁中，引起当今皇帝的关注。太学博士范致虚、左街道录徐知常以及宫中嫔妃、宦官都称赞他的才能，他于是得到皇帝的起用。

皇帝先后免去韩忠彦、曾布的宰相职位，外派他们去地方为官，随即于七月五日，命蔡京取代曾布为尚书右仆射兼中书侍郎（右相）。此时左相空缺，蔡京是唯一的宰相。按照他的资历，这

---

[1] ［宋］李清照著，黄墨谷辑校：《重辑李清照集》卷二《庆清朝慢》，中华书局，2009年，第28页。

第三章 婚事，一枝一叶关情

属于"超拜"和"异恩"，可见他的受宠程度。皇帝让他"提举讲议司"，研拟各项改革事宜。

蔡京得意之际，也是旧党倒霉之时。担任汝州知州的张耒被揭发去年在颍州荐福禅院为苏轼追福，穿白色丧服哭悼，便被贬房州别驾，黄州安置，去了苏轼曾待过的地方当闲人。六月初九，黄庭坚刚就任太平州知州，九天之后就被贬为管勾洪州玉隆观，移至鄂州居住。在京城担任礼部郎中兼史馆编修、实录检讨官的晁补之也被谏官弹劾，有人称他依附司马光、苏轼等"奸党"，后来他出知河中府。

让李清照担忧的是，父亲李格非也受到牵连，被贬为提举宫观的闲职。接着又被人检举以前的奏疏文字等方面的错误，与曾肇、陆佃、王觌、丰稷、王古、谢文瓘、邹浩等被列入元祐党人名单。[1] 得知父亲被列为元祐党人，她也有些惊讶，父亲与旧党的司马光、苏轼等人并没有紧密关系，只是有些同情司马光的命运，如今不知为何却被列入元祐党人名单，估计是从前得罪了什么人物，或许宰相蔡京认为他与李清臣、晁补之关系亲近，故而把他也列入其中。按理说，父亲与赵挺之乃是亲家，其他朝臣多少要顾忌赵挺之的态度，可不知为何，还是这般结果。

前年当今皇帝刚即位时下诏求直言，当时有许多官员、士人纷纷上书检讨朝政得失，如今他们却因为上书的言辞被贬。京师流传着一首无名氏所作的词《滴滴金》，暗指众人的遭遇，隐隐对

---

1 ［宋］陈均编，许沛藻、金圆、顾吉辰、孙菊园点校：《皇朝编年纲目备要》卷二十六《徽宗皇帝崇宁元年》，中华书局，2006 年，第 661 页。

皇帝的失信有所指责：

> 当初亲下求言诏。引得都来胡道。人人招是骆宾王，并洛阳年少。
> 自讼监官并岳庙。都一时闲了。误人多是误人多，误了人多少。[1]

这时出了件震动京城的奇事。之前，被贬谪的范纯仁病重时，给学生李之仪口授遗言，托他整理成遗表呈给皇帝。之后李之仪为范纯仁写了行状。蔡京认为李之仪执笔的遗表、行状有反对新法之语，把李之仪关入监狱调查。他的妻子胡淑修在颍昌，听闻此事后典当自己的衣物、首饰，凑足路资，孤身一人赴京拯救丈夫，打探到有位官员家中收藏了范纯仁的手稿，手稿中的内容正好可以驳斥蔡京的诬陷。于是，她急忙赶往该官员家中，恳求把这份手稿暂时交给自己一用。那位官员害怕得罪蔡京，不肯出示手稿。胡淑修救夫心切，以重金收买这位官员家的仆人，弄清手稿所藏之处后，她女扮男装，进入此人家中将手稿盗出，呈给官府，为李之仪洗刷了冤情。此举震动朝野，士大夫都对她的举动啧啧称奇。随后李之仪被释放出狱，交太平州编管，胡氏也跟着去了。

皇帝责成三省登记元祐党人的姓名，李格非的名字也在其中。

---

[1] 唐圭璋编：《全宋词》，中华书局，1965 年，第 3667 页。

第三章 婚事，一枝一叶关情

九月十七日，皇帝亲自写下"元祐党籍"一百二十人的名字，命刻成"元祐党籍碑"，立在端礼门前。端礼门乃是到中书门下、枢密院办公的朝廷官员必经之地，立碑在此，意在警示官员要引以为戒。列入元祐党籍的官员都不得在京为官，不得担任要职，与之有关的父子、兄弟、舅甥等都受到影响。

听说，皇帝、蔡京授意朝臣翻出前年韩忠彦、曾布、李清臣等恢复元祐皇后孟氏后位，谋废元符皇后刘氏之事。十月，皇帝下诏免去孟氏的皇后之号，让她再次回到瑶华宫居住。这位皇后也是倒霉，已两度为后，两度遭废，如今只能又去当女道士，百姓听了，自然又要议论一阵她的霉运。

在皇帝看来，自己的父亲与王安石推行的变法造就了国富、兵强、民安的局面，之后太皇太后高氏和元祐党人的举措仅是一小段曲折，随后兄长亲政时恢复了新法，在开拓边疆方面也颇有成就，现在自己应在父兄的基础上有所推进，在内政、外事上都要有诸多新举措。蔡京建议皇帝"兴学"，在南门外修建"辟雍"，将外舍生从太学迁往辟雍居住、学习，并增加学生名额，外舍生为三千员，留在太学的内舍生和上舍生分别增至六百员和两百员。朝廷规定官学分为县学、州学和太学三级，每级官学都分外舍、内舍和上舍，学生按照考试成绩和道德品质在本级官学内依次由外舍升入内舍、上舍。

崇宁二年（1103年）初，蔡京升任左相，右相空缺，足见皇帝对他的信任。蔡京擅长理财，以增加税种、铸造面值更大的铜钱、把地方财源收归中央等种种手段，增加皇帝、朝廷的收入，以此支持皇帝重视的宫室营建、礼乐制作、开边备军等事项。之前哲宗时朝廷与西夏开战，向几位大商人借钱支付军费，如今这几人带着借据来索要，本息合计达三百七十万缗。皇帝颇为发愁，蔡京想出个好办法，他派官员调查各个衙门积存的陈年货物，如香料、帷幕、漆器、象牙、锦缎等，估值后移交给商人，不到半年就解决了问题。

见蔡京掌权，许多士人都去走他的门路谋官。据说从前与苏轼有交往的那位道士姚安世恢复了本名王绎，得到举荐出任了医官，擅长言辞应对，经常出入蔡京等当朝权贵的府邸，自称"海上神仙宫阙，吾皆能以说致之，可使空中立见"。[1] 不过，此人性格狂疏，不久之后就犯了过错，被罢免官职，编管楚州。

赵家也有好事。赵明诚的长兄赵存诚考中进士，得到皇帝特恩，担任校书郎，一下就获得了馆职，让李清照不由得想起，父亲当年考中进士以后历经十多年磨砺才得以改官，之后又过了好几年才获授馆职。对照之下，如今的皇帝如此优待大臣子弟，也不知那些背景一般的进士、官员有何感想。

由于父亲是高官，赵思诚、赵明诚兄弟得到恩荫，被授予初级官职。[2] 从此，赵明诚每月有了固定的俸禄，对他们夫妻两人自然是好事。之前三年多少要从家中支取钱物过活，要看父母的脸色，如今自己有了俸禄，要比从前自由些，可以购藏更多的书画、古器、拓片、书册。他们把大多数钱财都花费在搜罗各种藏

---

1 孔凡礼撰：《苏轼年谱》卷三十二，中华书局，1998年，第1096页。
2 具体官职不明，从赵明诚后来的任官履历推测他这时候已经出仕。

第三章 婚事，一枝一叶关情

品上，听说哪里发现了古碑、石刻，就联系可能认识当地官员、士人的亲友，拜托他们帮忙搞拓片或者抄写文字。

三月，听说皇帝把担任管勾洪州玉隆观闲职的黄庭坚撤职，押送到宜州编管。据说是因湖北转运判官陈举知道黄庭坚之前得罪过执政大臣赵挺之，为了取悦赵挺之，呈上黄庭坚写的《荆南承天院记》，指其中有"幸灾谤国"的言语，导致黄庭坚被贬。

四月，公公赵挺之升为中书侍郎，成为副相，自然又是宾客盈门。有不少人知道赵明诚爱好收藏，为了接好赵家，主动赠送他碑帖之类的藏品。赵明诚收集的古书、古器、碑帖已颇具规模，他觉得自己可以编纂一部与欧阳修的《集古录》相似的著述，而且要超越《集古录》，改正欧阳修的一些疏漏。比如《集古录》记载《乐毅论》的石刻收藏在高绅家中，他逝世后家人把这件石刻抵押给富人，富人家中失火，石刻遭到焚毁。赵明诚说欧阳修这段记载并不准确。元祐年间，他跟着父亲在徐州，见到一位官员赵竦用木头匣子装着断裂的《乐毅论》石刻，若有亲友请求制作拓片，赵竦出于对这件石刻的爱惜，都是亲自制作送人。赵挺之求他制作了一件拓片，如今成了赵明诚的收藏。故而，赵明诚觉得自己的见闻能对《集古录》的疏漏所有补正。

听说，四月二十七日皇帝下诏："苏洵、苏轼、苏辙、黄庭坚、张耒、晁补之、秦观、马涓文集，范祖禹《唐鉴》，范镇《东斋纪事》，刘攽《诗话》，僧文莹《湘山野录》等印板，悉行焚毁。"三天后又下诏："追夺王珪赠谥；王仲端、王仲嶷并放罢，遗表恩例减半。"据说是因为有人指责当年神宗病危时，王珪没有及时提议设立储君,还秘密会见太皇太后的亲戚高士允,有拥立神宗之弟的嫌疑。王珪是李格非的岳父,辅佐神宗多年,与旧党并无多少干系,如今却是如此遭遇,令人感叹。

九月,因有臣僚上书说京畿附近的陈州士子不清楚《元祐党籍碑》上的官员姓名,请求在各路监察官员官署、各州州府衙门立碑传播这些人的名字。于是,皇帝让御史台重新提交元祐党人名单,人数较之前稍有减少,共有九十八人。[1] 李格非的名字仍在其中。可笑的是,他的岳父王珪以及李清臣、陆佃、安焘竟然也名列其中,这些人或是新旧党之争时的中立派,或是当年襄助哲宗皇帝整治元祐大臣之人,如今竟然都与司马光、苏轼等元祐党人的姓名同处一碑。曾布的四子曾纡也被谏官指控犯有私下拜访宰相韩忠彦,密谋恢复哲宗废除的孟后之位,收受父亲的门生故吏的馈赠等罪责,被列入元祐党籍,贬永州零陵。皇帝将御笔亲书的这份元祐奸党名单下达各路、州、军和监司,在官衙的门厅立石刊刻这份名单,昭示天下,要让出入官署的官员、士子、百姓都知道这些"奸党"之名。李清照听说这件事,着实为父亲感到无奈,他已无官无权,还要被人指着名字议论。

也不知道谁又指摘李格非以前的言论、疏失之类,皇帝下诏将他编管象郡(今广西象州),那里距离章丘足有三千八百多里,路途遥遥。听说父亲被贬岭南,李清照急忙呈上诗歌请求公公帮忙向皇帝求情,施以援手,还引用黄庭坚所作诗句"何况人间父

---

1 九十八人详细名单见曾枣庄、刘琳主编:《全宋文》第168册《看详元祐党人状》,上海辞书出版社、安徽教育出版社,2006年,第272—273页。

第三章 婚事，一枝一叶关情

子情",希望公公能理解自己救父心切的心思。可是，打压元祐党人乃是皇帝、首相蔡京竭力推动的，公公毕竟是副相，在朝堂恐怕也不好说什么，估计心里还要怪这个儿媳多事。

父亲这样的被贬之人接到诏书当日必须立即南下，估计弟弟要跟着去照顾他。她赶紧收拾了些东西，写了一封信，交给可靠的仆从赶到章丘交给父亲和弟弟。她在家时常想到父亲与弟弟的模样，放心不下，好在他们不时来信，说走到哪里了。近两个月后，父亲才抵达象郡，寄来四首诗《初至象郡》。其中第四首写谪居生活，云："居近城南楼，步月时散策。小市早收灯，空山晚吹笛。儿呼翁可归，恐我意惨戚。"可见父亲夜晚时常在街道散步，有些寂寞。好在弟弟陪伴在他身边，可以照料起居。李清照见信才放心一些，经常给父亲和弟弟寄信、寄药，希望他们在那边能平平安安，期冀之后皇帝南郊祭祀大赦天下时，父亲这样的被贬之人也能得到恩典回家。

皇帝下令各地把苏轼所撰碑碣榜额一并除毁，京城的佛寺、道观纷纷把苏公题写在墙壁、柱子上的诗歌涂抹掉。可是朝廷此举却阻止不了文士私下抄写苏公的诗文，还有民间书坊偷偷印制苏公的诗集，不少诗人都以能得到更新、更全的苏轼诗文的抄本、印本为乐事。

年底，大辽的使臣来祝贺新年，他们朝见皇帝之后，翌日一般会去大相国寺烧香，第三日皇帝会派官员在南御苑玉津园举办射宴，款待辽使并举行射箭比赛。朝廷会选出擅长射箭的武官作为伴射，与辽使带来的辽国武官比赛射艺。辽人大多用弩射箭，而本朝的武官都是用弓射箭,谁能更多、更准地射中远处作为标靶的垛子就可赢得比赛,胜者可以获得皇帝赏赐的银鞍马、衣服、金银器物等。虽然宋辽名义上是兄弟之国,可是比赛双方都想争得胜利,每次本朝的伴射取胜,穿着皇帝赏赐的衣服,骑马经过街道,就有众多孩童在道路上大声称颂此人。从前仁宗朝外号"黑相"的王德用、神宗朝的姚麟都擅射,经常在比赛中取胜,在民间大有名声。可是如今的殿前都指挥使王恩不擅长弓矢,这几年他连连充当"伴射"。此人箭术拙劣,经常连垛子都射不中,让陪同的本朝官员、听说消息的汴京百姓都觉得失了颜面。听说有一天,伶人在宫中给贵人表演滑稽戏,先有一人手持一支箭进来,夸耀说"这是黑相劈筈箭,售价三百万钱"。接着又有一人手持一支粗大的矢进来,夸耀说"老姚射箭的话也不会输,售价三百万"。之后两个人推着一车子箭上台,说"一车箭只卖一个铜钱"。有人装作奇怪地问:"这是谁的箭啊,为何价钱如此低?"那人回答:"这是王恩的'不及垛箭'。"这是讽刺王恩的箭毫无用处。不过,王恩的儿子王偊爱好收藏书画、碑帖,与赵明诚相识,颇有往来。

崇宁三年(1104年)初,朝廷取消了解试、省试,以"三舍升贡法"取代从前的科举考试制度。太学生有两条常规途径获得进士出身,获授官职,一是上舍生就读满两年且考核为优等,二是每年春季太学和辟雍的学生都可以参加"公试",考中前四十七名即"上等"成绩。如今太学和各地的州学、县学的纪律严明,士子都要按时上课,按规矩穿着正式服饰,不得穿着秃巾、短衣,

第三章　婚事，一枝一叶关情

路上遇到长辈或官员都要避道拱揖行礼，不可出入茶肆酒楼，不可与人在外争吵打闹，学风比从前散漫自由的状态有很大改观。不过，学习的内容也被严格限制，朝廷严禁学习、传播元祐党人的学术，各级学校以"谤讪朝政"为大错，因此士子也都不敢提苏、黄等人的文字，不敢公然议论朝政的对错。[1]士子大都以保全自身为要务，如今的士风，与元祐年间士人议论纷纷的局面大大不同，令人感叹。

听说那个擅长书法的米芾来京出任太常博士。此人以书法、收藏闻名，他到了京城，经常在大相国寺等处搜罗书画藏品，赵明诚见过他，与之有过寒暄。米芾出自武官世家，母亲阎氏侍奉英宗皇后高氏，给年幼的神宗当过乳母。神宗登基以后赏赐米芾入仕。因是武官子弟而且不是科举正途出身，米芾在官场颇不得志，一直在地方当小官，行为有些狂放，爱穿不合时宜的唐服，以书法自傲，以书画收藏为癖，乃至有强行骗取、以假易真之类举动。之前他既与苏轼等旧党人物有过从，也与王安石、章惇、蔡京等新党人物来往。据说元符三年，他曾致信蒋之奇，希望蒋之奇举荐自己，其中已代拟好举荐之辞，云："芾老矣！先生勿恤廷议，荐之曰：'襄阳米芾，在苏轼、黄庭坚之间，自负其才，不入党与。今老矣，困于资格，不幸一旦死，不得润色帝业，黼黻皇度，臣某惜之。愿明天子去常格料理之。'先生以为何如？芾皇恐。"这是说自己的才华次于苏轼，高于黄庭坚，即可与苏、黄并

---

[1] 参见傅璇琮总主编，王兆鹏主编：《宋才子传笺证（词人卷）》，辽海出版社，2011年，第310—311页。

肩之意，只因非科举出身，资格受限没有得到任用，希望通过蒋的举荐得到皇帝破格起用。他说自己"不入党"，乃是声明自己并非旧党成员。只是他以个性怪异著称，蒋之奇这样的高官恐怕也不敢轻易举荐他，免得招来谏官非议。

据说米芾能入京为官，与蔡京的赏识有关。元符三年年末，蔡京被免去翰林学士承旨之职，任提举杭州洞霄宫的闲职。他南下时路过真州，米芾、贺铸前去驿馆拜会，恰好另有一人来拜会，此人怀疑以写大字出名的蔡京乃是以灯烛的光影透视制成大字，而非直接用如椽大笔写字。于是蔡京当场表演如何写大字，他让随从准备好饭菜并磨好墨。他吃了一阵饭菜，命仆从到自己的舟中取来一支椽子粗的大笔，一边徐徐操笔蘸墨，一边对客人说："子欲让我写何字？"此人说："某希望您能写'龟山'二字。"蔡京大笑，当即挥笔在绢上写成这两个大字。等墨刚变干，众人正要上前观赏，贺铸抢先把这幅字卷起来带着跑了，一向爱占这等便宜的米芾见被人抢了先，大为恼怒，此后数年与贺铸没有往来。不过，等到蔡京重新出山为相，米芾就与贺铸讲和，请工匠把这幅字刻石立在龟山的佛寺中。米芾在碑侧亲书曰"山阴贺铸刻石"。米、贺之所以如此，也是希望能取悦蔡京，在仕途上得到这位宰相的关照。

皇帝对米芾的能书之名也有耳闻，命他以小楷书写《千字文》进呈。听说有一天皇帝召他入宫，问他当世书法名家各自的特点，米芾回答说："蔡京不得笔，蔡卞得笔而少逸韵，蔡襄勒字，沈辽排字，黄庭坚描字，苏轼画字。"皇帝问："卿书何如？"对曰：

"臣书刷字。"这是说他自己写字爽快利落,一挥而就。他还把家藏法书、名画进献给皇帝。可惜,不久之后,就有官员弹劾米芾的过错,他被外派出知无为军。[1]

这些年新旧党争激烈,米芾这样的人才身处其间,既曾拜会苏轼、黄庭坚,又与章惇、曾布、蔡京等往来,周旋众人之间,也是费尽心机。私下有人讥笑他的一些行径,元祐年间,他给旧党的宰相吕大防献词祝寿,建中靖国元年,当时的宰相曾布与蔡京、蔡卞兄弟不和,米芾曾致贺信给曾布,说自己"扁舟去国,颂声惟在于曾门;策杖还朝,足迹不登于蔡氏"。第二年,曾布被贬,蔡京入京为相,他又致信蔡京,"幅巾还朝,舆颂咸归于蔡氏;扁舟去国,片言不及于曾门"等等语句,有知悉内情的士人对米芾的这类举动颇为鄙视。[2]

暮春时节,李清照想念在远方的父亲和弟弟,如今与他们联系,全靠信件。写信托人带去,一去一回至少三四个月后才能收到回信。她总是担忧他们受不了那里的湿热,写了一首《怨王孙》:

> 帝里春晚。重门深院。草绿阶前,暮天雁断。楼上远信谁传。恨绵绵。
>
> 多情自是多沾惹。难拼舍。又是寒食也。秋千巷陌,人静皎月初斜。浸梨花。

---

1 米芾先出知无为军后出知常州,有关研究见张庆:《米芾宦历行踪考斠五则》,《书法报》2021年第24期,第25版。
2 丁传靖辑:《宋人轶事汇编》卷十三,中华书局,2003年,第675页。

听说，朝廷又重定元祐党人名单，把元祐党人、元符党人、上书邪等事者三类人员合并入《元祐党籍碑》，共有三百零九人。皇帝亲笔书写了名单，命人刻在石碑上，立在文德殿殿门东侧墙壁下。文德殿是前殿正衙，朔望之际，皇帝在此接受官员的朝拜，他们都能看到这块石碑。皇帝这是以此警戒众官员。皇帝又让宰相蔡京亲自书写元祐奸党名单进呈，转发给地方各州郡刻石立碑。最可笑的是，现在章惇的名字也出现在了上面，被列入"为臣不忠，曾任宰臣"一栏。而另一位被贬的曾布明明是新党中的重要人物，也被归属在"曾任宰臣执政官"，成为所谓的"元祐奸党"。父亲李格非依旧与秦观、黄庭坚、晁补之、张耒同属"余官"一栏。这类名单其实也是看皇帝、宰相如何编排，比如曾谠在元符年间上书声援元祐党人，之前被编入元符上书的"邪党"名单，可是他近来依附蔡京、蔡卞兄弟，连连上书诋毁元祐党人，赞美当下的政事，被定为"正论上等"，依旧在朝为官。坚持道德原则的人倒霉，见风使舵的人风光，也是当下官场一景。

公公赵挺之依旧得到皇帝的信重，九月转任门下侍郎，实权颇重。李清照听人议论，这两年朝廷在西南辰水、沅水平定猺人，收复诚州、徽州，改诚州为靖州，徽州为莳竹县，又在西北青唐地区攻占了四州之地。这样的"武功"让皇帝颇为欣喜，他又开始谋划"文治"的举措。恰好应天府崇福院掘地时发现六件古钟，此地在春秋时属于宋国，钟铭上有"宋公成（戌）"三个篆字，地方官员把这几件"宋公钟"作为祥瑞呈报给皇帝。皇帝大为高兴，让人按照这种样式铸造典礼时奏乐的编钟，又让蔡京主持铸造九

第三章　婚事，一枝一叶关情

鼎，制订新乐。一个蜀地的兵卒子弟魏汉津自称得到仙人李良传授，懂得制鼎之法，蔡京、刘昺把他推荐给皇帝。皇帝任命魏汉津任九鼎制造官，在开封城东南宣化门外的玉仙观主持铸造工作。

因皇帝爱好收藏古器，贵人们也都纷纷搜罗古物进献，赵明诚、李清照只能眼看着器物的价格节节高涨。赵明诚为了收藏书籍、拓片，常与开书铺的人打交道。有个卖书人陈询（字嘉言）因面相近似蛤蟆，外号"蛤蟆"，还有个扬州来的官员黎珣（字东美）也长得像蛤蟆。同时琼林苑西南边有一座亭子的俗名叫"蛤蟆亭"，天清寺前的沼泽叫"蛤蟆窝"，于是有人编了一首《咏蛤蟆》，称"佳名标上苑，窝窟近天清。道士行为气，梢公打作更。嘉言呼舍弟，东美是家兄。莫向南方去，将君煮作羹"。[1] 最后一句是说南方人吃蛤蟆肉，如果他们去了就会被炖为羹汤。

年底，神宗幼女徐国长公主下嫁郑王潘美之曾孙左卫将军潘意，仪仗盛大，就连前导的洒水之人装水的桶都是镀金的，让百姓热议了一阵。

崇宁四年（1105年）三月，赵挺之升为右银青光禄大夫、尚书右仆射兼中书侍郎（右相），地位仅次于左相蔡京。家中来往的宾客自然更多了，许多官员、士人都来恭维公公，向赵明诚发出各种邀约，请他欣赏碑帖、书画，甚至带着礼物相送。李清照见了这架势，总觉得不安稳，献诗"炙手可热心可寒"[2]，提醒公公和

1　［宋］庄绰撰，萧鲁阳点校：《鸡肋编》卷上《韩忠彦等绰号》，中华书局，1983年，第25页。
2　［宋］李清照著，黄墨谷辑校：《重辑李清照集》卷五《断句》，中华书局，2009年，第101页。

丈夫要居安思危，小心为官，也期冀公公能施以援手，让父亲早点回归中原。

赵挺之成了宰相，对赵明诚的收藏大有益处，许多官员都以赠送碑帖的方式与之结交。比如，将作监李诫送给赵明诚《玉玺文》印本。元符元年年初，咸阳乡民刘银村在修建房屋时，得到一方古玉印，上有印文"受命于天，既寿永昌"。咸阳古董商段义得到后上呈朝廷。当时任翰林学士承旨的蔡京认为这是秦始皇的传国玉玺，但也有史书记载秦始皇传国玉玺早在后唐就已失传，因此朝野对这一印玺的真伪有不同看法。当时在将作监任官的李诫亲手印了两份保存，如今他赠给赵明诚一份，如此举动，自然也是为取悦赵宰相。

殿前都指挥使王恩之子王俅爱好收藏书画、碑帖，从前与黄庭坚等人都有交往。他把自己收藏的《汉平都侯相蒋君碑》等数件汉碑拓片赠给赵明诚。他说这些碑帖的原主是刘季孙，此人虽是武官，可所写诗歌颇有名声，先后得到王安石、苏轼的称赞。刘季孙喜好收藏书籍、石刻拓片，把俸禄都花在搜罗这些东西上了。元祐七年他在隰州知州任上病逝后，家人无钱把他的棺材运送到故乡开封府祥符县。还是苏轼上书朝廷，请求朝廷给予优待，官府出力将其棺木运到京城安葬的。之后，刘季孙收藏的上千卷碑刻拓片都被一位武官买走，后来王俅得到数百件，他听说赵明诚在收藏碑刻拓片，就把几件稀有的汉碑拓片赠给他。他这样做，当然也是为了讨好赵明诚乃至其父赵宰相，希望得到关照。

赵挺之为相后，与蔡京在政策、人事上看法不同，多次向皇

第三章 婚事，一枝一叶关情

帝秘密陈述蔡京的过错，但是他不如蔡京受皇帝恩宠。六月皇帝下诏，赵挺之被罢去相位，任金紫光禄大夫、观文殿大学士、领中太乙宫使，成了闲官。不过，皇帝对他并未失去信任，听说他在京城没有买房，便赐给他一座宅邸，位置在皇城近处的府司巷，显然依旧有任用他的可能。

当今皇帝颇好享受精致的器物。四年前就在杭州、苏州设立造作局，让宦官童贯主持制造宫廷所用珍巧器物，如今又在苏州设置应奉局，让蔡京、童贯推荐的苏州人朱勔负责，搜求奇花异石、名木佳果，用船运到汴京的禁苑，号称"花石纲"。据说有的石头太大、太重，遇到河道水浅难以通行，朱勔就动用成百上千的民夫在岸上拉纤，闹得沿岸百姓不得安宁。

蔡京见皇帝好大喜功，喜好享受，便依据《周易》提出"丰亨豫大"口号，即实现三代之治，圣王德泽天下，上上下下共享太平之意，说"方今泉币所积赢五千万，和足以广乐，富足以备礼"。[1]于是皇帝便广建宫室，重修礼乐。此时魏汉津已主持铸造十二套（每套含二十八只编钟）青铜编钟和一套九鼎，据说耗费二十二万斤铜，以黄金为装饰，为此又在汴京南郊修建安置九鼎的九成宫。刘昺等人主持修订朝廷大典演出的大乐、舞蹈，制作给音乐定调的景钟，八月在崇政殿公开演练，皇帝给此套音乐赐名《大晟乐》，给演奏的编钟赐名"大晟夷则"编钟（今藏故宫博物院、上海博物馆、辽宁省博物馆等处）。皇帝御大庆殿受贺，诏曰："昔尧有《大章》，舜有《大韶》，三代之王亦各异名。今追千

---

1 ［元］脱脱等撰：《宋史》卷四百七十二《奸臣二·蔡京》，中华书局，1985年，第13726页。

载而成一代之制，宜赐新乐名曰《大晟》。朕将荐郊庙、享鬼神、和万邦，与天下共之。"儒家相信上古圣王有制作礼乐、教化天下的先例，后世的有德有功之君也以制作礼乐为大事，可以宣扬皇帝的治功，移风易俗，熏陶万民。

以前由太常掌握朝廷典礼的礼乐事宜，如今皇帝命新设一个朝廷部门——大晟府。由太常主掌礼仪事宜，大晟府主掌乐律，大晟府长官为大司乐，副官为典乐两名，下属有大乐令一名、主簿一名，以及协律郎、按协声律、制撰文字、运谱等官，以京朝官、选人或白衣士人通乐律者出任，负责制作大乐、鼓吹、宴乐等应用在不同场合的音乐。皇帝要在大型典礼中，以严正的礼乐展现皇帝之尊、治理之功、国家之昌，也希望大晟府能为宫廷日常宴饮制作一些新曲、新词。

蔡京推荐精通乐律的刘昺担任大司乐，又引荐擅长写词的万俟咏担任制撰文字。万俟咏乃是元祐诗赋科选拔的学生，颇有文采，他与京城的歌儿舞女来往密切，自称"大梁词隐"，每出一章新词，第二天就在京城的歌妓中流传。黄庭坚对他的词作也有所耳闻，曾称赞其为"一代词人"，即新一代的杰出人物。

皇帝并没有忘记闲居的赵挺之，十月提拔赵挺之的三个儿子，以存诚为卫尉卿，思诚为秘书少监，明诚为鸿胪少卿。就这样，李清照的丈夫一下子就成了正六品官员，在鸿胪寺辅助主官处理寺务。从此，丈夫每月正俸就有三十五贯，另外还可以得到"衣赐"，如罗一匹、绢二十六匹、棉三十匹等。

李清照只能私下感叹当今皇帝的举措之随意。李清照的父亲

第三章 婚事，一枝一叶关情

考中进士后为官二十多年才当上七品官，而皇帝一下就给自己重视的大臣之子授予六品官职，着实让人有"恩赏无度"之感。

鸿胪寺主要负责"四夷朝贡、宴劳、给赐、迎送之事"，即外交事宜。来往国家与大宋的关系有等次之别，对来往使者的接待也不同，比如下属部门往来国信所主管与大辽通好之事。辽、宋乃是盟誓的兄弟之国，逢新年、皇帝生辰，双方君主都会互派使者祝贺，来往较多，朝廷对辽使的接待也格外隆重。大辽使节来访，都被安置在都亭驿。而另一方面，西夏国使节则会被安置在都亭西驿，高丽使节会被安置在阊阖门（又名"梁门"）外安州巷同文馆内，回纥、于阗使节会被安置在礼宾院。鸿胪寺还管理若干道观和佛寺的有关事宜，主管左、右街僧录司。

也不知是谁秘密进言，听说皇帝下诏取消对"党人"的父兄子弟任官的限制，减轻对被贬谪的元祐党人的处置，特许他们稍微向内陆移动，所有被贬岭南的改到荆湖，原在荆湖的改到江淮，原在江淮的改到京城附近，但不许到京畿。八月，皇帝下诏把黄庭坚转到永州安置，可惜听说诏令还未送达，黄庭坚已于九月三十日病逝在宜州，享年六十一岁。他是苏轼之后最著名的诗文作家，可惜仕途多舛，一生未能得到大用，没有机会担任中书舍人、翰林学士那样的清华官职，长期流徙边荒，只能说命运弄人。

李清照的父亲听闻黄庭坚故去，写了挽诗，其中有一句云"鲁直今已矣，平生作小诗"[1]，这是说黄庭坚没有得到朝廷大用，

---

1 ［宋］刘克庄著，辛更儒笺校：《刘克庄集笺校》卷一百七十九，中华书局，2011年，第 6918 页。

只能写作诗词度过一生。父亲对黄庭坚的文字似乎并不欣赏，对他来说，注经，撰史，写作事关经史、政事的文章才是更重要的事情，写诗、写词乃是士大夫的闲暇余事而已。

年底，皇帝下诏，除范柔中、邓考甫之外，其他遭编管、羁管之人都可以回到故乡居住。父亲、弟弟可算能离开岭南回家了，李清照心中大为轻松。

公公赵挺之因为之前与蔡京不和，担忧独自为相的他找自己的麻烦，多次上书请求皇帝允许自己回到青州养老，年底时获得皇帝允准。他让家人整理行装，打算正月就回老家。

恰在他即将离开之时，崇宁五年（1106 年）正月初五，西天出现彗星，一直持续了多日。异常星象引起不少议论，据说这预兆着国家要出现兵戈之乱、臣子谋逆等事件。出现这种星象，在位帝王一般都要"避殿""减膳""纳言"，以更换宰相、转变政策等方式回应上天示警，表明对自身、政策和朝中人事的反省。

皇帝心中忐忑，从十二日起到偏殿处理政务，减裁膳食，下诏朝廷内外臣僚直率指出朝廷政事的缺失，令销毁全国各地的"元祐党籍碑"。十四日，太白星（金星）出现在天空，皇帝急忙下诏大赦天下，解除对元祐党人的一切禁令，酌情给遭到贬谪的元祐党人恢复官员待遇，宣布以后不许再用以前的事情参劾这些官员。[1]

被贬之人还有五十名活着，他们各自回家。皇帝命吏部给李

---

1 罗昌繁：《元祐党籍碑的立毁与版本源流——兼论元祐党籍名录的变更》，《北京社会科学》2018 年第 11 期，第 58—74 页。

第三章　婚事，一枝一叶关情

格非、吕希哲、晁补之等监管祠庙的差遣职务，但禁止到京师及近畿州县。监庙是没有实权的空头职衔，等于是拿一份俸禄闲居。李格非只好回章丘老家闲居，以著书、游览、教育子侄为消遣。好在章丘毕竟在山东，离汴京不算远，李清照可以时常致信通问，年节给父亲、弟弟寄各种礼物。

赵挺之也从这场星变中得益。皇帝怀疑异常天象与宰相蔡京的施政有关，决定更换他。二月初三，皇帝任命赵挺之为右相，即尚书右仆射兼中书侍郎。赵挺之再度拜相后，自然又是成群结队的亲友、旧交前来拜会。他的长子赵存诚此时担任卫尉卿，父子同任机要官职不太妥当，于是皇帝将赵存诚调任集贤殿修撰、提举醴泉观，使其成为闲官。二月十三日，皇帝免去蔡京的尚书左仆射兼门下侍郎职位，让他在阊阖门外的赐第闲居。

赵挺之独自为相，自然有许多人来巴结鸿胪少卿赵明诚，期冀通过他这条路子取悦宰相。他从一人手中获得欧阳修的四则《集古录跋尾》手迹。欧阳公是启发士大夫研讨金石的开风气者，对雅好金石的他来说，能获得欧阳公的手迹，让他激动不已，急忙找人重新装裱这四则题跋，打算小心珍藏。等装裱工匠送来帖子，他在官署中恭敬地展开观赏，在上面题跋："右欧阳文忠公《集古录跋尾四》，崇宁五年仲春重装。十五日德父题记，时在鸿胪直舍。"

等他把欧阳修的题跋带回家，展示给妻子以后，两人都感到欣喜。对他们来说，这件藏品让他们觉得自己冥冥中与欧阳修的金石事业有缘，激励他们完成自己的著作，希望它能与欧阳修的

《集古录》前后辉映。

　　这年的进士科考刚结束，当下朝中贵人依旧流行"榜下捉婿"，听说年仅十八岁的孟州济源士子傅察未婚，刚卸任的蔡京派儿子和协律郎赵知几前去了解他的相貌与品行，打算将一个女儿许配给他。蔡家邀他到府中相见，但傅察是元祐年间的中书侍郎傅尧俞的从孙，傅尧俞也名列元祐党籍，乃是蔡京之前主政时打击的对象。他对蔡家心有不满，拒绝去蔡家拜会，不愿与之联姻。赵挺之听说此人才学、相貌突出，也派亲戚去提亲，对方同意，于是他把小女儿许配给这位新科进士。由于傅察还没有年满二十岁，暂时还未被授予官职。

　　听说皇帝又召米芾进京，让他任书学博士。此人虽然以书艺、文采自负，可是仕途不顺。他之前在无为军待了一年，去年被召回朝，本来被委任为常州知州，在上任途中就遭到弹劾，改任管勾洞霄宫的闲职，在润州家中待了一阵。皇帝召见他时闲谈了许久，他还把长子米友仁所作《楚山清晓图》进呈皇帝，得到皇帝的称赞。之前，元符年间他就曾把长子所画《万里长江图》进呈哲宗皇帝，估计是希望儿子的画艺得到皇帝的赏识，为其谋个前程。

　　米芾自然知道赵挺之、赵明诚父子爱好收藏书画、拓片，只是从前他亲近蔡京，与赵家不怎么来往。如今赵挺之独秉大政，他当然也要取悦这样的"时贵"，八月时前来宰相府拜访。赵明诚给他展示自己的一些收藏，请他题跋自己收藏的蔡襄《进谢御赐书诗卷》，又请他在欧阳修《集古录跋尾》上题跋。他题写了一行字，云："芾多识前辈。唯不识公。临纸想其风采。丙戌八月旦。

谨题。"从前米芾经常夸耀自己与蔡京乃是旧交,如今又来赵挺之这里拜望,在权要之间周旋,也是不易。

宋辽两国为兄弟之国,根据两国的外交礼仪惯例,每逢立春、新年的时候,两国都要互派"贺旦使"率领使团进行拜访、祝贺。友人刘跂有意去见识辽国风光,于是在赵挺之、赵明诚父子的帮助下,他被任命为使团的从官。[1] 刘跂离开汴京向北,一路走,一路写作诗歌,记录沿途的所见、所闻和所感,如"风急皮毛重,霜清湩酪膻。君看东向坐,贵重尽童颠"等等,说的是北方风急天寒,贵人都穿皮衣,酒宴上所见的贵族大都发型奇特,头顶剃光,头周留发。刘跂最后根据这段经历写就了《虏中作十八首》。[2]

赵挺之单独执政了一年,皇帝似乎不是特别满意,到大观元年正月初七,皇帝又把蔡京任命为司空、左仆射兼门下侍郎,封魏国公,他再度担任左相,与赵挺之共同执政。两人之前就明争暗斗,如今也各有政见,合不来。蔡京知道皇帝关注制作礼乐之事,提议尚书省设立议礼局,以执政官兼领,以两制大臣充详议官,执行新的礼仪制度。为此皇帝下诏征求古器,用于参考制作朝廷大典所用的樽、爵、鼎、彝等。由于不少亲贵、官员都搜求古器进献宫廷,一些地方出现了挖掘古墓之风。

每年元宵节之前,开封府和殿中省都要在端门之前布置一

---

[1] 刘跂出使辽国的年份不明,参考他的经历和政局情势,他最有可能在元祐年间父亲在朝为官时和崇宁五年至大观元年(1107年)赵挺之为相时出使辽国。
[2] 在《学易集》中名为《虏中作十八首》,清人辑出时为了避当时统治者之忌讳而删去四首并改为《使辽作十四首》。

座高十六丈、宽三百六十五步的大型灯饰，名曰"彩山"或"鳌山"，中间有两条高二十四丈的"鳌柱"，以金龙形状的灯缠绕而上，柱头顶部每个龙口里各点一盏灯，号称"双龙衔照"。担任开封府尹的宋乔年是蔡京的姻亲，他是个好出新奇主意的人，让人在彩山中间安装了一块三丈六尺的大木牌，上面以金粉书写"大观与民同乐万寿"八个大字，意思是天子与民同乐。皇帝见了非常高兴，让以后都这样办。

这种节日，勾栏瓦舍也比平日热闹，各个棚子都挤满了观众，小唱艺人或者单人出场，一边以手拍板，一边唱小令、长调，或者两人配合，一人唱词，一人以箫、笛、笙篥演奏乐曲。小唱最显现歌妓的唱功，讲究字正腔圆，结尾时要缓慢悠扬，故曰"重起轻杀""浅斟低唱"。[1] 嘌唱艺人则一边敲小鼓伴奏，一边演唱曲子词。还有"群唱"（群讴），由歌妓数人以至数十人合唱，场面宏大，有时还辅助舞蹈表演，载歌载舞，通常大宴上才如此兴师动众。那个秦观写词赞美过的李师师已二十多岁，成了京城著名的小唱艺人。她们除了演唱已故的欧阳修、柳永、秦观等人的词作，也会演唱当代名人的词作，如晏几道、贺铸等人的作品。苏、黄二公的词已成忌讳，没有人敢公然演唱。

作为鸿胪少卿，赵明诚的公务相对清闲，他花费许多心思收藏书画、碑帖，一一研究释文。一天，一位转运使给他寄来《汉

---

[1] ［宋］孟元老撰，邓之诚注：《东京梦华录注》卷五，中华书局，1982年，第133页。耐得翁《都城纪胜》提到小唱，"小唱，谓执板唱慢曲、曲破，大率重起轻杀"。

第三章 婚事，一枝一叶关情

任伯嗣碑阴》拓片，让他高兴了好一阵。这是最近在汜水岸边出土的石碑，安置在转运使的官署保存，他听说以后急忙去信请求那里的官员为石碑的正面、背面都制作拓片，为此那些人特地把石碑背后的墙壁破开一个洞，才取得背面的拓片。赵明诚比较细心，他因为见汉碑多了，知道汉碑的背阴大多有字，所以听说哪里发现汉碑，托人拓印的时候都会叮嘱对方留意石碑的背面，有字的话，也要对方拓印下来寄给自己。

听说，皇帝赏识米芾，提拔他当礼部员外郎。可是有言官弹劾他的出身低下，乃是从武官改任文官之人，并非科举出身，不适宜担任礼官，于是他被外派担任知淮阳军（今江苏睢宁）。他和贺铸都因为武官出身而遭到歧视，虽然有才学也无可奈何。

这时，京城官僚都在议论一桩谋逆大案。听说有个叫范廖的人带着告状信到朝堂检举张怀素、吴储等人谋逆。据说本来他要找右相赵挺之告状，可是那天赵挺之正好请假，碰到左相蔡京值班。张怀素早年出家为僧，自称"插花和尚"，常在闹市引吭高歌，以预测吉凶、呼遣飞禽走兽闻名。后来他蓄发为道，自称"落拓道人"，崇宁年间与蔡京、蔡卞等权贵都有交往。他故作神秘，说当年孔子诛少正卯，他曾在边上劝谏说不可轻举妄动，刘邦和项羽在成皋对阵，他曾登高观战。他游走于公卿之间，不少官员、贵人对他颇为信服。他曾对官员吴储说后者的福气近似姚兴，可在关中当君主之类的大话，又与监润州酒务吴侔说过金陵有王气之类的话。这些言论遭到揭发，吴储、吴侔、张怀素都被凌迟处死，吴储父亲吴安诗等人遭流放。吴储、吴侔出自蒲城吴氏，吴储祖父吴充是神宗朝的宰相，伯祖吴育也官至参知政事。吴侔的外祖父王安石是神宗朝宰相，与朝中要员交往颇多，吴侔的姊夫邓洵武以及蔡卞、安惇、吕惠卿父子、张商英的女婿等，都因与张怀素有交往，遭到降职、贬谪等处分。告发者范廖乃是旧党成员范镇的族孙、范祖禹的从弟，范祖禹在哲宗朝被贬谪岭南，后来又入了元祐党籍。

可让全家担忧的是，公公赵挺之生了病，三月初难以上朝，三月十一日皇帝解除他的相位，让他以特进、观文殿大学士、佑神观使的身份致仕，在家养病。公公的病不见好，全家为此忧心忡忡。五日之后，他就病逝了，享年六十八岁。皇帝听闻噩耗，亲临赵家慰问，婆婆郭氏拜见皇帝时，请求给予恩泽，其一是请求特旨任命女婿傅察出任青州司法参军，在岳母的老家当官，方便就近照应，皇帝答应了。但是郭氏求皇帝给夫君赏赐的谥号内带一"正"字，皇帝推托说"待理会"，即等自己再考虑考虑，实际就是不许可的委婉说法。[1] 最终，皇帝下诏给赵挺之赠谥"清宪"，追赠为司徒，葬礼的支出由官府承担。

赵明诚和两个兄长必须给父亲守孝，他们立即办理离任手续，在京城举办吊祭仪式后就要护送棺木回青州祖坟安葬。第三天，蔡京指使人上奏说赵挺之的亲戚有徇私枉法之类的过错，随即取

---

1 晁公休《宋故朝散郎尚书吏部员外郎赠徽猷阁待制傅公行状》云"清宪公薨，其家陈乞添差青州司法参军"，即赵家请求皇帝让女婿任青州司法参军。另陆游《老学庵笔记》云："赵正夫丞相薨，车驾临幸。夫人郭氏哭拜，请恩泽者三事……"见［宋］陆游撰，李剑雄、刘德权点校：《老学庵笔记》卷四，中华书局，1979年，第53页。

第三章 婚事，一枝一叶关情

得皇帝的诏书，命京东路都转运使王敷等在青州调查赵挺之的亲属，命开封府逮捕牵连此案的亲戚、官员。显然，他的意图是针对赵挺之一家。

赵明诚三兄弟见局面如此，不敢多待，只能尽快收拾行李，一路小心护送父亲的棺木回青州。李清照也随丈夫离开了京城。

从元祐元年随父母入京，她已在汴京待了十九年，在此度过了自己的青少年时代，从六岁的小童变成了二十七岁的女子。对她来说，这里才是她最熟悉的地方，算是她真正的故乡吧。这座城市是大宋最繁华、最热闹的地方，也是文人墨客最集中的地方，她因诗词得到晁补之等人的称赞，在京城爱好文辞的闺阁女子中也小有名气，乃至一些士人也有所耳闻。可惜，她不是男子，无法如他们那样外出游学、社交、为官，难以扩大自己的影响。

要说还有什么遗憾，就是自己嫁为人妇已六年，可惜并没有生育一儿半女，赵家的亲友难免背后有些议论。也不知道是丈夫的问题，还是自己的问题，着实不知究竟。想来，父亲、母亲似乎同样子嗣稀少，也不知是何原因。[1]

---

[1] 陈祖美先生注意到李清照前期词作表达的愁苦幽怨之情，可能正反映了李清照没能为赵明诚生育子女，对他可能娶妾或拥有侍妾等种种问题的苦恼。参见陈祖美：《再译李清照的内心隐秘——从一种方法谈起兼及其赴莱、居莱之诗词》，《中国妇女管理干部学院学报》1992年第3期，第34—38页。

第四章　青州，略寂寞不忧愁

　　大观元年春末，李清照二十七岁，随着丈夫一大家子人，护送公公的灵柩回青州安葬。这是她第一次到青州。与一般州郡不同，青州城门楼上的匾额乃是"镇海军"三个大字，这是朝廷为了凸显青州乃山东重镇，特别允准的。赵家的宅邸规模颇大，因为母亲还在世，赵家三兄弟都聚居在大宅中，各有自己的院子，少不了晨昏问安之类的事情。大家庭中人多事杂，免不了渐渐有了亲疏之别，与有些人关系更亲密，与有些人生分一些，也是常事。她与其中几个人亲近，经常相聚议论诗词文章。

　　赵挺之出生在密州诸城县，后来却在青州置办产业，乃是因为妻子郭氏是青州人，她的家族在当地颇有势力，在这里有不少亲友、故旧，可以得到他们的照应。而且青州乃是京东东路的政治、经济、军事、文化中心，经济发达，交通便利，对为官之人来说也更合适些，故而赵挺之为官以后就在这里置办家产，打算以后在这里养老。[1] 赵挺之官运亨通，俸禄丰厚，还置办了田庄，

1　《宋宰辅编年录》卷十二载"挺之自密州徙居青州"，《夷坚志》甲卷十九《飞天夜叉》记载"赵清宪丞相挺之夫人郭氏之侄郭大，以盛夏往青社外邑"，由此推测郭家住在青州益都县城内，则赵家的宅邸或在城内，或在城郊。

第四章 青州，略寂寞不忧愁

每年的收成足以维持一大家人的生活。

守孝期间，他们都要穿孝服，不能宴饮、出游，不能与亲友嬉笑，故而她和丈夫整日待在家中，偶尔在附近转一转而已。好在，章丘县在青州之西两百里处，从此与父亲、弟弟通信就方便多了。他们要来青州探望自己的话，骑马两天就能走到。

因为住在青州，她对这里的地理也有了些了解。汉朝以前，"青州"是笼统的地域概念，乃传说中的圣王大禹划分的九州之一，泛指渤海和泰山之间的地域。春秋战国时期这一大片地方属于齐国，齐国以临淄城为都。秦统一天下，设置齐郡，郡治也设在临淄。西汉初年汉高祖分封将军召欧为广侯，统治临淄县城以东五十里处的一片土地，于是广侯在那里修建城镇，吸引了不少人定居。广侯传了三代以后无后，封地被收归朝廷，设为广县，归齐郡管辖。到东汉，州成了行政区域，当时的青州刺史驻地依旧是临淄。西晋末年天下大乱，前赵的青州刺史曹嶷见临淄城四周平旷，无险可守，就在广县县城西北处依山傍水修筑广固城，西靠尧王山，东濒浊水（北阳河），然后把青州州府、齐郡郡府都迁到广固城。从此广固城取代了临淄城的政治地位，成为山东北部的政治、经济、文化中心。

青州乃是京城东部的"大镇""海岱名都"，下辖益都、寿光、临朐、博兴、千乘、临淄等六县，州府设在益都县（即青州城）。青州在本朝出过宰相王曾、名画家李成、燕肃等人才。

如今的青州城有两个城区，阳水（南阳河）北岸的一块叫"东阳城"，阳水南岸的一块叫"南阳城"，两个城区只隔一条阳水，河上有桥相通。城内的青州子城乃是镇海军节度使、京东东路安抚使、青州知州、转运使、提点刑狱、提举常平等官员办公和居住的地方，亦是青州士族、富室聚居之地。[1] 京东东路乃是监察青、密、沂、登、莱、潍、淄、齐等八州及淮阳军的监察机关，故而各州的官吏也经常来此公干。

青州城西、城南皆是绵亘数百里的峰峦，其中有云门山、驼山、玲珑山、仰天山等名胜。南阳城的东西两侧有弥河、淄河两河平行流淌，城北是肥沃的平原，一望无垠；东阳城晓东门外有大片的河滩、湖沼，人们称之为"东湖"。阳水从中间穿城而过，把城市分为东阳、南阳两部分。熙宁年间苏轼作过一首《和人登表海亭》，以"谯门对耸压危坡，览胜无如此得多"形容青州阳水南北岸城门对峙的情形。[2]

四五年前黄裳担任青州知州时，在东湖修建亭台榭阁，铺设拱桥石路，在湖中栽种荷花，使之成为士人、百姓游览的好去处，黄裳将其命名为"东园"。从赵家的"归来堂"出南天门，顺南阳河泛舟而下，穿过虹桥，便可以抵达东园，此处的建筑如钓璜台、玩鸥亭、醉归亭、水鉴亭、竹林斋都是黄裳命名的，还有他题诗的几块刻石。此人也好作词，如《蝶恋花》就是歌咏东湖的：

---

[1] 关于子城的位置，一部分人认为在东阳城，另有人推测北宋中期王曾当知州时青州府已经搬迁到南阳城（南郭），故而此处模糊处理。参见李森：《我心中的大宋青州城》，《潍坊日报·今日青州》2013年12月6日，C3版。

[2] 李森：《青州宋明古城墙遗址保护初探》，《潍坊日报·今日青州》2014年1月14日，第4版。

第四章　青州，略寂寞不忧愁

　　南北两山骄欲斗。中有涟漪，莫道壶山小。落落情怀临漂渺。驾言来处铃齐悄。
　　行到桃溪花解笑。人面相逢，竟好窥寒照。醉步欹斜西日少。欢声犹唱多情调。

　　阳河两岸城堞耸峙，亭台罗列，分布着一些建筑名胜。东阳城的南门城墙上修有一座楼阁，距地面高达百尺，在此可以远望西南诸山，俯瞰阳水两岸，春可聆风，夏可听雨，秋可观云，冬可望雪，乃是有名的观景之处。范仲淹曾赋《南楼》诗云："南楼百尺余，清夜微埃歇。"南楼下面有一座"南阳桥"，是连接东阳、南阳两城的交通要道，每天都车来人往。南阳桥是木桥，六七月发洪水时经常被冲毁，所以熙宁十年（1077年）时，转运使王居卿在这里修建了一座"钓桥"，也叫"飞梁"，这是在两岸的城墙上架设的可移动的木桥，要比河岸处的南阳桥高出不少，不易被洪水冲击。在南阳桥北头附近有一座纪念姜太公治齐之功的表海楼。当年姜太公辅佐周武王灭商，被封为齐侯，坐镇海岱。《左传》有"世胙太师，以表东海"之说，故唐人化用此句命名此处的一座亭子，后改建为阁楼。此处紧靠主路，又可以近观水、远望山，常有官员在此设宴款待来往的宾客。人们还把青州的一系列地点附会为春秋战国时期齐王的苑囿"申池"、齐宣王见孟子的"雪宫"、孟尝君豢养食客的"淘米涧"等等，其实要追溯史实，恐怕它们原本都应在临淄而非青州城里。
　　本朝名臣寇准、王曾、夏竦、范仲淹、富弼、欧阳修、文彦博等都曾来此当过知州，留下不少遗迹。东阳城有寇准修建的三元阁。益都人王曾乃是本地人称颂的状元、宰相，罢相后到故乡担任青州知州。他重视教育，划拨城西南的土地三十顷，建起房舍一百二十间，请皇帝赐名"青州州学"，又增拨教育经费，延请知名文士来授课，故而青州的教育颇为发达，出了不少人才。夏竦镇守青州时，一大功绩是在阳水上垒巨石加固堤岸，用数十根大木相连，架设了一座没有柱子的虹桥。[1] 青州有几处夏竦所立的碑刻，如州学有《青州州学后记》，龙兴寺（南阳寺）有《青州龙兴寺重修中佛殿记》。

城西的瀑水涧旁有士绅为纪念富弼的德政修建的"富公亭"。龙兴寺西南洋溪边有一处涌泉"醴泉"，范仲淹在此修建观景的亭子，后人把此泉称作"范公泉"，将此亭称作"范公亭"。这里距离城区几百步，周围古木参天，乃是幽人逋客赋诗、鸣琴、烹茶的好去处，还有欧阳修、刘敞等名士在此所作的诗赋的刻石。欧阳修当知州时，经常在府衙边的"山斋"、东郊的水磨亭子等处赏景、赋诗。他关心碑刻等金石资料，当年刚到青州当知州，就于九月六日撰《邹峄山刻石》，把这条石刻的资料编入《集古录》中。至和年间，他在扬州见过敕使黄元吉携带的唐玄宗《鹡鸰颂》手迹，后从国子博士杨褒那里得到一份拓本，到青州为官他才得知城东已故宰相王曾家族的宅邸中有《鹡鸰颂》手迹的石刻，他也把此事记录下来。也是在青州知州官署，他让儿子欧阳棐撰集

---

1 ［宋］王辟之撰，吕友仁点校：《渑水燕谈录》卷八《事志》，中华书局，1981年，第100—101页。

第四章 青州,略寂寞不忧愁

《集古录目》二十卷,目的是"撮其大要,别为录目,因并载夫可与史传正其阙谬者,以传后学,庶益于多闻",在《唐盐宗神祠记》的跋尾又说"余家集录古文,不独为传记正讹谬,亦可为朝廷决疑议也"。[1] 可见他觉得收藏金石古物不只是为了自得其乐或者经济利益,还有益于士人以之订正史传、完善朝廷礼乐制度等要事。

青州比周围的各县都繁华。市井百姓喜欢的热闹去处是东门的集市"东门集",有四方商贩售卖各种物品。城内还有一处大剧场"大设",犹如汴京的勾栏瓦舍一般,内部分为不同的演出厅、戏场,有各种歌舞、杂技、音乐演出,官僚、将吏、士女都可进入观赏。城内外还有十来座寺观、祠庙,如青州城南山间有广福寺、驼山寺、大云寺、龙兴寺等几座古老的佛寺。龙兴寺位于南阳城的西门外,始建于北齐武平四年(573年),历代不断增修,如今是殿宇林立的大寺,各个殿宇供奉着许多佛像。信徒去那里,要从南阳城的西门出去,渡过一条小河才能抵达寺中进香、拜佛。寺庙周围的田地大多是庙产,足可供养上千僧人。

青州出产红丝石砚、紫金石砚、石末砚(瓦砚)、铁砚等。欧阳修认为紫金石砚、铁砚发墨效果不佳,不足为奇,不过他得到蔡襄赠送的一方青州红丝石砚,这是翰林侍读学士唐询送给蔡襄

---

1 [宋]欧阳修著,李逸安点校:《欧阳修全集》,中华书局,2001年,第600、2246页。

的，他认为发墨的效果不比端砚差。[1] 石末砚是以青州的山石碎末为原材料，经研磨、澄滤，模压成砚形烧制而成的。《唐会要》《唐书》记载柳公权品评各地出产的砚台，"以青州石末为第一"。

每年六七月间，这里经常下雨，西南的山谷之间河溪暴涨，水汇聚到南阳河中，滚滚洪水蔽岸塞川而下，城中人都能听到波涛汹涌的声响。

这时，也不知谁进了谗言，七月皇帝下诏把追赠赵挺之的"司徒"荣衔取消了，想必是蔡京或他授意的人干的。朝中官僚皆知赵挺之生前与蔡京不和，如今他要挟势报复，赵家也无可奈何，赵明诚三兄弟自然不敢为父亲鸣冤，只能小心做人，叮嘱亲戚、奴仆都要谨言慎行，不要惹什么麻烦。

听说京城出了一件新闻，当今皇帝对道士、方士兴趣浓厚，得知凤翔府有个女道士虞仙姑颇有神通，于是下诏赐号"清真冲妙先生"，派人迎接她到京城。她自称八十多岁，可是面容还如青年一般，皇帝迎请她入宫讲授《大洞经》，颇为尊崇。一天，蔡京设宴招待这位仙姑，恰好有一只大猫走过去，仙姑指着猫说："识之否？此章惇也。"章惇乃是被贬之人，蔡京听了大为沮丧。皇

---

[1] [宋]欧阳修著，李逸安点校：《欧阳修全集》卷七十五《砚谱》，中华书局，2001年，第1095页。米芾《砚史》记载青州出产蕴玉石、红丝石和青石。青州石"理密，声坚清，色青黑，白点如弹，不着墨，墨无光，好事者但置为一器可"，"红丝石作器罙佳，大抵色白而纹红者慢发墨，亦渍墨，不可洗，必磨治之。纹理斑石赤者，不渍墨，发墨有光，而纹大不入看。慢者经喝则色损，冻则裂，干则不可磨墨，浸经日方可用，一用又可涤，非品之善"，"青石有粗文如罗，近歙，亦着墨不发"。见[宋]米芾著，朱学博整理校点：《砚史》，上海书店出版社，2015年，第187页。

第四章 青州，略寂寞不忧愁

帝闲谈时问仙姑什么时候可以达到"太平"，她回答说："当用贤人。"皇帝问她："贤人谓谁？"她说："范纯粹也。"皇帝与蔡京说到这件事，蔡京说她一定是受到元祐党人指使才这样说的，于是皇帝把她赶出京城。士大夫纷纷私下议论，说这位虞仙姑也入了元祐党籍。

赵明诚觉得既然在家无事，不如撰写一部类似欧阳公的《集古录》那样的著述。他受到欧阳修、李公麟、吕大临等的影响，爱上收藏碑帖、古物，积累了不少资料，从前就有著述的想法，如今既然闲居，用来撰著金石著作也算是"有所为"。他的目的是超越欧阳公，比之收集的资料更全面，考订的文字更准确。欧阳公的《集古录》收录了一千种金石资料，也不知自己可否超越他。

青州自古乃山东重镇，龙兴寺、驼山、云门山、玲珑山等处有许多文物、碑刻，赵明诚便发动亲友、奴仆，帮自己打听这里以及附近地区有什么碑刻，以搜集各种拓片。他们搜集到《东魏张烈碑》《北齐临淮王像碑》《唐大云寺禅院碑》等石刻资料，还得到益都出土的带铭文的古戟等古器。青州也有夏竦、欧阳修等本朝名士留下的碑刻，赵明诚同样有所留意，不过他不打算在书中收入本朝的文字，免得引起争议。

赵明诚四处打听碑刻，寻求拓本。比如得知临淄官员赵元考家藏有"宋穆公孙盘"。赵元考乃是博雅之人，喜好收藏、刊刻图书，家藏大量图书，经史子集无所不读。因博学多才，人们戏称他是"著脚书楼"，即长着脚的书楼。元祐年间，临淄百姓在齐国故城挖出几件古器，其中这件就归了赵元考家，赵明诚得知后，托人从他家得到拓片，编入自己的书稿。

赵明诚、李清照两人都敬仰陶渊明，故而采纳《归去来辞》之意，把书房命名为"归来堂"。听说在家乡闲居的晁补之也喜欢陶渊明的《归去来辞》，他四年前被罢官，回到缗城（今山东金乡）闲居，把住所命名为"归去来园"，自号"归来子"。

归来，对赵明诚来说意味着从京城回到家乡，从官场回到乡土，但是对李清照来说，是又一次迁移，从京城迁移到青州，要重新适应一个新的地方、新的生活环境。

听说，如今皇帝、朝臣都以为生逢盛世，以安享富贵为荣。这年乾宁军报告说境内八百多里黄河变清了，时间长达七个昼夜，皇帝视为祥瑞，下诏把乾宁军改名"清州"。

京城汇集了精通音律、词曲的文士与艺人，大家讨论韵律、收集乐曲、创作新曲等。有些人以创作小令、慢词为乐。现在流行韵律考究的作品，以便适合酒宴演唱。皇帝令擅长作词的卫尉少卿周邦彦等审定古音，确立词调中的四声，钦定各种音乐词牌规范。周邦彦精通音乐，能自度曲，所制长短句都符合音律，而且词韵清蔚，浑厚和雅，尤善铺叙和融化前人诗句，创作了《六丑》《华胥引》《西河》等新调，是继柳永"变旧声作新声"之后又一精通音律、词艺之人。

皇帝喜欢听曲子词，颇为留心词作，自己也写"御制词"。他喜欢王诜所作的《忆故人》，写的是夜阑酒醒的青楼女子伤别念远的情境：

第四章 青州，略寂寞不忧愁

> 烛影摇红向夜阑，乍酒醒、心情懒。尊前谁为唱阳关，离恨天涯远。
> 无奈云收雨散。凭阑干、东风泪眼。海棠开后，燕子来时，黄昏庭院。

皇帝觉得这阕词太短，情绪突兀，命大晟府把音乐改为较长的乐谱。周邦彦据此作了一阕《烛影摇红》，增加了描写女子情态的词句，引出后半部分的思恋之情，而且视角也变得暧昧起来，可以理解为女子在思念旧人，也可以理解为男子在思念旧人：

> 芳脸轻匀，黛眉巧画宫妆浅。风流天付与精神，全在娇波眼。早是萦心可惯。向尊前、频频顾盼。几回相见，见了还休，争如不见。
> 烛影摇红，夜阑饮散春宵短。当时谁会唱《阳关》，离恨天涯远。无奈云收雨散。凭阑干、东风泪眼。海棠开后，燕子来时，黄昏深院。[1]

听说京城的高官喜欢在酒宴上欣赏曲词。宰相蔡京觉得请如今在朝为官之人写词无法彰显自己的尊贵，要请别人请不动的名士来写。在重九、冬至之前，他两次派人请晏几道写词。晏几道刚刚致仕，在家闲居，他虽然是前朝宰相之子，可是如今蔡京位

---

[1] 唐圭璋编：《全宋词》，中华书局，1965年，第629页。

高权重，不敢得罪他，就写了两首应付蔡京的《鹧鸪天》，第二首写冬至：

> 晓日迎长岁岁同。太平箫鼓间歌钟。云高未有前村雪，梅小初开昨夜风。
> 罗幕翠，锦筵红。钗头罗胜写宜冬。从今屈指春期近，莫使金尊对月空。

这首词只是泛泛赞誉如今是太平盛世，并没有直接谀颂蔡京，也算是有些风骨。

也有人主动献诗赋，求取蔡京的赏识。衢州江山（今浙江江山）人毛滂的诗文从前得到过苏辙、苏轼、曾布的赏识，崇宁初年得到曾布的举荐进京为官。曾布倒台后，他受到牵连，闲居多年。听说他最近填词进呈宰相蔡京，得以主掌登闻鼓院。他擅长填词，受柳永、苏轼的影响最深，之前因为仕途不顺，写过不少羁旅途中思乡、思亲之作，如《夜行船》：

> 寒满一衾谁共。夜沉沉、醉魂朦松。雨呼烟唤付凄凉，又不成、那些好梦。
> 明日烟江□暝曚。扁舟系、一行蜥蛛。季鹰生事水弥漫，过鲈船、再三目送。[1]

---

[1] 唐圭璋编：《全宋词》，中华书局，1965年，第681页。

第四章　青州，略寂寞不忧愁

父亲在章丘明水闲居，与官员、士人有往来，李清照前去探望了几次。弟弟已经长大了，前几年他跟随父亲到贬谪之地，受了些历练，比从前成熟了些。他这样的士人，最好能自己考中进士，考不上的话，只能等南郊祭祀之类的大典后得到恩荫的机会，去当个小官吏。

在父亲这里，她见到晁补之写的新词《凤凰台上忆吹箫》的抄本。这是晁补之迎接从叔晁端礼来访时写的，他们两人都好写词、听曲子词，故而其中有"应携后房小妓，来为我，盈盈对舞花间"一句，还感叹两人赋闲的境况，戏称"清世里、曾有人闲"。

李清照看到这首词的抄本，起了与之竞争的心思。苏、黄二公之后，晁学士与张耒等人就是当今一流的大家，不少士人私下都学习他们的诗词作法。她有意与晁补之这位当代大家比较才力、巧思，作了一首略有变化的《凤凰台上忆吹箫》，其中化用了柳永《凤栖梧》中"鸳鸯绣被翻红浪"一句，但是情绪却非一般歌儿舞女的软语温言，故意翻新词意，别有一种悠然的情调：

> 香冷金猊，被翻红浪，起来慵自梳头。任宝奁尘满，日上帘钩。生怕离怀别苦，多少事、欲说还休。新来瘦，非干病酒，不是悲秋。
>
> 休休！这回去也，千万遍阳关，也则难留。念武陵人远，烟锁秦楼。惟有楼前流水，应念我、终日凝眸。凝眸处，从

今更添，一段新愁。[1]

其中有些词句有秦观的味道，可是又比秦观的格调昂扬、放达。想来，晁公这样的人物见了这首词，也会一笑，想不到"清世里"还有这般写词的女子。这样的女子，论才力，论铺排，论用字用典，可与诸位学士一较高下否？写作的微妙，对她来说也有点"欲说还休"，其中会心之处，似乎连丈夫也无法理解。她用这种方式与当今最有才情的学士对话，她用想象、情感创作诗词，以诗词延伸生命体验，好似凭借一字一句可以暂且忘掉当下，超越日常的家居生活。

大观二年（1108年）初，听说蔡京进位太师，位极人臣。之后又传来消息，米芾在淮阳军的官舍病逝了。[2]皇帝还记得这个人，让他儿子当了个小官。米芾一生不得志，那个擅长写词的贺铸的命运与米芾类似，他们都是武官世家出身，以恩荫为官，故而在官场受到进士官员的轻视，不怎么顺遂。两人都爱收藏书画，颇有文采，从前每次相会，都会瞋目论辩，终日说个不休。贺铸爱喝酒，爱议论，又长相奇特，在官场不太得意，先后担任泗州通判、太平州通判，连个知州也当不上。他自愿出任提举宫祠的闲职，退隐苏州。他在苏州、常州都有田宅，经常来往两地。听说

---

1 [宋]李清照注，黄墨谷辑校：《重辑李清照集》卷二《凤凰台上忆吹箫》，中华书局，2009年，第21页。
2 《宋会要辑稿·礼四四·赙赠》记"特加恩者"知淮军米芾下注"大观二年三月，赙以百缣"，则米芾乃大观二年年初逝世。有关考证见周祖譔主编，钱建状著：《宋史文苑传笺证》卷六，凤凰出版社，2012年，第626页。

第四章　青州，略寂寞不忧愁

他在苏州盘门之南十余里的横塘有一处别业，过着"低头向荧窗"的校书、填词生活。他经常来往横塘，作了一首词《青玉案》：

> 凌波不过横塘路，但目送芳尘去，锦瑟年华谁与度。月楼花院，绮窗朱户。惟有春知处。
> 碧云冉冉蘅皋暮，彩笔空题断肠句，试问闲愁知几许？一川烟草，满城风絮。梅子黄时雨。

贺铸把自己的词整理为《东山寓声乐府》，即自己以词体写作古乐府之意，并拜托友人张耒撰写序言，后者称赞道："余友贺方回，博学业文，而乐府之词高绝一世；携一编示余，大抵倚声而为之词，皆可歌也。"[1] 以前，黄庭坚赏识他写的"江南梅子"之词，以为似谢玄晖，时人称贺氏为"贺梅子"。

秋天晁补之生辰，父亲当然要作诗祝贺老友。李清照当年得到晁补之的称赞和指点，对他的赏识一直感激，也作了一首词《新荷叶》祝贺这位长辈生辰：

> 薄露初零，长宵共、永昼分停。绕水楼台，高耸万丈蓬瀛。芝兰为寿，相辉映、簪笏盈庭。花柔玉净，捧觞别有娉婷。

---

[1] 该文在《四部丛刊》本《张右史集》卷五十一中名为《贺方回乐府序》，而张耒《柯山集》卷四十所收题作《贺方回乐府跋》，参见颜庆余：《以词为乐府：贺铸"寓声乐府"及其他》，《中国韵文学刊》2019年第1期，第82—87页。

> 鹤瘦松青，精神与、秋月争明。德行文章。素驰日下声名。东山高蹈，虽卿相、不足为荣。安石须起，要苏天下苍生。[1]

她称赞晁补之的德行、文章，期盼他能如谢安那样东山再起，有所作为。可是她心中也知道，当今皇帝不喜元祐党人，如今得势的要么是新党的蔡京等人，要么是当年的端王府近臣，晁补之这样与苏、黄交往的人才，恐怕今生今世难有得到任用的机会。她自己的父亲，何尝不是如此的命运。

听说最近京城出了一位擅长写词的"李浪子"，他的本名叫李邦彦，乃是富有的银匠之子，自小擅长文辞，爱与文士交际。他在太学上学期间以文辞出色著称，为人俊朗豪爽，风度优美，擅长戏谑，能踢蹴鞠，自号李浪子。他经常把街市俗语写入词作，汴京的歌女纷纷传唱，故而他也是汴京有名的人物。皇帝对他的词作有所耳闻，赐他进士及第，授秘书省校书郎，试符宝郎，可很快就有谏官弹劾他与歌儿舞女来往，不检点，他于是被罢去符宝郎，仍任校书郎。

时日匆匆，到了大观三年（1109年）正月，听说陕州常家寨那一段的黄河变清了，二月，定国军的人也报告说他们那里的黄河变清了，朝臣纷纷上表称颂皇帝的功德。在家闲居的文士晁端礼作了一首歌颂盛德的《黄河清》：

---

[1] 参见陈祖美的研究，见［宋］李清照著，陈祖美注：《漱玉词注》，齐鲁书社，2009年，第22页。

第四章　青州，略寂寞不忧愁

晴景初升风细细。云收天淡如洗。望外凤凰双阙，葱葱佳气。朝罢香烟满袖，近臣报、天颜有喜。夜来连得封章，奏大河、彻底清泚。

君王寿与天齐，馨香动上穹，频降嘉瑞。大晟奏功，六乐初调宫徵。合殿春风乍转，万花覆、千官尽醉。内家传敕，重开宴、未央宫里。

京城官僚举办的酒宴上一时都流行唱这首曲子，众人如此都是为了取悦皇帝。朝廷还将《黄河清》等曲词，赐予高丽传唱。

夏末，听说因谏官上书弹劾蔡京专权，六月初四蔡京被免去相位，何执中出任左相兼门下侍郎，成了唯一的宰相。这对赵家子弟再次出仕有好处，朝中官员皆知赵明诚的父亲赵挺之与蔡京不和的旧事。蔡京在位的话无人敢轻易帮赵家子弟说话，如今他下台了，从前与赵挺之亲近的官员，应该会借机建议皇帝任用赵家子弟。赵挺之的女婿李擢被任命为青州司录，显然也是得到朝中人物的关照。

初秋，赵家子弟已守孝期满，此后可以正常饮宴、出游。听说济南长清县的灵岩寺始建于东晋，于北魏孝明帝正光元年（520年）重建，乃是有名的佛寺，其殿宇院壁或附近山上的窟龛处有不少碑刻题记。九月，赵明诚与妹婿李擢以及其弟李曜去灵岩寺等处游览，参访石刻，制作拓片，搜购古物，九月十三日在灵岩寺住宿了两天。

丈夫只是到附近的地方短期游览，倒也没有长离久别到可供哀怨的程度，只是从前每天都相见，如今十来天不见，难免稍感空落落的。李清照读了些抒写离情别思的篇章，若有所感，作了几首这类型的词，如《醉花阴》：

> 薄雾浓云愁永昼，瑞脑消金兽。佳节又重阳，玉枕纱厨、半夜凉初透。
> 东篱把酒黄昏后，有暗香盈袖。莫道不销魂，帘卷西风，人比黄花瘦。[1]

如《行香子》：

> 草际鸣蛩，惊落梧桐，正人间天上愁浓。云阶月地，关锁千重。纵浮槎来，浮槎去，不相逢。
> 星桥鹊驾，经年才见，想别情离恨难穷。牵牛织女，莫是离中。甚霎儿晴，霎儿雨，霎儿风。[2]

这首词化用了唐人《周秦行纪》中的诗句："香风引到大罗天，月地云阶拜洞仙。共道人间惆怅事，不知今夕是何年。"[3] 但是

---

[1] [宋]李清照著，黄墨谷辑校：《重辑李清照集》卷二《醉花阴》，中华书局，2009年，第20页。
[2] [宋]李清照著，黄墨谷辑校：《重辑李清照集》卷三《行香子》，中华书局，2009年，第40页。
[3] [宋]李昉等编：《太平广记》卷四百八十九《周秦行纪》，中华书局，1961年，第4020页。

第四章 青州，略寂寞不忧愁

结尾比较俏皮，用了口语化的"甚霎儿晴，霎儿雨，霎儿风"几句，与前面相对书面化的典雅词汇相映成趣。

她这是刻意选用不同的宫调作词，在用字、用词上翻出新意，考验自己的才力。对她来说，并不是真的愁思太浓，难以发散，而是由着这一点兴头，写出一系列与众不同的文字。等到丈夫回家，她拿出这些新作，他少不了要赞叹再三。

这时听说三朝宰相文彦博之子文及甫带着家人来到青州，到城西北马社（尧山东南麓）的兴教禅寺等处游览。赵明诚带着自己收藏的蔡襄《进谢御赐书诗卷》前去郡舍的简政堂拜会，请他观赏藏品并在上面题跋。

丈夫一边整理和考释拓片，一边继续收藏。听说潍州昌乐（今山东昌乐）丹水的河岸塌陷，出土了一批东西，赵明诚急忙托人，购得一爵、一觚，又托人去制作拓片，想要记载在自己的著作中。

听说，显恭皇后王繁的妹妹嫁给了宗室赵仲辊，被封为和国夫人。这位王氏善写字、绘画，也作诗，每次宫廷赏赐御扇，她都能参照上面的图样翻新，画为新图进贡，得到皇帝的称赞。一时京城权贵纷纷以拥有她的画作为荣。

又听说，十一月蔡京致仕，前去苏州闲居，有些人以为他已经彻底失宠了。

大观四年（1110年），李清照三十岁了。孔圣云士人三十而立，那女子呢？除了那几位临朝听政的皇后、太后，女子与在朝堂立功、立德、立言无缘，只能在家立些小功、小德、小言吗？

李清照一直没有生下子嗣，为此丈夫也有了小小的心结，等了几年他便纳聘侍妾。[1]可奇怪的是，侍妾也一直没有子嗣，想来恐怕是赵明诚自己的问题。如此一来，他也就无法再怨怪李清照，两人的关系重归平静，都不再为此事焦灼。

如今她对许多事都淡然处之，把许多精力花在阅读、写作诗词上。受到这时皇帝、官僚都喜欢听配合音乐演唱的曲子词的风气影响，她觉得诗词有别，词牌必须附着于音乐存在，音乐讲究起伏，词牌自然也以婉约为宗，要适合低吟浅唱。而写诗，反倒自由些，可以议论，可以描述，可以豪放不羁，也可以低声细语。

李清照在家闲暇无事，常与侍女玩博弈游戏，最喜欢玩打马，从前在汴京只是偶尔与亲友玩耍，如今则变成了熟手。她觉得这种游戏颇能发挥自己的智力优势。打马乃是博输赢的棋艺游戏，要用到棋子、棋盘、骰子三种器具。棋子叫作"马"，多用犀角、象牙刻成，或用铜铸成，大小如铜钱，上面刻着马的图案，分别以赤兔、绝影等历代名马标记。棋盘类似象棋棋盘，不同的是棋盘周围还分布有许多圆圈，上面写着"赤岸驿""函谷关""骐骥院"等名号，不同的名号代表不同的功能。比如"赤岸驿""陇西监"等都叫"窝儿"，马入窝儿则对方的棋子不许攻击，入窝儿者还能获得再掷一次骰子的机会。骰子有三颗，一共能掷出五十六

---

[1] 自宋至今，未有关于赵明诚纳妾的明确记载。20世纪60年代，王汝弼先生提出疑义，这个问题才被广泛讨论。现代学者是通过李清照的诗词文章寻找蛛丝马迹的。考证苏轼等人事迹，当时官僚聘侍妾乃常事，侍妾与妾的地位不同，赵明诚更可能有侍妾而非妾。

第四章 青州，略寂寞不忧愁

种结果。参与游戏者按照一定的规则和图谱，用马来布阵、设局，或进攻，或防守，或闯关，或过堼，以袭敌的战绩定输赢。她把各种打马游戏都玩遍了，成了此道高手。

听说，因左相何执中举荐，皇帝任命张商英为右相兼中书侍郎。说来有趣，张商英从前与赵挺之分任尚书右丞、左丞，因与蔡京意见不合，不久后被贬黜地方，随即就被蔡京列入元祐党籍，被罢免了官职。后来蔡京第一次罢相，他才得以重新为官。如今何执中举荐与蔡京有仇怨的他为相，估计也是为了利用他压制蔡京一派人马。不过，张商英与赵挺之当年也不和，对赵家来说并非好消息。

在家闲居了几年的晁补之得到起用，出任泗州知州，可惜，不久就听说他于九月二十五日病故，享年五十八岁。张耒为其撰写了铭文，年初晁补之应召到京城，写了一首《青玉案》，对蹉跎十年颇有感触：

> 十年不向都门道。信匹马、羞重到。玉府骖鸾犹年少。宫花头上，御炉烟底，常日朝回早。
> 霞觞翻手群仙笑。恨尘土人间易春老。白发愁占彤庭杏。红墙天阻，碧濠烟锁，细雨迷芳草。[1]

闻听晏几道也在汴京故去了，享年七十三岁。他一生没有当

---

[1] 唐圭璋编：《全宋词》，中华书局，1965年，第569—570页。

什么大官，没什么功业可言，怕是只能以《小山词》传世了。

政和元年（1111年）春二月，赵明诚外出，结识了以篆书著称的陈留士人王寿卿，他也喜好诗文、收藏，与赵明诚挺谈得来。他为赵明诚收藏的徐铉小篆《千字文》题跋，云："徐骑省书次韵高古，足为近代之冠，然世多大字，而此特谨小，尤可珍贵。政和元年二月晦，王寿卿题，李平叔预观焉。"[1]

这时李清照得到弟弟派人传来的消息，父亲故去了，他按照父亲的遗嘱，拜托张耒先生撰写墓志铭。[2]李清照和丈夫回到章丘家中，帮弟弟一起办理丧事，哀切了一阵。回想父亲这一生，早年他也有许多雄心壮志，谁料到在新旧党争的大势之下，命运多舛，晚年被贬官，编管岭南，回家后长期闲住，心中恐怕也是郁郁不已。他当年给黄庭坚写的挽诗云"鲁直今已矣，平生作小诗"，黄庭坚那样的大才也只能靠诗词传世，父亲的命运怕是连黄公也不如。他有志于著史，可是一直没有得到机会出任史官，只能私下撰著《史传辨志》五卷，或用自己的史识、文法写《洛阳名园记》《永洛城记》《历下水记》那等记文，也不知能否传世。

随后，她得到弟弟寄来张耒所撰的墓志铭，其中还特地提到"长女能诗，嫁赵明诚"[3]，让她又想起当年晁补之、张耒等人来拜

---

[1] 曾枣庄、刘琳主编：《全宋文》第133册《题徐铉小篆千字文帖》，上海辞书出版社、安徽教育出版社，2006年，第214页。

[2] 李格非卒年不明，但考虑到他与晁补之关系更亲近，如晁补之在世，他的家人更可能请晁补之撰写墓志铭，故而李格非应卒于晁补之逝世之后、张耒逝世之前，姑且如此叙述。

[3] [宋]刘克庄著，辛更儒笺校：《刘克庄集笺校》卷一百七十九，中华书局，2011年，第6918页。

第四章 青州，略寂寞不忧愁

访时，夸赞自己的诗词的情形。元祐年间与苏、黄交际的那些人物，纷纷谢世，让人感慨不已。

听说京城有些变化，元符皇后刘氏被当今皇帝尊为元符太后，居崇恩宫。可是这位刘太后不安分守己，野心勃勃，多次干预朝政，前些日子皇帝生了病，据说她企图垂帘听政，掌握大权。皇帝听闻消息大为不快，病愈之后与宰执商议废除其位。皇帝安排侍女前去恐吓这位元符太后，她在恐惧之下，用帘钩自缢而死，享年三十五岁，陪葬永泰陵，谥曰昭怀皇后。

秋天，听说皇帝免去了张商英右相之职，将其外派地方。已在家待了许久的赵明诚兄弟觉得现在是获取皇帝关注的好时机，他们兄弟不好自己出声，就让母亲秦国太夫人郭氏上奏为夫君鸣冤。皇帝倒是还记得赵挺之这号人物，下诏取消从前对观文殿大学士、特进、赠太师赵挺之的责降，也想起了赵挺之的儿子们，召赵存诚、赵思诚回京为官。也不知为何，皇帝没有起用赵明诚。是因为赵明诚从前与陈师道亲近，爱苏、黄二公的诗文？还是因为皇帝对他没有什么特别的印象？抑或是因为皇帝希望他在家奉养老母亲？总之，赵明诚只能继续留在家中，难免有小小的失落。李清照小心侍奉婆婆，只是，她没有生下儿女，让老人少了天伦之乐，她每次见了婆婆也有些不自在。

九月，赵明诚前去游历泰山，带回两种唐高宗御制《唐登封纪号文》碑刻的拓片。他说"大字版本"的雕刻在山顶的岩壁上，"小字版本"的立碑于山下。此后有朋友到访，赵明诚都会拿出珍藏与他们一同观赏。朋友们都知道他有此癖好，发现有价值的拓片等也会送给他一份。

丈夫常与亲友短期出游，而身为女子，李清照只能在家中闲待，她感到无聊时，也会写几首表达离愁别绪的诗词。唐末韩偓《浣溪沙》有"宿醉离愁慢髻鬟，六铢衣薄惹轻寒。慵红闷翠掩青鸾"之类的句子，她印象深刻，写了一首近似的《浣溪沙》：

莫许杯深琥珀浓，未成沉醉意先融，疏钟已应晚来风。
瑞脑香消魂梦断，辟寒金小髻鬟松，醒时空对烛花红。

写这类词，要么注入自己的体验，想象自己陷入幽怨的情绪、动作，细细铺陈描述，要么参考前人的诗词，如王安石、黄庭坚那样"点铁成金"，化用前人语句。李清照如此作了几首，算是给夫妻生活增添点趣味。

政和二年（1112年）春末，听说皇帝又把在苏州闲居的蔡京召回京城担任太师、鲁国公，五月起又让他每隔三日至都堂与尚书左仆射兼门下侍郎何执中、知枢密院事吴居厚、门下侍郎余深、中书侍郎刘正夫、尚书左丞侯蒙、尚书右丞邓洵仁等共同议政。八月十一日，皇帝以蔡京为太子太师，命他致仕。可是九月二十九日，皇帝又改了主意，将"三师"（太师、太傅、太保）改称为"三公"，由荣誉衔改为实职。于是蔡京继续以太师的身份主持中书省、尚书省，号称"公相"，仍旧每隔三天到都堂议事。皇帝也是有意如此，既让他参与政务，又不想使他掌握全部实权。几个月后，皇帝又改左仆射为太宰（首相），右仆射为少宰（次相),仍分别兼任门下侍郎、中书侍郎。当今皇帝为政如此翻来覆去,也是有些随意。

现在皇帝正让各地官员访求书籍,这是赵明诚的兄长、担任秘书少监的赵存诚建言所致。皇帝希望宫廷收藏天下之书,成为文教的中心。求大求全,乃是当今皇帝的追求,臣子也都以此迎合。赵明诚的次兄赵思诚最近也得到皇帝赏识,升为中书舍人。

听说苏轼的弟弟苏辙在颍川病逝了,享年七十四岁,被葬在郏县小峨眉山苏轼墓旁。他晚年以元祐遗老自称,筑室曰"遗老斋",自号"颍滨遗老"。为了避祸,他谢绝宾客,绝口不谈时事,终日读书著述,默坐参禅。

如今朝廷的举措颇为随意。听说有大臣因为自己不善作诗,就进言说作诗乃是"元祐学术"。于是御史中丞李彦章就请皇帝以学习诗赋妨害经学为由,下诏严禁士人学习黄庭坚、张耒、晁补之、秦观等人的诗歌。何执中等规定官员、学校的士子不得学习诗赋,犯规的要杖打一百下。可是到了冬天,汴京第一场雪后,皇帝大为高兴,擅长诗文的知枢密院事吴居厚作了三首诗进献,因为忌讳"诗"这个字眼,就称之为"口号"。皇帝写了和诗赏赐给他,此后皇帝时而作诗,之前禁止学诗、作诗的命令也就名存实亡,没人在乎了。[1]

还有朝臣指责前代的碑刻文字"政治不正确",比如嵩山顶上有一尊武则天自撰、其子皇嗣李旦书丹的"周升中述志碑"。河

---

1 [宋]周密撰,张茂鹏点校:《齐东野语》卷十六,中华书局,1983年,第292—293页。

南尹因武则天乃篡位之人，上书请求摧毁此碑。大名尹也上书请求磨去唐人为当时割据的节度使竖立的"唐魏博田绪遗爱碑""何进滔德政碑"的文字，用来制作当代碑刻，皇帝都同意了。其中"周升中述志碑"的碑阴文字是唐代名书家钟绍京所书，"何进滔德政碑"碑文乃是柳公权所书，这样出自名家之手的碑刻被毁，着实让赵明诚这样的"好古者"觉得可惜。[1]

政和三年（1113年），王寿卿托人带来《楚钟铭》拓片。这是鄂州嘉鱼县发现的古钟，最近刚进献朝廷。这件拓片的内容颇为古怪，有"楚公（下一字不可识，必其名也）自作"五个字，而史书记载楚国君主最早被奉为子男，后自立为楚王，似乎没有过"楚公"。赵明诚查证了许多书籍也无法解惑，只能存疑。[2]

四月，赵明诚又一次出游，这次他约了朋友王贻公，要去齐州府城、泰山游览一趟。闰四月六日在灵岩寺休息了一天，重点是拓印唐代书法大家李邕所撰的《灵岩寺碑颂并序》。李邕系唐朝大臣，唐玄宗时曾担任北海太守，因其书法、文章、碑刻都很有造诣，被誉为"北海三绝"。《灵岩寺碑颂并序》记述了灵岩寺自晋代建寺到唐玄宗开元年间数次兴废经过。之后，赵明诚与朋友去登泰山，八日在山顶请人重新拓印《唐登封纪号文》碑刻，还在大观峰上留题"太原王贻公与天水赵明诚德父，政和三年闰月

---

[1] ［宋］赵明诚著，刘晓东、崔燕南点校：《金石录》卷三十《唐何进滔德政碑》，齐鲁书社，2009年，第250页。

[2] ［宋］赵明诚著，刘晓东、崔燕南点校：《金石录》卷十一《古器物铭第五》，齐鲁书社，2009年，第101页。

第四章 青州，略寂寞不忧愁

同登"。

听说，朝廷议礼局修成新编《五礼仪注》，宰相郑居中奏请改名为《政和五礼新仪》，皇帝亲自作序，颁布天下。皇帝在编类御笔所设置礼制局，让参考夏商周三代的古器，制作朝廷祭祀大典使用的器物。如今宫廷收藏了许多器物，官民知道皇帝爱好此道，纷纷进献周罍、商卣、兕敦等古器。

在户部尚书兼大晟府提举刘昺的主持下，朝廷正在编制新徵、角二调曲谱，平江府（今江苏苏州）进士曹棐因为能撰写徵调《舜韶新》曲，调任将仕郎、充大晟府制撰。大晟府官僚与教坊乐工附会制作所谓唐谱徵、角二声，制成曲谱上奏。五月由大晟府刊行，颁布天下，同时下令禁止打断、哨笛、呀鼓、十般舞、小鼓腔、小笛等民间流行的俚俗曲子、曲子词。刘昺也是蔡京的亲信，大晟府的一些官员也是蔡京举荐的，如担任典乐的徐伸等。

六月修成宫廷宴会演奏的新燕乐，八月颁行天下。参与此事的官员都得到了升迁。新造的曲谱有一部分音节驳杂，难以填词，但是也有一些徵调曲如《徵招》《黄河清》《寿星明》《舜韶新》等流传在教坊和民间，有人据此填词。据说刘昺推荐擅长词曲的周邦彦担任提举，可是未得许可，皇帝命亲信宦官、知内侍省杨戬兼任大晟府提举，主持立明堂、铸鼎鼐等事宜。

赵明诚的友人刘跂登临泰山，拓得《秦泰山刻石》，把拓片之一赠给了他，他大为兴奋。刘跂在崇宁二年遭编管寿春，遇赦回家后隐居东平，不爱与人来往。刘跂也爱好收藏古物、拓片，曾在大观二年春登临泰山绝顶拓印"秦泰山刻石"的四面文字。此碑刻有秦始皇功德铭和秦二世诏书，是泰山石刻中创作时代最早的作品，传说由秦丞相李斯撰文并书丹，又称"李斯碑"。今年秋天，刘跂再次登上泰山，亲自带着毛毡、木椎拓印此石，制作了迄今为止最完整的拓片。此石四面都有文字，之前摹拓泰山刻石之人一般只拓刻此石较为平整且文字保存比较完好的南面，忽视其他三面的字痕，让欧阳修等人误以为此石上的秦始皇刻辞已经无法辨认，只剩下南面秦二世刻辞的残文。但是刘跂撰写《泰山秦篆谱序》，指出此石"其石埋植土中，高不过四五尺，形制似方而非方，四面广狭皆不等……盖四面周围悉有刻字，总二十二行，行十二字。字从西南起，以北、东、南为次……其十二行是始皇辞，其十行是二世辞，以《史记》证之，文意皆具，计其缺处，字数适同"。[1]

在京城，许多人都奔走蔡京门下。有个叫江汉的词人给太师蔡京写了首谀词《喜迁莺》：

> 升平无际，庆八载相业，君臣鱼水。镇抚风棱，调燮精神，合是圣朝房魏。凤山政好，还被画毂朱轮催起。按锦缲，映玉带金鱼，都人争指。
>
> 丹陛，常注意，追念裕陵，元佐今无几。绣衮香浓，鼎槐风细，荣耀满门朱紫。四方具瞻师表，尽道一夔足矣。运

---

[1] 曾枣庄、刘琳主编：《全宋文》第 123 册《泰山秦篆谱序》，上海辞书出版社、安徽教育出版社，2006 年，第 209 页。

第四章 青州，略寂寞不忧愁

化笔，又管领年年，烘春桃李。[1]

其中以"尽道一夔足矣"称颂蔡京乃是朝廷唯一的中流砥柱，得到了蔡京的赞赏，太学盛传了一阵。他被蔡京推荐给皇帝，后被授官大晟府制撰。

晁补之的从弟晁冲之擅长写词，可惜未能考中进士，在河南新郑具茨山（今河南禹州）隐居。他听说朝廷征求能文之人，以所作《梅》词干谒蔡京之子蔡攸，蔡攸向其父推荐了他，随后蔡京上奏皇帝，把他任命为大乐令。他于建中靖国元年去过京城，召青春年少的李师师、崔念月二妓唱词佐酒。如今这两人在京城声名赫赫，出入权贵府邸，晁冲之这样的小官已经再难见到两人，他作了两首诗感慨今昔。[2]

蔡京听说另外一位晁氏子弟晁端礼擅长写词，音韵和谐，文辞清丽，也向皇帝推荐了他。他是神宗熙宁六年进士，元丰年间在莘县（今山东莘县）知县任上犯错，闲居家乡近三十年。他刚到京城，听闻禁苑中出现并蒂莲，这是所谓的祥瑞，他急忙写了一首词《并蒂芙蓉》进呈，被皇帝任命为大晟府按协声律。可惜他刚上任不久就得了病，三个月后便逝世了，时年六十八岁。[3]

---

1 ［宋］蔡絛撰，惠民、沈锡麟点校：《铁围山丛谈》卷二，中华书局，1983年，第27—28页。
2 朱弁《风月堂诗话》记载了晁冲之和陈师道建中靖国元年在京见面的情节，故推测此事更可能发生在建中靖国元年。张邦基《墨庄漫录》记录此事发生在政和年间可能有误。
3 对其是否上任，不同文献的叙述不同，如《直斋书录解题》卷二十一记载"三阅月而卒"。有关研究参见周霞：《晁端礼词研究》，山东师范大学硕士学位论文，2010年，第7—8页。

据说京城又出了一个叫曹组的人物,他因为父亲早逝,从小由擅长诗文的母亲养育,长大后善写戏谑风格的词,所著长短句《红窗迥》《回波词》为时人传颂。《红窗迥》描述赶考的士子为了进京赶考,在路上鼓励他的双脚,说等到自己考中进士当了官,脚上就可以穿朝靴,还要选个穿"弓养鞋"(宫样鞋)的美女云云,显然是满足市井趣味的文字。这时绑小脚、穿宫样鞋的一般是风月场所的女子或者官僚、富户收纳的侍妾。《红窗迥》词云:

> 春闱期近也,望帝京迢迢,犹在天际。懊恨这一双脚底,一日厮赶上五六十里。
> 争气!扶持我去。转得官归,恁时赏你。穿对朝靴,安排你在轿儿里。更选个弓养鞋,夜间伴你。[1]

他元祐年间就来到太学求学,所作的文章曾得到苏轼的好评,可惜六次参加科考都没能考中,颇为郁闷,经常在妓馆、酒楼厮混。如今他年过四十,经常穿着方袍,戴着一顶大帽子,身后的小奚奴背着酒壶,壶上刻铭"北窗清风,西山爽气。醉乡日月,壶中天地"。他喜欢拜会贵人,酒宴之后就索请主人灌满自己的酒壶,再回家或者去花街柳巷。他经常以滑稽的内容取悦世俗之人,故而其作品在市井中脍炙人口。他写的艳情词语言浅白而

---

[1] 对此词作者的讨论见傅璇琮总主编,王兆鹏主编:《宋才子传笺证(词人卷)》,辽海出版社,2011年,第283页。

细腻,也有一些典雅的作品,如咏梅花词《蓦山溪》中"竹外一枝斜,想佳人、天寒日暮"化用了东坡《和秦太虚梅花》的"竹外一枝斜更好"。因为朝廷严禁元祐党人之学术,故而文士不敢公开提及苏、黄。但是实际不少人都熟读苏、黄的诗文,暗中学习,如中书舍人王安中、秘书省正字韩驹等人都是如此。曹组经常奔走得宠的诸多宦官门下,也是期望得到他们的推荐为官。

听闻在当涂闲居的李之仪与当地名士郭祥正交恶,闹出一桩事情。郭祥正以诗文著称,他早年所写的诗歌得到名士梅尧臣的赏识,后者称赞他"天才如此,真太白后身也"。[1]他之前与王安石、苏轼、黄庭坚、贺铸等有文字往来,家中的墙壁上还有苏轼于元丰七年画的《竹石图》。可是他考中进士以后仕途不顺,长期在地方当官,元祐四年(1089年)在端州知州任上辞官归老,经常往来金陵、杭州、宣州等地。崇宁元年,李之仪遭编管太平州,在州府当涂城南的姑溪岸边闲居,不久后妻子、长女先后病逝。崇宁四年李之仪得到赦免,可以回山东老家,可他依旧居住在这里,还收纳郡妓杨姝,生了个儿子叫尧光。李之仪来当涂后,起初与郭祥正经常作诗唱和,也颇为尊崇郭祥正。后来本地不少年轻文士都追随李之仪,两人的关系就疏远了,加之郭祥正个性自负,说过讥讽李之仪的话,此后两人就很少来往。大观元年李之仪出任提举成都玉局观的闲职,南郊大典之后皇帝推恩,李之仪把李尧光当作嫡子在官府登记,帮助他获得了恩荫的资格,使之

---

1 [宋]蔡正孙撰,常振国、降云点校:《诗林广记》后集卷八,中华书局,1982年,第364页。

以后可以为官。郭祥正知道宰相蔡京厌恶李之仪，就指使当地的豪民吉生向淮东提刑司检举李之仪让侍妾之子冒充嫡子获得恩荫之事。李之仪因之被关押审查，被罢去管勾成都府玉局观的闲官。郭详正还作俚语诗歌调侃此事，诗云：

　　七十余岁老朝郎，曾向元祐说文章。
　　如今白首归田后，并与杨姝洗杖疮。[1]

　　这件事流传甚广，郭祥正如此行径，也是令人摇头不已。不久后，此人就故去了，想必李之仪从此可以安心在当地居住了。

　　当今皇帝新修了一座宫殿保和殿，安置他最重视的典籍、古器、书画、文具、乐器等收藏，供他处理政务之余怡情养性。他痴迷道教、方术，下令在自己出生的福宁宫东侧建造一座金碧辉煌的玉清和阳宫，供奉道教鼻祖老子的画像，每天早晚到那里顶礼膜拜。

　　皇帝从前为端王时，就与擅长预测吉凶的太史局方士郭天信以及在相国寺算命的陈彦等来往，登基后更是招引来不少道士、方士。最早得到皇帝尊崇的，乃是茅山道士刘混康。他在哲宗时期就曾住持上清储祥宫，当今皇帝因为子嗣稀少征询他的意见，他认为如果把宫城东北的地势加高，就有助于皇帝多生子嗣。于是皇帝就让人在那里堆土种树。后来，皇帝又迷信一个叫徐守信

---

[1] 丁传靖辑：《宋人轶事汇编》卷十三，中华书局，2003年，第673页。

第四章 青州，略寂寞不忧愁

的道士，崇宁二年赐号"虚静冲和先生"。皇帝三次召他入京，经常请他在宫中做法事。大观二年，此人"解化"于上清储祥宫之道院，皇帝追赠他为"太中大夫"，民间称之为"徐神翁"。

那个擅长诗词的女道士曹希蕴也因徐神翁的推荐，成了皇帝尊崇的人物。之前皇帝寻访异人、有道之士，徐神翁推荐了她，受召见时她应对得体，大受皇帝赏识，获赐两枚黄金做成的腰牌，可出入宫苑。她为《老子》《庄子》《黄庭经》《西升经》《清静经》《阴符经》等经典作注释，流传最广的是她所作的《大道歌》，道教信徒竞相抄写传播，民间百姓把她称作"曹仙姑"。听说皇帝称赞她："此真仙也，文华乃其余事。"为她赐名"道冲"，敕封"清虚文逸大师"，又加封"道真仁靖先生"。皇帝给她修建了一座宅邸，赐名"宝箓堂"，又命人在边上为她新修一座道观"保庆泰宁宫"。[1]

如今最受宠的道士叫王老志，他是濮州临泉（今山东鄄城）人，从前是东京转运使衙门的书吏，号称得到"异人"钟离权传授修炼内丹的要诀，此后抛弃妻子，出家为道士。政和三年，太仆卿王亶把他推荐给皇帝和蔡京，他到了京城后住在蔡京府邸的南园。他还未入宫，就在上书中提及以前中秋节皇帝与乔、刘二妃说的话，皇帝有点惊讶他为何知道这等宫中秘事，觉得他有神通，封其为"洞微先生"，多次召他入宫讲道。

十一月皇帝要去天圜丘祭祀，命王老志穿着羽衣在前导驾，

---

[1] 尹志华：《曹仙姑的生平、著作考》，《中国道教》2002 年第 4 期，第 41—42 页。

由一百多名道士护持仪仗，蔡京之子蔡攸驱车引驾。车辇从南薰门出发时，皇帝向东眺望，看见云气中似乎有一座楼台耸立，便问蔡攸那是什么地方。蔡攸讨好皇帝说："见云间楼殿台阁，隐隐数重，既而审视，皆去地数丈。"皇帝又问："见人物否？"蔡攸说："若有道流童子持幡节盖，相继而出云间，衣服眉目，历历可识。"祭天仪式结束后回宫，皇帝立即颁布诏书告知百官天神降临的事，并命令在云气出现的地方修建道观"迎真宫"。有些熟悉历史的士人，私下议论当今皇帝恐怕犹如当年的真宗皇帝一般，要和几个亲近演出"神道设教"的把戏。

到政和四年，迎真宫建成，皇帝亲自写了《天真降灵示现记》，刻石立碑，并诏令天下搜求道教仙经，一有所获，立即送到京师。皇帝给王老志加号"观妙明真洞微先生"。群臣纷纷要求其为自己算命，王老志会写作简短的词句，让每个人自己猜测意思，再说些模棱两可的话，故而许多人说他的预测颇为灵验。从此他所居住的蔡京府更是门庭若市，人们都上门请求他给自己算命。王老志怕出事，上奏请求皇帝下令禁止外人来求自己算命、测事。秋天，他自称师父要他回山，上书请求回去，皇帝最初不同意他走，拖延了好久才放他去濮州，不久传来他故去的消息。

听说，张耒也谢世了，之前秦观、黄庭坚、廖正一[1]、晁补之先后故去，可以说与苏公最亲近的几人，都走了。

政和五年，听说保庆泰宁宫将落成之前，那位曹仙姑不幸故

---

1 廖正一于崇宁五年逝世，见慈波：《苏门学士廖正一考略》，《兰州学刊》2005 年第 5 期，第 306—310 页。

第四章 青州,略寂寞不忧愁

去了,葬于开封郊区。皇帝赠号"希元观妙先生",命人把她的诗文都收集后保存在玉清和阳宫。皇帝又召一位嵩山道士王仔昔入京,让他住在蔡京府邸。据说他是洪州(今江西南昌)人,隐居嵩山期间自称遇到道教仙真许逊传授《大洞隐书》,能预测未来。他到京城后,用朱砂符篆化水,治好了后妃的眼病,皇帝对他颇为崇信,封他为"通妙先生"。

皇帝把唯一的嫡子、十六岁的赵桓(后来的宋钦宗)立为太子。赵桓的母亲王皇后已在七年前驾崩,年仅二十五岁。据说王皇后的早逝是遭后宫郑、王二妃的诬陷,导致皇后的近侍都被逮捕和严刑逼供,皇后受惊之后故去。据说郑妃好读书,能自己写作章奏,甚得皇帝宠爱,皇帝赏赐她的诗词在外颇有流传。两年后皇帝立郑妃为皇后,王氏为贵妃。王贵妃的儿子赵楷如今十五岁,颇为聪慧,也如父亲一般爱好书画,擅画花鸟,据说很受宠爱。如此一来,恐怕太子的位子也未必安稳。

近来官场传闻皇帝有讲求武功之意。四月皇帝赐宴大臣时,先请众人在崇政殿观看贵族子弟五百余人在广场中驰马射箭,然后又让自己训练的女宫人骑马射箭。她们都穿着男子一般的衣装,英姿飒爽,在马上开弓射绣球,下马据鞍以神臂弓射击靶子,骑术、射术高超,让周围站立的禁军卫士脸上皆有愧色,他们觉得自己身为男人,竟然连宫女都不如。[1] 皇帝教习贵族子弟、宫女习武,并且公开向朝臣展示,可见有提倡尚武之意,意在鼓励臣子

---

1 [宋]周煇撰,刘永翔校注:《清波杂志校注》卷八,中华书局,1994年,第364页。

要勇于开边。据说有一位辽国的官员马植投奔了大宋，声称可助朝廷夺取燕地。马植所在的家族乃是燕京汉人大族，族中在辽朝为官者多达数十人，马植自己也官至光禄卿，负责辽国皇室的日常膳食事务。据说他染指家族内有姿色的女眷，为族人不齿，颇不得志，故而来投奔大宋。他到京城拜见皇帝，透露说辽国的东北兴起一股新兴势力，一个叫阿骨打的人统一女真各部，建立国号"大金"，自去年起连连击败辽国军队，让辽国上下大为震恐。他建议宋国派遣使者从登州、莱州渡海去结交女真人，与他们相约夹攻辽国，取得燕云十六州。皇帝觉得他的计策可取，如果能恢复汉唐时代的疆土，那自己的功业就超过了太祖、太宗，足可以留名万世。他大为兴奋，给马植赐姓，并改名为赵良嗣，命他与蔡京、童贯等人秘密谋划夺取燕地之事。

时日匆匆，到了政和六年（1116年）春天。皇帝颁布大晟府编集的八十四调以及图谱，刘昺还据此撰成《宴乐新书》一书，写词之人也可以从中参考乐律作词，如此就可以更好地把词与曲子相配。同年，朝廷把齐州升为济南府，从此其地位比青州还要高了。

三月初，丈夫赵明诚又外出游览，四日到灵岩寺。他想起之前两次来此的情形，一时兴趣大发，在"齐州长清县灵岩寺重修千佛殿记碑"的碑侧留下一则题记："东武赵明诚德甫，东鲁李擢德升、曜时升，以大观三年九月十三日同来，凡留两日乃归。后四年，德父复自历下将如奉高，过此，政和三年闰月六日。丙申

第四章 青州，略寂寞不忧愁

三月四日，复过此，德父记。"[1]

他近来颇有收获，安邱出土的齐侯盘和下邳县民由农田获得的《汉祝长严䜣碑》，他都设法获得了拓片。友人刘跂还给他寄来了《汉张平子残碑》拓本，此残碑近来才在南阳出土，可以清晰辨认出七十二个字，与传世的两种《张平子碑》拓本相对照，可以拼凑出全文。

之前赵明诚收集到《汉吉成侯州辅碑》拓片后，见郦道元《水经注》提及此墓还有两尊石兽，有人掘出一尊，上面有刻字"辟邪"。于是他致信在当地为官的友人董之明，托他帮忙寻访石兽的拓片。过了一年董之明有了收获，寄来拓片。让赵明诚高兴的是，其中不仅有郦道元提及的那尊石兽上"辟邪"两字的拓片，还有郦道元也没有见到的另一尊石兽上的"天禄"两字的拓片。董之明在信中说："'天禄'近岁为村民所毁，'辟邪'虽存，然字画已残缺难辩（辨）。此盖十年前邑人所藏，今不可复得矣。"[2] 能比前贤看到更多的东西，也是收藏、研究的一大乐趣，为此赵明诚、李清照高兴了好一阵。董之明也爱好收藏石刻拓本，有不少藏品。他还送给赵明诚一份《周敦铭》拓本，这件周敦乃是宫廷藏品，皇祐年间其拓本被赏赐给朝臣，后来由杨南仲绘制图画并刻石，摹本罕见。赵明诚对此器的铭文早有听闻，一直念念不忘，

---

[1] 曾枣庄、刘琳主编：《全宋文》第158册《长清灵岩寺题名》，上海辞书出版社、安徽教育出版社，2006年，第343页。

[2] ［宋］赵明诚著，刘晓东、崔燕南点校：《金石录》卷十五《汉州辅墓石兽膊字》，齐鲁书社，2009年，第123页。

能从董之明这里得到拓片，当然兴奋了一阵。

让他们夫妇高兴的是，一日得到《唐六公咏》的拓片。原碑乃是李邕撰文、胡履虚书丹。他们夫妇都熟读杜甫之诗，对其《八哀诗》所言"朗咏六公篇，忧来豁蒙蔽"一句提及的《六公咏》只闻其名而已。得到这件拓片，才知道所歌咏的乃是发动神龙政变，拥戴唐中宗复位的功臣张柬之、敬晖、崔玄暐、桓彦范、袁恕己等五人和贤相狄仁杰。赵明诚在题跋中感叹"其文词高古，真一代佳作也"。[1]

最近朝野在议论封禅的事情。之前朝廷任用孟昌龄为都水使者，征调几十万民夫凿开大伾三山疏通黄河，又修建了据说不会毁于洪水的"永远浮桥"。建成后，皇帝给浚州境内的浮桥赐名"天成桥"，给滑州境内的浮桥赐名"圣功桥"。皇帝自比为大禹一般的圣君，蔡京自比为上古贤相稷、契、周、召。四月，高阳关路安抚使吴玠上奏说冀州枣强县境内的黄河河水变清澈了，群臣自然纷纷上表祝贺。如此，皇帝有了封禅的打算，兖州知州宋康年上书请求秘阁把真宗皇帝当年封禅泰山的记载下发给自己参考，这是要为封禅做准备的意思。宋康年乃是宋庠之孙，其兄宋乔年与宰相蔡京是亲家，他的女儿嫁给了蔡攸。宋康年这次上书，显然也得到了蔡京的关照。

听说在蔡京的推荐下，皇帝召见周邦彦，皇帝提及他从前写的《汴都赋》，周邦彦有点记不清楚其中的文字，回家找到《汴都

---

[1] ［宋］赵明诚著，刘晓东、崔燕南点校：《金石录》卷二十六《唐六公咏》，齐鲁书社，2009年，第216页。

第四章 青州，略寂寞不忧愁

赋》的文稿重新抄写之后，作了《重进〈汴都赋〉表》，向皇帝表态自己一定会为封禅等事效力，发挥辞赋、音乐的专长。皇帝见到表文和《汴都赋》，觉得他文采突出，将其提拔为徽猷阁待制、提举大晟府。

赵明诚把收藏的书册、拓片都分类装入书橱、箱子，保存在归来堂，这是各种藏品归来的地方，也是他外出归来后第一时间要去的地方。他把欧阳公的《集古录跋尾》四则又翻出来，题跋道："后十年于归来堂再阅。实政和丙（原为"甲"字，旁改"丙"字）申六月晦。"

宣和殿学士蔡攸推荐了淄州（今山东淄博）方士刘栋，后者被安置在上清宝箓宫居住。刘栋说自己得到仙真传授景灵玉阳神应钟法，建议皇帝铸造十二个大钟供奉在上清宝箓宫。九月，皇帝到玉清和阳宫给玉皇大帝上尊号为"太上开天执符御历含真体道昊天玉皇上帝"，仪式结束以后，下诏宣布大赦天下，并命令全国凡是山川秀美的地方，都要建造神霄宫，用来供奉玉皇大帝的圣像。继而又建道学，培养道官。

朝野揣摩当今皇帝、宰相有封禅的意思，于是纷纷奏报各种祥瑞，如甘露降、玉圭出、嘉禾芝草并生、野蚕成茧等等。甚至有人上奏说自己所在之处出现了两三万株灵芝。蕲州、黄州报告说那里有二十五里漫山遍野都是灵芝；汝州、海州的官员说他们那里发现成百上千的山石变成了玛瑙。这时听闻伊阳的太和山崩塌了，皇帝、蔡京都有些不安，但是不久之后地方官又上奏说，太和山崩塌是因为出现了水晶，他们以木匣进呈了上百匣水晶。

长沙益阳县的官员也奏报说那里的山谷流出重十余斤的金子,后来又出现重达四十九斤的金块。[1]这些不外是给封禅造的声势罢了。

政和七年(1117年)正月十七,是宰相蔡京生辰,六十二岁的周邦彦写了歌颂的诗歌,其中有"化行禹贡山川外,人在周公礼乐中"一句,恭维蔡京辅佐皇帝治水、制作礼乐之事,可与周公、召公等贤相并肩,让蔡京大为高兴。可是不久之后,周邦彦就被外派任知顺昌府。[2]蔡京之子、宣和殿学士蔡攸兼任大晟府提举。据说,如今蔡攸得到皇帝的恩宠,他一心要以此取悦皇帝,与自己的父亲也有一些矛盾。之前大晟府由蔡京把持,周邦彦是蔡京提携的人物,而蔡攸把周邦彦排挤走,是为了自己主持此事,他到任后竭力排斥父亲从前提拔的人,要另外组建亲近自己的官员、乐工团队,排斥其他朝臣参与制作朝廷礼乐之事。蔡攸听说士人田为善琵琶、通音律,推荐他担任从五品的大晟府典乐,而另一位典乐任宗尧是他父亲蔡京的门客,他对其故意疏远。不过有人进言皇帝,田为擅长的是通俗的宴乐,担任的典乐官品等同太常少卿,如此骤然越级提拔并不合适,于是田为被降为从七品的大晟府乐令。

此时的词坛上,大致分为四种风格:

一种是苏东坡、晁补之、黄庭坚那种风格的词作。当下的翰林学士王安中、兵部侍郎王寀、颍昌知府叶梦得等都是此种风格,

---

[1] [宋]蔡絛撰,惠民、沈锡麟点校:《铁围山丛谈》卷一,中华书局,1983年,第12页。

[2] 桂栎:《周邦彦〈重进《汴都赋》表〉系年考》,《文献》2022年第2期,第17—28页。

第四章 青州，略寂寞不忧愁

各有特色。

一种是柳永那种风格。以大晟府制撰万俟咏、大晟府乐令田为两人为代表，周邦彦也是传承柳词而别有蕴藉。

一种是田中行、赵温之等写男女艳情、调情弄俏、离愁别恨的那种艳词。

一种是曹组、张衮臣那种写市井俚俗的诙谐词作。这一路的祖师爷是神宗、哲宗时的说诨话艺人张山人和孔三传。张山人在瓦舍中说笑话、故事，多以俳谐体十七字诗（五言三句，结尾二字）穿插其中，语言俚俗而含戏谑之意；孔三传擅长将纷杂的宫调谱成曲子，配合曲调边说边唱，言语风趣，在士人中也颇有影响，元祐年间的王齐叟也擅长这类滑稽幽默的曲子词。

当然，一些词人兼善不同风格、主题的词作。比如曹组既能写戏谑之作，也善于写艳词。万俟咏几年前把自己的词集分为两部分，一部分是"雅词"，一部分是"侧艳"，在外颇有传抄。[1] 当了官以后，他觉得从前自己写的"侧艳体"过于市井，删去了许多那类风格的旧作，把自己的词作整理为《大声集》五卷，分为"应制""风月脂粉""雪月风花""脂粉才情""杂类"五类，请周邦彦、田为写了序言。

李清照对诸人的词作都有耳闻，也有一些抄本。她心中对众人的优劣自有评判，自己要与当代最出色的词人较量，一般人物她并不放在眼里。

---

1 ［宋］王灼撰，彭东焕、王映珏笺证：《碧鸡漫志笺证》卷二《各家词短长》，巴蜀书社，2019年，第69页。

封禅的事情在京城热议了一年多，青州士人也不时谈论，朝野都热切期盼此事，可是这年夏天瀛洲、沧州境内的黄河发洪水，把沧州城都淹了，沿途州县淹死的人口多达百余万。出了这样的大灾，皇帝、宰相也就不好再粉饰太平，封禅之事也就没了声息。

在李清照的襄助下，赵明诚终于大致完成了著作，他将之命名为《金石录》。他请来工匠，把所藏的夏商周三代、秦、汉的器物铭文拓片（相对完好的三百多件）刻在石头上，如此就可以重复制作拓片，便于传播。他把这三百多件拓片装裱成四大轴，作为《金石录》的附录，让读者可以直接观看近似原器的铭文形式，与自己书写的铭文、考证相对照。他把这组拓片称为"石本古器物铭"，对自己的这一举动极为得意，写了一句"近世士大夫间有以古器铭入石者，然往往十得一二，不若余所有之富也"。[1]

他敬佩友人刘跂的才学，感念他馈赠拓片的恩义，特地带着一组古器物铭拓片到东平拜访刘跂，请他欣赏这组拓片，并请他为《金石录》作序。刘跂见到赵明诚撰成这部大书，不由想到元祐年间与李公麟交往的旧事。刘跂写了一首《题古器物铭赠得甫兼简诸友》，称赞赵明诚："沈酣夏商周，余嗜到两汉。铭识文字祖，曾玄成籀篆。颇通苍雅学，不畏鱼鲁眩。遂将传琬琰，索我序且赞。"[2] 他留赵明诚停留数日，与当地的士人宴饮，并参观

---

[1] ［宋］赵明诚著，刘晓东、崔燕南点校：《金石录》卷十三《石本古器物铭》，齐鲁书社，2009年，第110页。
[2] 得甫即德甫，乃赵明诚之字。引文见［宋］刘跂：《题古器物铭赠得甫兼简诸友》，《学易集》卷二，清武英殿聚珍版丛书本。

第四章　青州，略寂寞不忧愁

游览。

赵明诚回到家后，他写成这部大作的消息已颇有传扬，经常有同好来信祝贺或者通报新发现的碑刻、拓片的信息。秋天，刘跂寄来九月十日所作的《〈金石录〉后序》，其中称赞此书："别白抵牾，实事求是，其言斤斤，甚可观也。"又说："今德甫之藏既甚富，又选择多善，而探讨去取，雅有思致，其书诚有补于学者。"[1]说很高兴自己的姓名能附于这样一本大书的篇末。

赵明诚也精心撰写了一篇《金石录序》，序云：

> 余自少小，喜从当世学士大夫访问前代金石刻词，以广异闻。后得欧阳文忠公《集古录》，读而贤之，以为是正讹谬，有功于后学甚大。惜其尚有漏落，又无岁月先后之次，思欲广而成书，以传学者。于是益访求藏畜，凡二十年而后粗备。上自三代，下迄隋、唐、五季，内自京师，达于四方遐邦绝域夷狄，所传仓史以来古文奇字、大小二篆、分隶行草之书、钟鼎、簠簋、尊敦、甗鬲、盘杅之铭，词人墨客诗歌、赋颂、碑志、叙记之文章，名卿贤士之功烈行治，至于浮屠、老子之说，凡古物奇器、丰碑巨刻所载，与夫残章断画、磨灭而仅存者，略无遗矣。因次其先后为二千卷。余之致力于斯，可谓勤且久矣，非特区区为玩好之具而已也。
>
> 盖窃尝以谓《诗》《书》以后，君臣行事之迹，悉载于

---

[1] ［宋］赵明诚著，刘晓东、崔燕南点校：《金石录》，齐鲁书社，2009年，第256页。

史，虽是非褒贬出于秉笔者私意，或失其实，然至其善恶大节有不可诬，而又传之既久，理当依据。若夫岁月、地理、官爵、世次，以金石刻考之，其抵牾十常三四。盖史牒出于后人之手，不能无失，而刻词当时所立，可信不疑。则又考其异同，参以他书，为《金石录》三十卷。至于文词之媺恶，字画之工拙，览者当自得之，皆不复论。呜呼！自三代以来，圣贤遗迹著于金石者多矣。盖其风雨侵蚀，与夫樵夫、牧童毁伤沦弃之余，幸而存者止此尔。是金石之固，犹不足恃，然则所谓二千卷者，终归于磨灭，而余之是书有时而或传也。孔子曰："饱食终日，无所用心，难矣哉！不有博弈者乎？为之，犹贤乎已。"是书之成，其贤于无所用心，岂特博弈之比乎！辄录而传诸后世好古博雅之士，其必有补焉。东武赵明诚序。[1]

《金石录》搜集金石刻辞二千种，为目录十卷，辩证二十卷，采集范围上自夏商周三代，下及宋初。赵明诚感慨《春秋》秉笔直书的传统中断以来，史家写史，对人和事的是非褒贬都带着一己之"私意"，这也是若有所指。了解朝政的人都知道，这些年新旧两党就《神宗实录》《哲宗实录》这样的史书的编撰多有争议，双方都想根据自己的政治意图编纂其中的文字。他认为史书对于岁月、地理、官爵的记载往往有误，参证金石碑版可以校正史书的错漏，希望后世之人理解，说："余之致力于斯，可谓勤且久

---

1 ［宋］赵明诚著，刘晓东、崔燕南点校：《金石录》，齐鲁书社，2009年，第1页。

矣，非特区区为玩好之具而已也。"欧阳公早就说过金石拓片、著作可以"与史传正其阙谬""为朝廷决疑议"，他也是如欧阳公一般，希望会心人从中有所得。

在书中，他提及影响自己的金石学研究的诸多前辈，如欧阳修、刘敞、李公麟、吕大临，称："收藏古物，实始于原父，而集录前代遗文，亦自文忠公发之。后来学者稍稍知搜抉奇古，皆二公之力也。"在书中，他对他们的考释成果有所引用，也对他们的一些错漏有所纠正。如欧阳修在《集古录》中认为蜀地碑刻《学生题名》乃是西汉文翁的学生所刻，赵明诚怀疑其有误。说它是西汉立的，字画却不符合西汉常见的碑刻体式；如果说是东汉立的，上面有几个人的名字是两个字构成的，东汉几乎看不到这一现象。而且唐人颜有意所书《益州学馆庙堂记》详细记载了他所见的汉代以来的石刻，其中并没有提及《学生题名》。赵明诚当初从字体形式猜测是晋以后的人立的，后来参考其他文献，发现其中有"江阳赵嵩，典学从事史宁蜀常、仲舒宪道，左生遂宁董朗玄明，左生晋原杨容宗长"几句，而《晋书》记载江阳郡乃是蜀汉的刘备设置的郡，宁蜀、遂宁、晋原则是东晋的桓温平蜀后设置的，汉代还没有这几个郡县。因此，他确认此碑是东晋以后的人立的。又如李公麟喜欢把古器物归在史书记述的名人名下，赵明诚在《中姞匜铭》条目指出"右《中姞匜铭》，与后两器皆藏李伯时家。初，伯时得古方鼎，遂以为晋侯赐子产者；后得此匜，又以为晋襄公母偪姞器，殊可笑。凡三代以前诸器物出于今者，皆可宝，何必区区附托书传所载姓名然后为奇乎？此好古者之蔽也"。又如吕大临认为兄长吕大防收藏的一件"散季敦"可能是周武王时的散宜生制作的，"季"可能是散宜生的字。赵明诚认为此说有点牵强，他觉得对无法考证清楚来源的铭文，无须强行与史书记载的人物对应，就此议论了一句："士大夫于考证前代遗事，其失常在于好奇，故使学者难信。孔子曰：'君子于其所不知，盖阙如也。'"[1]

赵明诚还把苏轼、黄庭坚、陈师道、晁补之等人写入自己的这本著作。如在《秦琅邪台刻石》条目下记载："右《秦琅邪台刻石》，在今密州。其颂诗亡矣，独从臣姓名及二世诏书尚存，然亦残缺。熙宁中，苏翰林守密，令庐江文勋模拓刻石，即此碑也。"[2]这件拓片取自苏轼在密州主持竖立的刻石，那上面没有苏公的名字，想必因而逃过了崇宁年间捣毁苏轼所撰之碑的劫难吧。赵明诚又在《秦诅楚文》条目下收录了黄庭坚的释文。总之，对赵明诚而言，这几人有的是日常交往的亲戚、师友，如陈师道、晁补之，有的是自己仰慕的名士，如苏、黄二公。他也是以这样的方式，记录自己人生的那一段履历，他也不知道后世博雅君子看到此书，能否理解自己的这点小心思、小温情。

他在撰写有关条目的时候，经常联想到时事，有些感慨都是有针对性的。比如他得到《汉石经遗字》拓片之后，见到石经残本的拓片与今天传世的雕版印刷版本和手抄版本已经有数百字不

---

1 ［宋］赵明诚著，刘晓东、崔燕南点校：《金石录》，齐鲁书社，2009年，第104、105、107、170页。
2 ［宋］赵明诚著，刘晓东、崔燕南点校：《金石录》卷十三《秦琅邪台刻石》，齐鲁书社，2009年，第111—112页。

第四章 青州，略寂寞不忧愁

同，篇名以及前后次序也小有差别，因此他联想到今天朝廷规定让士子学习的《三经新义》与汉代的儒经想必也有许多差异，为何一定要将之当成权威让所有人都学习？他写了一段感慨："后世学者于去古数千百岁之后，尽绌前代诸儒之论，欲以己之私意悉通其说，难矣！"[1] 这是暗暗影射王安石的解经之作不过也是出于其自身的理解而已，与千百年前的汉儒的石经有许多差别。

在《汉孙叔敖碑阴》条目下，针对汉代郡守、县令任职周期较长，乃至有人在郡县担任长官十年也不变动的情况，赵明诚联想到现在的官员都是两三年就要调任，当今皇帝对恩宠之人更是频频升官，致使许多官员都急于升官。他对此也发了一段感慨："汉时令、长有在官一纪不迁者，乃知前世官吏重于移易如此，不惟吏民免送迎之扰，而士人亦皆安于其职，无侥幸苟进之心，与后世异矣。"[2] 不过说起来，赵明诚从前也是皇帝特恩越级提拔的，沾了身为宰相的父亲的光。

在《唐丞相崔群碑》条目下，他由唐宪宗号称明君，可是也免不了放逐"贤相"崔群，任用奸臣皇甫镈，感叹道："夫以群之贤，宪宗之明，然谗间一入，且犹不免。自古君臣之际能保终始者，顾不难哉。"[3] 这大概也是想到了父亲赵挺之身后被追夺赠官的

---

1 ［宋］赵明诚著，刘晓东、崔燕南点校：《金石录》卷十六《汉石经遗字》，齐鲁书社，2009年，第136页。
2 ［宋］赵明诚著，刘晓东、崔燕南点校：《金石录》卷十五《汉孙叔敖碑阴》，齐鲁书社，2009年，第124—125页。
3 ［宋］赵明诚著，刘晓东、崔燕南点校：《金石录》卷三十《唐丞相崔群碑》，齐鲁书社，2009年，第249页。

遭遇，有些不好明说的感触。

到青州以来，李清照与夫君一起整理、校勘金石文物，两人经常议论条目的取舍，她也亲自参与文字润色。这本书乃是丈夫开创的，他用力最多，可也有一部分是两人"共相考究"而成。只是，李清照作为女子只能隐身幕后，不便公然列名其中。对她来说，这也不算什么，这是她自己用"余力"所为的事情罢了，她真正的雄心壮志在写作诗词上，那是丈夫自愧不如的领域。

青州乃消息灵通之地，常能听闻京城发生的大小事情。近来有个叫林灵素的道士最为得宠，他得到左道录徐知常的推荐，应召入京，皇帝问他有何法术，他回答："臣上知天宫，中识人间，下知地府。"[1] 因他应对机敏，皇帝戏称他为"聪明神仙"。他先后建议皇帝修建玉清和阳宫、上清宝箓宫等建筑，供奉道教神灵，举办法事。今年他又对皇帝说天上有九霄，最高一层叫"神霄"，这处宫府由上帝之长子"长生大帝君"主掌，实际就是皇帝的真身。他又称皇帝的几位宠臣的真身都是神霄宫中的仙真，比如蔡京是左元仙伯，王黼是文华吏，盛章、王革是园苑宝华吏，当下最得宠的贵妃刘氏乃是九华玉真安妃，而他自己是神霄府仙卿褚慧投胎来辅佐"帝君之治"的。这是在吹捧皇帝是"神仙皇帝"，妃嫔、近臣都是仙妃、仙臣。皇帝对此深信不疑。

正月，林灵素等人传播清华帝君白天降临宣和殿、火龙神剑夜降内宫的故事，并假造帝诰、天书、云篆等神物。然后，皇帝

---

[1] ［宋］赵与时著，齐治平点校：《宾退录》卷一，中华书局，2021年，第5页。

第四章 青州，略寂寞不忧愁

亲临上清宝箓宫，召集百官、道士徒众两千余人，由林灵素讲述帝君显灵的过程，将神物展示给众人，同时宣谕，以后定期在上清和阳宫举行大型斋醮，由林灵素主讲道家经典，美其名曰"千道会"。皇帝一再说他在做端王时曾经做过梦，梦见自己受到太上老君的召见，要他光大道教。皇帝让道箓院举行法事上章上天，册封自己为"教主道君皇帝"，下诏宣称："朕乃上帝元子，为太霄帝君。悯中华被金狄之教，遂恳上帝，愿为人主，令天下归于正道。卿等可上表章，策朕为教主道君皇帝。"以后关于道教的章疏都要称呼皇帝为"教主道君皇帝"。[1] 这是把自己视为神君、人君和教主三位一体的神圣人物。蔡京、童贯等亲信大臣也都兼任道教的官职。皇帝提拔侍从以上官员，据说须先由道士算卦，推算五行休咎，然后才正式任命。而另一位著名道士王仔昔已经失宠，据说他与因为在宫廷犯错而被迫入道的几名女冠有些不清不白的事情，被驱逐出宫，还有道士告发他私下议论皇帝、宫廷之事，皇帝指示开封府逮捕并诛杀他。

赵明诚隐约听说了一件惨事，给他赠送《汉平都侯相蒋君碑》拓片的王俛已升为殿中监。一天，皇帝得到方士炼制的紫金色丹药，不敢贸然服用，召王俛来，命他先吃一颗丹药试验药效，王俛服下以后感觉浑身燥热，随从急忙扶他出殿去求医，走在路上就一命呜呼了。他家乃是高级武官世家，听说此事的原委，赵明诚也只能沉默不语，暗暗叹息伴君如伴虎，哪里能想到还有这样的祸事。

---

[1] [宋]陈均编，许沛藻、金圆、顾吉辰、孙菊园点校：《皇朝编年纲目备要》卷二十八，中华书局，2006年，第718页。

赵明诚、李清照也议论过皇帝炼丹之类的事情,他们不敢直言此事,但在《金石录》中有所影射。《唐嵩阳观纪圣德颂》条目下写道:

> 右《唐嵩阳观纪圣德颂》,天宝中,明皇命方士炼丹于此观,李林甫献《颂》称述功德焉。天宝之政,荒淫败度,而明皇区区方炼丹以蕲长生,岂不可笑乎![1]

当今皇帝经常赐给道士钱物、官职,赵明诚也觉得荒唐。他得到《唐吕府君敕葬碑》的拓片,此碑乃唐代宗褒赠僧人大济之父为兖州刺史、官府操办丧葬的碑刻,他在这则条目下感叹了一句"爵赏之滥,一至于此"。[2] 他不好直言,只能借古碑写点感慨。

这时赵明诚听闻好友刘跂故去了,享年六十五岁。刘跂擅长诗文,也是有才之士,可惜遭遇党祸,连连遭到打击,才能没得到发挥。他与晁说之交情深厚,家人请晁说之写了墓志铭。

政和八年(1118年,即重和元年),皇帝把几位道士封为"金门羽客",经常召他们入宫讲道、举行法事。其中最受宠的林灵素被赐号"通真达灵元妙先生",官至大中大夫,受宠程度几乎可与宰相、枢密使相比,京城人称之为"道家两府"。他常骑着一

---

[1] [宋]赵明诚著,刘晓东、崔燕南点校:《金石录》卷二十七《唐嵩阳观纪圣德颂》,齐鲁书社,2009年,第224页。

[2] [宋]赵明诚著,刘晓东、崔燕南点校:《金石录》卷二十八《唐吕府君敕葬碑》,齐鲁书社,2009年,第233页。

第四章 青州，略寂寞不忧愁

头青牛出入宫廷，出入都有护卫呵引，乃至在道路上与诸王争道，见到皇太子也不按照礼仪下来等候太子通过。皇帝给这些著名道士赏赐俸禄，还为宫观赏赐大量田地。林灵素经常举办斋会，耗费巨大，如他举办的大斋"千道会"动辄要花数万缗钱。皇帝本人也参加斋会，听林灵素坐在正中的座位上讲道。另有几位道士张虚白、郑知微、傅希烈也颇受恩宠。[1]

此时汴京政坛出现了变动。擅长文辞的王寀近年来也好谈修炼之事，他与一名郑州书生合作，自称可以祈请神仙降临，预测吉凶。每次两人一起作法，外人颇为崇信。皇帝也经常召他入宫做法事，他由此不断升官，已经是翰林学士、户部侍郎。近来皇帝又信任林灵素，两人有了竞争，林灵素就秘密启奏皇帝说，王寀的父、兄以前在西边为官，秘密与夏人勾结想要谋反。如今让至尊等候祈请神灵，是图谋不轨。而且说他所谓的请神也是故弄玄虚，只要不让那名郑州书生随行，他的技法就会露馅。果然，皇帝召见他入宫请神降灵那天，故意让门卫阻拦下那位郑州书生，只让王寀一人进入。皇帝斋戒三天，王寀也没有请下所谓的神灵，于是皇帝把他关进大理寺，以谋反的罪名公开处死，与他亲近的刘昺兄弟也被贬谪边荒。

据说此事牵涉蔡京与次相郑居中、中书侍郎王黼的暗斗，还涉及太子赵桓与嘉王赵楷之间的皇位争夺战。政和五年，皇帝立嫡子赵桓为皇太子，郑皇后、王贵妃当年曾诬陷太子之母王皇后，导致

---

[1] 参见王曾瑜：《宋徽宗时的道士和道官群》，《华中国学》2015年第2期，第123—135页。

王皇后早逝，她们当然不希望太子顺利即位。郑皇后和王贵妃最初同为向太后的侍从，关系亲近，郑皇后没有生下儿子，据说偏爱王贵妃的儿子嘉王赵楷。次年皇帝任用郑皇后的族侄郑居中为相，又命嘉王赵楷提举皇城司，整肃随驾禁卫所，兼提内东门、崇政殿等门，主掌宫廷禁卫，开了本朝的先例。皇城司的职责是拱卫皇城并侦察臣民动静，率领近三千名被称为"亲从官"的禁卫与侦探，乃是皇帝的耳目。嘉王擅长文辞、书画，多才多艺，与皇帝相似，而太子为人拘谨，对声技、音乐一无所好。皇帝对嘉王格外垂青，赐宴大臣或者幸临大臣宅邸时，常让嘉王作陪，朝臣不免揣测皇帝垂青嘉王，有废立之意。今年三月，皇帝特许嘉王赵楷参加殿试，要展示他的文采，考官自然要奉迎上意，在唱名中把嘉王定为第一。皇帝为了表示谦让，把嘉王列为第二，如此，嘉王就成了史上首个"皇子榜眼"，一众官员连连称颂此事。显然，这件事背后有后宫、朝臣联手谋划的意味。此时的次相郑居中乃郑皇后的族侄，他亲近的大臣王黼的姻亲葛次仲曾任嘉王府学官，故而他们这一派人马力图扶助赵楷成为太子。据说蔡京比较维护皇太子的地位，而郑居中、王黼要借王寀谋反案打击蔡京的亲信刘昺、刘焕兄弟。

　　九月，宫廷中的掖庭燃起大火，从晚上一直燃烧到早晨，后半夜倾盆的大雨也没能浇灭火焰，把宫廷中的五千余间房舍都烧毁了。后苑广圣宫、宫人的住所几乎都遭焚毁，还有不少人死于火灾。朝野议论纷纷，觉得此事不祥。皇帝免去郑居中的相位，让他回家守孝。本来郑居中去年八月因母亲故去，应在家守孝二十七个月，可是不知为何，三个月后皇帝就命他起复，回朝继

第四章 青州，略寂寞不忧愁

续担任次相。如今皇帝又罢了他的相位，如此举措，也是太任性了。闰九月，十八岁的嘉王赵楷改封郓王，出宫入住新修的王府，皇帝命人在皇宫和王府之间修建飞桥复道，方便赵楷入宫，特许他随意出入禁中。

皇帝迷信道教，下诏令学校设道教专科班，培养道教人才，令儒生增学道经。学道之人，可入州县道学教养，每年试经拔举，分元士、高士、上士、良士、方士、居士、隐士、逸士、志士等若干品级。几年前，皇帝就以御笔下令设置"道阶"二十六等，分别给道士赐予先生、处士、八字、六字、四字、二字的名号以示差别，使最高等级的道士等同于朝中的中大夫，最低等级的等同将仕郎，但是不给俸禄。最近又模仿朝廷官吏的品阶，将道士的道阶设置为自太虚大夫至金坛郎共十六等，等同文官的中大夫至迪功郎的品阶。并且仿照馆阁官职，设置冲和、葆光、燕颐、蕊珠、凝神五殿侍晨，葆光、蕊珠、凝神三殿校籍，燕颐殿撰经，蕊珠、凝神二殿授经，共十一等，发给告身印纸，也可以恩荫子孙。[1] 随后皇帝就任命林灵素、王允诚、徐知常、董南运、王冲道、张虚白等为"侍晨"。其中，林灵素、王允诚、张虚白三人最受宠，他们有"金门羽客"的身份，犹如翰林供奉一般，身佩玉牌，可以出入禁中。据说这个王允诚就是那个与苏轼交往过的姚安世，他之前恢复本名与蔡京结交，得以出任医官，后来犯下罪责，编管楚州。最近梁师成向他征求苏轼的书帖，并向皇帝推荐他，说

---

[1] 唐代剑：《宋代道教管理制度研究》，线装书局，2003年，第161—162页。

他懂得道术，于是他又以道士的身份回到京城，成了颇受宫廷尊崇的著名道士。他在背后经常议论林灵素，不久之后，林灵素便指使人把他毒死了。[1]

此时，听说李之仪在当涂病逝了。两年前，他得到担任宰相的进士同年何执中的援手，大赦之后得以复官提举成都玉局观。[2] 李之仪闲居多年，心有不甘，前些日子他见到秦观的儿子秦湛（字处度），感慨元祐年间交际的诸位友人先后谢世，当下仅剩下自己一人，写了一首《庄居值雨偶得十诗示秦处度》。他感慨黄庭坚、秦观、晁补之等人的不幸命运，觉得这些人都是英杰，如果得到君主的任用一定能开创太平盛世，可惜他们都被贬黜，可惜他们都已故去：

平生三四友，一一人中英。况逢不世主，唾手可太平。
参差十年间，契阔而死生。相见复何语，但有泪如倾。

进入宣和元年（1119年），听闻东北的金国已攻下辽国的东京（今辽宁辽阳）等大片地区。辽国忙于应对，赵良嗣等建议尽快联络金国夹攻辽国，以夺取燕云地区。皇帝秘密派使者从山东登州渡海，以买马为名前往金国结好，金国也派使者到汴京，秘

---

[1] 《避暑录话》云姚安世"宣和末复为道士，名元城，力诋林灵素，为所毒，呕血死"。宣和末年，林灵素已经被贬出京，无法毒死林氏，故此事更可能发生在政和末年。"元城"与"允诚"应是音近导致的记录差异。见［宋］叶梦得：《避暑录话》卷上，丛书集成初编本，中华书局，1985年，第8页。
[2] 汤华泉：《李之仪晚年四事新考》，《滁州学院学报》2008年第1期，第37页。

第四章 青州，略寂寞不忧愁

密谈判合作攻打辽国之事。宋辽自真宗时期签订澶渊之盟，约为"兄弟之国"一百一十五年，使节时常通问，故而大宋要对与金联系之事保密，唯恐触怒辽国。不过，如今辽国忙于在东北应付金国，也难以对大宋如何。

正月，皇帝在林灵素的建议下，下令将佛教人物称号改为道教神仙人物称号，佛陀改称大觉金仙，罗汉、菩萨改称仙人、大士。僧人被改称为德士，尼姑为女德，都改穿近似道士的服饰。改称寺为宫，院为观，僧录司为德上司。据说林灵素年少时是僧人的学徒，遭受过师父的打骂，故而仇视佛教。十二年前，皇帝就下令道士、女冠做法事时排在僧尼之前，十年前又下诏严禁士庶礼拜僧人。去年，皇帝下令将佛教中诋毁道儒二教的书籍尽行焚毁，故而朝野皆知皇帝压制佛教，倾心道教。近年来官府先后占据崇夏寺、乾明寺等佛寺的土地，甚至不少佛寺被改为宫观，有上万僧尼改行当道士、女冠，各处的僧人大为不满，群情激愤，要求到朝堂辩论。开封尹盛章把领头的两位僧人华严、明觉杖击打杀，之后皇帝又把为此上书的左街宝觉大师永道流放道州。僧人、佛教信徒四处散播林灵素的狂妄举动，比如说他见到太子的车驾也不提前避让。

听说，汴京兴起了一股新风尚，妇女首饰、衣服上多以"韵"字为饰，把这种衣着称为"韵缬"，卖梅子的商贩也把水果称作"韵梅"，艺人把演唱的曲子词称作"韵令"。"韵"与"郓"同音，据说这是大宦官梁师成为了帮助郓王赵楷夺取太子之位制造的谶语，可见这种风尚背后有宦官与王府在推波助澜，意在引导舆论，影响皇帝。[1]宦官如童贯、梁师成、杨戬等人都亲近郓王，意图助他夺得太子之位。刚出任宰相的王黼更是如此，他结交郓王，与之诗歌唱和，还秘密对皇帝说"臣屡令术者推东宫，命不久矣"，意思是太子寿命短，难以担负重任。[2]太子赵桓在此情况下只能处处谨言慎行，唯恐被这些人罗织什么罪责，听说他最大的乐趣是沉默地观赏游鱼，很少与身边的人说话，免得招惹是非。

从三月开始，京城连续下雨，五月城门外的洪水高达十余丈，漫延到京城城墙的外围，数十万百姓忧心忡忡。皇帝让林灵素带着一众道士做法事，许久都没有效果，众人觉得林灵素并没有什么神奇的法术，对他们这些人装神弄鬼的样子颇为鄙视。一天，林灵素在城墙上大摇大摆地行走，数千劳累的役夫聚集在一起，纷纷带着木梃要去打他，他匆匆逃走才得以幸免。此事在京城纷纷扬扬传播了多日，让他的声望大损。后来皇帝让都水使者挖开西城的索河堤、汴河的下游河堤泄洪，让洪水沿着城北的五丈河流向梁山泺，这才消解了洪水。起居郎李纲上书，把这次洪灾视为朝政有失、上天示警的"大异"和"天戒"，触怒了皇帝，皇帝为此特别下诏辩解这并非灾异，将李纲贬为监南剑州沙县（今福建沙县）税务。太子赵桓颇为同情李纲，私下赋诗"秋来一凤向

---

1 陈东揭露道："皆是师成倡为谶语，以撼国本。群贼和之，更加夸尚，以动天下之心。"《清波杂志》卷六所载与陈东所说相符："宣和间，衣着曰'韵缬'，果实曰'韵梅'，词曲曰'韵令'，乃梁师成为郓邸倡为此谶。"见［宋］周煇撰，刘永翔校注：《清波杂志校注》卷六《冷茶》，中华书局，1994年，第274页。

2 ［宋］徐梦莘撰：《三朝北盟会编》卷三十一，上海古籍出版社，2008年，第233页。

第四章 青州，略寂寞不忧愁

南飞"，觉得李纲是凤凰一样的可贵人才。

当下的朝堂上大多是取悦皇帝、宰相之辈，很少有人敢直言进谏。有个叫曹辅的秘书省正字上书进谏皇帝莫要"微行游幸"，竟然被撤职，编管郴州，去了秦观当年被贬的地方。政和年间以来，皇帝常常穿着士人服装，乘小轿子，仅带着几名宦官和近侍到汴京的街道、酒楼乃至妓院出没。有时候在外停留到第二天，就让人对百官传旨说皇帝患了疮痍，正在养病，取消朝见仪式。本来外界对此并不清楚，近来因为蔡京感激皇帝一年四次驾临自己家中，作了一篇谢表《鸣銮记》，称皇帝数年来"轻车小辇，七赐临幸"，朝野才得知皇帝经常微服出宫，驾临蔡京等人的私宅。[1] 皇帝是个兴趣广泛之人，为了体味乡野趣味，他还命人把苑囿的许多建筑装饰改成不施五彩的素色，犹如乡村的小酒馆、小旅社一般，还在园林里放养麋鹿、鹅、鸟等，禁苑中经常传来禽兽鸣叫之声。

水灾之后，汴京民众对林灵素颇有议论，皇帝大概也有所耳闻，开始疏远林灵素。御史台自然闻风而动，上奏弹劾林灵素"妄欲迁都，妖惑圣聪，改除释教，毁谤大臣"等。[2] 皇帝命林灵素立即带着衣服、被子出宫，随后让他回故乡去了。他走之后，佛寺、僧人改名等事宜也就不了了之。

---

1 ［宋］陈均编，许沛藻、金圆、顾吉辰、孙菊园点校：《皇朝编年纲目备要》卷二十八，中华书局，2006年，第730页。
2 ［清］黄以周等辑注，顾吉辰点校：《续资治通鉴长编拾补》卷四十，中华书局，2004年，第1260页。

听说，当今皇帝经常不与宰相集议就亲笔下诏，号称"内降御笔"。大观四年曾有诏，如果朝臣不遵御笔诏书以违制论。皇帝并不总是亲笔书写诏书，而是让宫廷中擅长书法之人代自己书写这类御笔，故而字迹风格时有变化。政和六年春天的御笔与皇帝之前的字迹差别较大，让臣僚有些怀疑。去年改元之后，御笔字迹又变了体式，近似宫廷令史所作的"吏体"，不像宫人的书迹。太师蔡京也有些疑虑如今的手诏是梁师成的手下书写的，上奏说："陛下号令，何可由师成使外人书？"皇帝回答说："宫人作字，旧样不佳，朕亲教之，令其书颇类男子，良可嘉。卿盖误矣。"[1] 朝臣这才知道近来皇帝自己教授宫廷女官模仿自己的字迹书写手诏。

近来青州百姓也议论纷纷。有个叫宋江的匪人在梁山泊（梁山泺）的湖沼之间聚众为乱，在青州、齐州、濮州附近的县乡出没，不时攻打官军，甚至攻陷过几座城池。这些匪徒移动迅速，每当官军集中兵力前去围剿，他们就躲到偏远的沼泽、湖泊里，官军怕吃苦，装模作样追踪一阵就作罢了。至于这些人为何起事，据说是因近来朝廷搜刮太甚，把梁山泊八百里水域收为官有，规定百姓入湖捕鱼、采藕、割蒲都要依船只大小交税，私自行动就以盗贼论处，让渔民、农民大为不满，导致许多人铤而走险。

宣和二年（1120 年），李清照四十岁了。孔夫子云"四十而不惑"，自己也应如是吧？她与家族几个女子分韵作诗，分到"知"字，情绪一时有些波动，想起自己身为女子，只能在庭院、

---

1 [宋] 岳珂：《宝真斋法书赞》卷二《徽宗皇帝诸阁支降御笔》，中华书局，1985 年，第 17 页。

第四章 青州,略寂寞不忧愁

闺房活动,无法如男子那样去科考、谋求功业,自己的诗词也难以得到传播,之前只有晁补之曾给予赞誉,他故去之后,已经许久无人谈及自己的诗词。于是她作了一首《分得知字韵》:

> 学诗三十年,缄口不求知。
> 谁遣好奇士,相逢说项斯。[1]

项斯乃是中唐时候的士人,早年科考不顺,但所作之诗得到张籍、杨敬之的赞赏。杨敬之赠诗云:"几度见君诗总好,及观标格过于诗。平生不解藏人善,到处逢人说项斯。"项斯由此在长安有了些名声,第二年得以考中进士,从此"说项"成为文坛流传的佳话。问题是,今天还有欧阳修、苏东坡、晁补之那样的"好奇"之士乐于赞美女子之诗吗?自己的闺阁女子之诗,只是自娱自乐,很难得到外界的品赏、赞誉、传抄。要是在汴京,那里的文人学士众多,或许还能找到一二知音,如今在青州,虽然也是山东的繁华地方,可是论文人学士的数量则远远比不上汴京,这里并没有什么值得一说的出色人物。

朝廷有了些变化,皇帝于二月下诏撤销大晟府等冗滥部门,这是当年蔡京设立的机构,皇帝似乎是借此表达对蔡京的政策有些不满。六月二十四日太师、鲁国公蔡京上章乞致仕,皇帝同意了,在京赐给宅邸让他继续留在京城居住。此时少宰兼中书侍郎

---

[1] [宋]李清照著,黄墨谷辑校:《重辑李清照集》卷五《分得知字韵》,中华书局,2009年,第97页。

  王黼和宦官梁师成最受皇帝宠信,实权超过太宰余深。十月皇帝擢升梁师成为太尉,他的权势犹如宰相,故有"隐相"之称。

  梁师成从前是书艺局的小吏,粗通文字,擅长书写,故而能模仿皇帝的笔迹,经常代皇帝书写所谓御笔,成为皇帝的亲信。如今发达了,为了掩饰自己的低微出身,他自称其生母乃是苏轼的侍婢,自己是苏轼的私生子,还与苏轼的儿子称兄道弟。苏轼的儿子对此也只能虚与委蛇。据说苏轼的小儿子苏过来京城谋官,与之有过来往,梁师成还特地交代自家的账房先生,苏学士用钱,一万贯以下的话,不用禀告他。[1] 他还招纳元祐党人的后人当幕僚,如范祖禹的儿子范温、秦观的儿子秦湛都在其府邸主掌文书事宜。传闻梁师成多次向皇帝哭诉"先臣何罪"。[2] 或许就是在他的努力下,这年六月皇帝追复苏轼为龙图阁待制。

  或许是受到梁师成的影响,皇帝秘密让内府以高价搜求东坡先生的墨迹,一时间高官显贵纷纷到民间购求。经过崇宁年间的销毁,留存的东坡手迹大为减少,故而价格高昂,保存完好的一纸墨迹价值上万钱。据说梁师成以三百贯购得《英州石桥铭》的苏轼手迹,谭稹以五万钱购得苏轼给沈元弼题写的"月林堂"榜名三字。京城、杭州等地文士、道士也纷纷把自己收藏的苏公手迹卖给这些人。这些手迹大都被进献到内府,成了皇帝的收藏。

---

1 [宋]黎靖德编,王星贤点校:《朱子语类》卷一百三十,中华书局,1986年,第3119页。
2 [宋]徐梦莘撰:《三朝北盟会编》卷三十二,上海古籍出版社,2008年,第242页。

第四章 青州，略寂寞不忧愁

据说皇帝身边的另一位近臣——太尉高俅也对苏家子弟多有照顾。高俅从前是东坡身边的小书童，略通文字，颇为机灵。东坡当年离京去定州时，拜托驸马都尉王诜继续雇他，后来王诜派高俅给端王奉送篦刀时，端王正在园林中蹴鞠，高俅擅长蹴鞠，陪端王游戏了一番，大受赏识，端王就把高俅留在府中做随从。后来端王登基为帝，高俅也就成了"随龙人"，不断得到提拔，乃至成了主管禁军训练、宫廷护卫的殿前都指挥使。

赵明诚对皇帝宠信并任用童贯与梁师成等宦官的举动早有注意。从前朝廷给战功突出的武将授予从二品节度使的荣誉虚衔，自太祖起就有任用宦官为武将之事，太宗任用王继恩平叛李顺之乱，神宗任用李宪掌管秦凤、熙河路经略司的边境战事，但是轻易不会让他们获得尊显的高级官职。当今皇帝于大观二年授予童贯节度使的荣衔，此人确实带过兵、立过功。可是政和四年以来，皇帝滥授官爵，先后给宦官杨戬、蓝从熙、谭稹、梁师成授予节度使荣衔，童贯更是以宦官身份而升任枢密院长官，成为最高军事长官，在本朝可谓绝无仅有。如今梁师成也位居太尉，大受皇帝宠信。许多朝臣都去走童贯、梁师成的门路，众人议论朝中官员的背景，私下指着某人说"此'立里'（指童贯的'童'上立下里）客也，此'木脚'（指梁师成的'梁'）客也"。能得到他们赏识，就能出任要职、显官，许多士人都以能走通他们的门路为荣，士人的风气，与从前大不相同。

赵明诚也是有感而发，在《金石录》书稿中有几则评论，显然是针对宦官用事的时政，如《汉费亭侯曹腾碑》条目下他就东汉大宦官曹腾之碑议论说：

> 东汉自安、顺以来，阉竖尊宠用事，往往封侯贵显，其后腾之孙操及其曾孙丕，再世数十年，凭借势力，卒移汉祚而有之。以此观之，阉竖用事之祸，可胜言哉！[1]

又在《汉州辅碑阴》条目议论说：

> 右《汉州辅碑阴》，京兆尹延笃叔坚而下，题名者凡四十余人。自东汉以后，一时名卿贤大夫，死而立碑，则门生故吏往往寓名其阴，盖欲附托以传不朽尔。今辅一宦者，而碑阴列名者数十人，虽当代显人如延叔坚亦预焉，有以见权势之盛如此。虽然，区区挂名于此者，亦可耻也夫。[2]

又在《唐杨历碑》条目下议论：

> 右《唐杨历碑》，题云"义男光禄大夫、前中书令、上柱国、越国公、太子右谕德"。颍川钟绍京撰铭并书。历，中官杨思勖父也。绍京出于胥吏，无他才能，特以夤缘附会，致位宰相，固无足道者。然屈于阉竖，至以父事之，而又著之

---

[1] ［宋］赵明诚著，刘晓东、崔燕南点校：《金石录》卷十四《汉费亭侯曹腾碑》，齐鲁书社，2009年，第118页。

[2] ［宋］赵明诚著，刘晓东、崔燕南点校：《金石录》卷十五《汉州辅碑阴》，齐鲁书社，2009年，第123页。

第四章 青州，略寂寞不忧愁

金石，略无愧耻，亦甚矣！书之可以为后来之戒，而新、旧《史》皆阙焉。故余详录之于此者，有以见小人苟可以得利无不为也。[1]

对皇帝让宦官和官员四处搜刮花木、赏石等安置在琼林苑等禁苑的行为，赵明诚也在《唐义兴县重修茶舍记》条目进行影射：

右《唐义兴县重修茶舍记》，云："义兴贡茶非旧也，前此，故御史大夫李栖筠实典是邦，山僧有献佳茗者，会客尝之，野人陆羽以为芬香甘辣，冠于他境，可荐于上，栖筠从之，始进万两，此其滥觞也。厥后因之，征献浸广，遂为任土之贡，与常赋之邦侔矣。每岁选匠征夫至二千余人云。"余尝谓后世士大夫区区以口腹玩好之献为爱君，此与宦官、宫妾之见无异，而其贻患百姓有不可胜言者。如贡茶，至末事也，而调发之扰如此，况其甚者乎！羽盖不足道。呜呼，孰谓栖筠之贤而为此乎！书之可为后来之戒，且以见唐世义兴贡茶自羽与栖筠始也。[2]

李清照与丈夫经常议论政事，她的观点也对丈夫的这些文字

---

[1] [宋]赵明诚著，刘晓东、崔燕南点校：《金石录》卷二十六《唐杨历碑》，齐鲁书社，2009年，第218页。
[2] [宋]赵明诚著，刘晓东、崔燕南点校：《金石录》卷二十九《唐义兴县重修茶舍记》，齐鲁书社，2009年，第240页。

有些影响。可叹的是,经过绍圣、崇宁年间对进言之人的反复打击,如今朝野敢于直言的士人寥若晨星。在朝的官员大都因循,在野的也只是冷眼旁观,没有什么人敢上书进谏皇帝。赵明诚只能以如此隐晦的文字表达自己对朝政的担忧,不敢在士人聚会的场合公然议论。

他们夫妻都有些期待,以后这部大书如果能够雕版印刷,得到传抄,也不知外人会如何评价。它是否能够超越欧阳公的那部《集古录》?后人能理解这部书暗藏的那些幽思吗?

皇帝赶走林灵素之后,调整了之前出台的压制佛教的政策,六月宣布恢复寺院的原有名称,八月又宣布之前改佛教之名乃是出于"奸人"蒙蔽,宣布僧尼恢复从前的叫法。皇帝似乎也发现一些宦官举动过分、气焰嚣张,便秘密把与童贯亲近的宦官冯浩、王尧臣处死,又把梁师成手下的杨十承宣、小李使处死,不过并没有怪罪童贯、梁师成。听说杨戬、童贯、贾祥、梁师成、谭稹、梁方平、李彦等恐惧之余,更加着意蛊惑皇帝沉迷宴饮、游览、文艺、修道等等。[1]

冬末东南大乱,因皇帝的宠臣朱勔搜求花石,百姓怨声载道。睦州青溪(今浙江建德)方腊起事,以诛杀朱勔等名义发动百姓。旬日间,他的队伍就发展到十万人。方腊自称圣公,改元"永乐",攻占睦、歙、衢三州,一路横扫新城、桐庐、富阳各县。杭州郡守弃城逃走,叛军占领杭州以及附近的五个州,附近不少地

---

1 [清]黄以周等辑注,顾吉辰点校:《续资治通鉴长编拾补》卷四十一,中华书局,2004年,第1275—1276页。

第四章 青州，略寂寞不忧愁

方都有人率众响应，东南震动。那个善写词的周邦彦担任提举南京鸿庆宫的闲职，实际在睦州居住，因这起变乱，被迫搬到杭州避难，之后又北上到扬州、南京鸿庆宫，不久后便故去了。

宣和三年（1121年），皇帝与宰执等于上元节一起观灯、饮宴。尚书左丞范致虚进呈一阕《满庭芳》，当然是大词连篇，称颂天子：

> 紫禁寒轻，瑶津冰泮，丽月光射千门。万年枝上，甘露惹祥氛。北阙华灯预赏，嬉游盛、丝管纷纷。东风峭，雪残梅瘦，烟锁凤城春。
>
> 风光何处好？彩山万仞，宝炬凌云。尽欢陪舜乐，喜赞尧仁。天子千秋万岁，征招宴、宰府师臣。君恩重，年年此夜，长祝奉嘉辰。[1]

皇帝也作了一首和词《满庭芳》赐给他，不外乎铺陈天下清平、与民同乐的景象：

> 寰宇清夷，元宵游豫，为开临御端门。暖风摇曳，香气霭轻氛。十万钩陈灿烂，钧台外、罗绮缤纷。欢声里，烛龙衔耀，黼藻太平春。
>
> 灵鳌擎彩岫，冰轮远驾，初上祥云。照万宇嬉游，一视同仁。更起维垣大第，通宵燕，调燮良臣。从兹庆，都俞赓

---

[1] 唐圭璋编著：《宋词纪事》，中华书局，2008年，第141页。

载，千岁乐昌辰。[1]

春日赵明诚经常与友人外出游览，李清照也与亲友出门踏青了几次，写了些新诗、新词。她作诗、作词的心态都要强，要别出新意，敢于像东坡居士那样压险韵，表现才思、学问。春寒料峭时，她作了首《念奴娇》，并无寻常词作感叹春愁的孤寂气息，而是大胆陈述自己作词、饮酒之后仍然心志昂扬之感。言下之意，要写更多的新词，比那些所谓的学士写得更出色：

> 萧条庭院，又斜风细雨，重门须闭。宠柳娇花寒食近，种种恼人天气。险韵诗成，扶头酒醒，别是闲滋味。征鸿过尽，万千心事难寄。
> 楼上几日春寒，帘垂四面，玉阑干慵倚。被冷香消新梦觉，不许愁人不起。清露晨流，新桐初引，多少游春意。日高烟敛，更看今日晴未。[2]

四月二十五日至二十六日，赵明诚与友人卢彦承、堂兄赵守诚、堂弟赵克诚、姨表兄谢克明一起去游览仰天山，还在山上留下题刻。[3] 赵明诚也与谢克明的长兄谢克家交好，他们兄弟的父亲谢良弼与赵挺之、高昌庾为连襟，谢克家又娶了高昌庾之女高氏为妻，亲上加亲。高氏不幸早逝，谢克家又续娶成州知州晁说之

---

[1] 唐圭璋编：《词话丛编》，中华书局，2005年，第20页。
[2] ［宋］李清照著，陈祖美注：《漱玉词注》，齐鲁书社，2009年，第23—24页。
[3] 王仁海：《赵明诚山东题刻考略》，《中国书法》2019年第7期，第199—203页。

第四章 青州，略寂寞不忧愁

的女儿为妻。

因为东南大乱，皇帝派遣童贯、谭稹为宣抚制置使，率禁军和秦、晋两地的蕃汉兵共十五万前往东南镇压方腊的起义军，并命童贯发布诏书宣布废除搜集花石纲的应奉局，以此安抚民心。四月官军捉住了方腊，平定了这次变乱。传闻那个曾在青州活动的叛匪宋江带着人马南下攻取淮阳军，又从沭阳乘船前去海州。海州知州张叔夜提前得知消息，招募死士千余人设伏，抓住了宋江，这下青州的官员也可以松口气了。

这两件乱子平定后，皇帝又恢复了苏杭应奉局，继续搜求花木、赏石，让人有些错愕。前几年，皇帝命人在宫城之东北修建道观上清宝箓宫，与延福宫之东门相对，又听信道士之言，在上清宝箓宫之东修筑有山有水的大园林，号曰"万岁山"，堆造数座山，开凿河、湖、沼、溪、涧、潭等。皇帝认为帝王、神灵皆非形胜不居，要取天下瑰奇特异之灵石，移南方艳美珍奇之花木修造这座大园林。皇帝派出的宦官在杭州、苏州等地搜求奇花异石。这些运送花石的船只，每十船编为一纲，从江南沿着运河北上，再从淮水、汴水西送汴京，舳舻相接，络绎不绝，沿途都要动员民夫运送、拉船，百姓负担繁重，民间对此多有怨言，可也没见有什么谏官劝阻皇帝。

这年朝廷又恢复了科举旧制。听说那个叫曹组的词人得到梁师成的举荐，参加"特奏名"考试，获得同进士出身。皇帝知道他的名字，给予优待。在玉华阁召见他时，皇帝看着他，问："汝是曹组耶？"他以《回波词》回答："只臣便是曹组，会道闲言长语。写字不及杨球,爱钱过于张补。"杨球、张补乃是当时的宫廷供奉,确实有这些特点。皇帝听了大笑,赐书"曹组文章之士",任命他为武官序列的阁门宣赞舍人。[1] 他经常应召入宫为宫廷宴饮写作曲子词。同时还有一位张袭臣也擅长把市井滑稽之事、俚俗语言写入词中,亦供奉禁中,外号"曲子张观察"。

如今京城富贵人家的女子穿戴极为讲究,头上戴金、翠首饰,一袜一领价值上千钱,还开始流行缠小脚。一些士大夫家中的女子四五岁便被缠足,等到十几岁了就穿"花靴""弓履",还出现了专门的缠足鞋——"错到底"[2]。这是从宫廷中传播到外界的风尚,从前主要是青楼女子模仿,不料如今士人也开始如此。

听闻如今京城勾栏瓦舍中,李师师、崔念月、徐婆惜、封宜奴、孙三四等数人以小唱出名,张七七、王京奴、左小四、安娘、毛团等以嘌唱出名,都是配合音乐演唱长短不一、风格各异的曲子词。她们唱诵的,大多是表达男女愁思之类的作品,不过如果是在官员的酒宴上,也会演唱歌功颂德之词。比如万俟咏作的《雪明鳷鹊夜慢》这类颂词:

> 望五云多处春深,开阆苑、别就蓬岛。正梅雪韵清,桂月光皎。凤帐龙帘䔲嫩风,御座深、翠金间绕。半天中,香泛千花,灯挂百宝。

---

1 关于其生平、任官背景参见傅璇琮总主编,王兆鹏主编:《宋才子传笺证(词人卷)》,辽海出版社,2011年,第282—283页。
2 [宋]陆游撰,李剑雄、刘德权点校:《老学庵笔记》卷三,中华书局,1979年,第40页。

第四章 青州，略寂寞不忧愁

圣时观风重腊，有箫鼓沸空，锦绣匝道。竞呼卢、气贯调欢笑。暗里金钱掷下，来侍燕、歌太平睿藻。愿年年此际，迎春不老。[1]

这首词写的是皇帝"预赏"灯会之事。当今皇帝是个好热闹的人，开封府等处便于十二月十五日在汴京东北的景龙门内外挂满各式灯笼。皇帝带着后妃、近臣亲临景龙门城楼上赏灯，还从城楼上投掷金钱，任下面围观的百姓欢呼着捡拾，以此为乐。

万俟咏也写过代言体的词作，如叠词用得巧妙的《长相思》：

一声声，一更更。窗外芭蕉窗里灯，此时无限情。
梦难成，恨难平。不道愁人不喜听，空阶滴到明。[2]

词人写了那么多幽怨、别离，歌女唱了一遍又一遍。大概是因为官员、商人们经常迁移各处，迎来送往，众人在这样的场合，真真假假总要表达些感伤之意，要喝点酒，要说些动情的话。而女子呢？那些歌女吟唱词作，就代表她们注定要伤心，注定要缠绵地思念情人吗？其实，大多数时候仅是逢场作戏罢了，虚虚实实，谁又能说得清。

让李清照有些不耐烦的是，丈夫把收藏的拓片、书册保存在专门设置的归来堂书库中。大橱以甲、乙、丙、丁标记，每个大橱

---
1 唐圭璋编：《全宋词》，中华书局，1965年，第807—808页。
2 唐圭璋编：《全宋词》，中华书局，1965年，第811页。

中按照顺序放置书册，还安排专人负责管理。如果家人、亲友要阅读、校订什么书册，需要经赵明诚同意，仆从才能用钥匙打开柜门，登记借阅的书册，然后取得相关卷帙。如果谁借阅后在上面造成污损，就必须负责涂改修补。丈夫如此在乎他的这些藏品，让人想起苏公在《宝绘堂记》中说的话："君子可以寓意于物，而不可以留意于物。寓意于物，虽微物足以为乐，虽尤物不足以为病。留意于物，虽微物足以为病，虽尤物不足以为乐。"太在乎这些器物、拓片，就成了累心的病症，人啊，总归有些占有欲。

  李清照和丈夫开玩笑，说从前赏玩拓片、书册比较随意，如今这样管理，可谓繁文缛节，有点不大自在。李清照觉得每次要读什么书都要去登记，太麻烦。于是她节衣缩食，在市场上购买了一些书籍，放在案头、床头，这样自己想读什么都可以随手翻阅，不必劳烦归来堂的那把钥匙。[1]

---

1 参见［美］宇文所安著，郑学勤译：《追忆》，生活·读书·新知三联书店，2014年，第106—107页。

第五章　莱州，夫好古妇作词

宣和三年夏天，终于有人想起了赵明诚，他奉命上京去拜见皇帝。丈夫在家闲居十四年，也憋得难受，得知消息立即让人收拾行李，带着几个仆从骑马西行。不几日，丈夫获授莱州知州，那是青州之东三百多里处的一个州，已经靠近海边了。

从汴京去莱州要途经青州，赵明诚回到家中时，恰好李清照身体有点不舒服，要休养一阵。他着急去上任，没有多逗留，急匆匆带着几个仆从离开了，整个大院中就剩下她和几个奴婢。

做夫妻久了，柔情蜜意淡了许多。李清照对他这么快就离开有些感触，难免觉得空落落的。莱州距离青州不算远，送信的话两三天就能到。或许正是因为离家近，丈夫觉得没有频繁通信的必要，很少来信，有重要的事情就让仆从去传口信。

李清照心里有些埋怨，就算近，也可以多来信问候几句，有情趣的话，也可以写点诗，作点词。想起许多表达愁思的词作，她写了一首《蝶恋花》寄给在莱州的丈夫，希望他多给自己寄信：

　　泪湿罗衣脂粉满，四叠阳关，唱到千千遍。人道山长山又断，潇潇微雨闻孤馆。

> 惜别伤离方寸乱，忘了临行，酒盏深和浅。好把音书凭过雁，东莱不似蓬莱远。[1]

丈夫并非那种心思细腻入微之人，怕是做不到经常来信。成为一州的长官，要处理公务，还要与官吏、士人往来，经常参加酒宴。许多人都围着他，讨好他，他怕是忙得都没有空闲写信吧。夏末秋初，她独自在家，作了首感叹落花、表达相思的词《一剪梅》：

> 红藕香残玉簟秋，轻解罗裳，独上兰舟。云中谁寄锦书来，雁字回时月满楼。
> 花自飘零水自流，一种相思，两处闲愁。此情无计可消除，才下眉头，却上心头。

他们夫妻相伴多年，就算偶有一些抱怨，也淡淡的，不会如年轻人那般作态，要闹得众人皆知。等八月初病好了之后，她叫仆从收拾细软，去莱州。

八月十日，她到了莱州官署。莱州治所在掖县，辖掖、莱阳、胶水、即墨四县。掖县北郊就是浩渺的大海，东北海边有著名的

---

[1] 这词通常被理解为是李清照寄给在莱州的丈夫的，实际上也完全可以设想，这是李清照到了莱州后，寄给一位在青州或章丘的亲友的，此处姑从旧说。引文见［宋］李清照著，黄墨谷辑校：《重辑李清照集》卷二《蝶恋花》，中华书局，2009年，第18页。

第五章　莱州，夫好古妇作词

三山岛。传说秦皇汉武曾去那里祭祀，祈求不死神药，这难免让她想到当今的皇帝。他尊崇那些道士，是真的痴迷道术，想要长生不老吗？还是在故意为之，仅仅是利用道士的说辞、仪式等来神化皇权，让自己显得神秘而伟大，就如本朝的真宗皇帝自称得到"天书"那般？

此处的街市明显不如青州繁华，知州官署中也空落落的，丈夫在外有应酬，带着一众仆从出去了。官署后院中她独处一室，见桌上有丁度编纂的《礼部韵略》，乃是文人作诗用韵的参考书籍，大概是丈夫写应酬诗时拿来参考的。他的记忆力不如自己好，得靠这些书册辅助。她随手翻开一页，见是"子"字，以此为韵脚作了一首《感怀》：

> 宣和辛丑八月十日到莱。独坐一室，平生所见，皆不在目前。几上有《礼韵》，因信手开之，约以所开为韵作诗。偶得"子"字，因以为韵，作感怀诗。
> 寒窗败几无书史，公路生平竟至此。
> 青州从事孔方兄，终日纷纷喜生事。
> 作诗谢绝聊闭门，虚室生香有佳思。
> 静中吾乃见真吾，乌有先生子虚子。[1]

---

[1] 本书下引诗句依照《癸巳类稿》本，参见［宋］李清照著，黄墨谷辑校：《重辑李清照集》卷五《感怀》，中华书局，2009年，第85页。

以"青州从事"代指美酒是出自《世说新语》的典故，唐末仅皮日休、韦庄用之于诗，本朝则由苏轼、黄庭坚两公首先用在诗中。"孔方兄"则是苏、黄两公首先在诗中采用的典故，苏公有一句诗"不识孔方兄，但有灵照女"（《虔州吕倚承事，年八十三，读书作诗不已，好收古今帖，贫甚，至食不足》），同时提到孔方兄和庞灵照。这位叫庞灵照的女子是个传奇人物，据说她是中唐时晓彻佛法的禅门居士庞蕴之女，也懂佛法，善机锋。庞蕴感觉自己即将入灭之际，让女儿到门外看看日头的早晚，到了正午就回来告诉自己，打算正午离世。庞灵照出门后很快就回来说"已到了正午，而且有日食呢，你不妨看一看"，庞蕴闻言起身去看，而庞灵照抢步坐上父亲原先坐的坐榻，安然逝世。首先把庞灵照写入诗歌的是仁宗朝的名士胡宿，然后就是苏公了。

对李清照来说，苏公的诗词就如同索引，吸引她去读更多的书册，了解各种典故、词语。她记得苏公所作《章质夫送酒六壶，书至而酒不达，戏作小诗问之》中有"岂意青州六从事，化为乌有一先生"一句，首次把"青州从事"和司马相如《子虚赋》中的"乌有先生"两则典故用在一诗之内，于是她化用此句而别出心裁。苏公用"青州六从事"指代章质夫送的六壶美酒，而她的丈夫如今恰是知州，每天早晚要坐衙办理公务，处理与"孔方兄"（金钱）有关的事情。

丈夫外出应酬，剩下她一人在后院书斋闲坐，此地似乎也没有什么出色的闺阁人物，以后自己恐怕只能经常在后院独自阅读、写作、静思。她让婢女焚香，独自静坐，平静地回想过往的经历，

第五章 莱州，夫好古妇作词

审视当下的处境，好似与某个虚拟的"乌有先生"——许是故去的苏公？——对话。其实，她是与想象中的另一个自我对话，在反复的审视、对谈中思考何为真我，自己在这世界上如此生活、如此写作有何意义。

每次丈夫在官署举办宴会，按惯例都要招官妓来唱长短句助兴，演唱的不外柳七、苏、黄等人的词作，李清照在后堂也能听见。她觉得这些歌妓演唱的曲子词有些陈旧，叫人把自己作的几首词的抄本交给歌妓，让她们演练熟了，以后在知州举办的酒宴上演唱，也别有情趣。只是，她乃知州夫人，不好让别人知道歌妓所唱的词出自己之手，故并未大肆宣扬此事。

赵明诚把官署一处书房命名为"静治堂"，把仆从押送来的金石拓片安置在其中，一一以芸签、缥带装裱，每十卷装裱为一帙。他白天处理公务，晚上下属离开官署，如果没有酒宴的话，他就回到后堂，在灯下校勘两卷，题跋一卷。如此慢慢积累，继续调整《金石录》中的条目，把一些删掉，把一些补上，或者根据新材料修改原来的一些观点。

州内的士人、商人得知赵知州有此爱好，好事之徒当然纷纷投其所好，把所知的碑刻地点告知赵明诚，或者直接派人拓印好了送来拓本。赵明诚会细细打听碑刻所在的情况，以便记载，对重要的碑刻，都会亲自前去考察。

一日，赵明诚听说南郊的山间有北魏时期的碑刻。北魏大臣郑羲曾在莱州一带任刺史。后其幼子郑道昭又于宣武帝永平三年（510年）出任光州刺史，延昌二年（513年）调任青州刺史。郑道昭在南山刻石记载父子二人来此的行迹，在光州辖内的云峰山、大基山、天柱山和青州辖内的玲珑山上主持刊造刻石多处。之后郑道昭三子郑述祖又曾任北齐的光州刺史，也在此地主持刊造刻石数处。

赵明诚特地带着僚属、拓印工匠前去寻访郑氏父子留下的刻石，得到《后魏郑羲碑》（此为"下碑"，全称《魏故中书令秘书监使持督兖州诸军事安东将军兖州刺史南阳文公郑君之碑》）拓本。回来后，他就题跋如下："《魏史·列传》与此碑皆云：羲，荥阳开封人，碑又云：归葬于荥阳石门东南十三里三皇山之阳，而碑乃在今莱州南山上，摩崖刻之。盖道昭尝为光州刺史，即今莱州也，故刻其父碑于兹山。余守是州，尝与僚属登山，徘徊碑下久之。"

听说还有"上碑"（全称《魏故中书令秘书监郑文公之碑》）在天柱山，他派人前去寻访获得。他在拓本后题跋："初，余为莱州，得羲碑于州之南山，其末有云：'上碑在直南二十里天柱山之阳，此下碑也。'因遣人访求，在胶水县界中，遂模得之。"[1] 经过努力，他还陆续收集到天柱山上的《东堪石室铭》，云峰山的《登云峰山诗》（《论经书诗》）、《哀子诗》、《天柱山铭》、《云峰山题记》（《重登云峰山记》）等刻石。

郑道昭博学能文，晚年因为失去皇帝信任，被外放地方，心情郁闷，颇为倾心修道。他所作《观海童诗》就充满对道家仙界的想象，亦让李清照有所思考。本朝第一名士苏轼晚年也痴迷修

---

1 ［宋］赵明诚著，刘晓东、崔燕南点校：《金石录》卷二十一《后魏郑羲上碑》，齐鲁书社，2009年，第174页。

第五章　莱州，夫好古妇作词

道，写过《安期生》一类诗歌。李清照阅读郑道昭、苏轼的相关诗文，日有所思，夜有所梦，也恍然梦见游仙的场景，就此写了一首《晓梦》：

> 晓梦随疏钟，飘然蹑云霞。因缘安期生，邂逅萼绿华。
> 秋风正无赖，吹尽玉井花。共看藕如船，同食枣如瓜。
> 翩翩座上客，意妙语亦佳。嘲辞斗诡辩，活火分新茶。
> 虽非助帝功，其乐莫可涯。人生能如此，何必归故家。
> 起来敛衣坐，掩耳厌喧哗。心知不可见，念念犹咨嗟。

　　她提及的安期生、女仙萼绿华，是苏轼、黄庭坚的诗中经常出现的角色，如苏轼《次韵致政张朝奉仍招晚饮》有"曾经丹化米，亲授枣如瓜""至今许玉斧，犹事萼绿华"等句子。李清照熟读苏、黄的诗文，对这类词句能灵活化用。她是个理智的女子，知道神仙之事大多虚无缥缈，不可信，不可学，可是想到古今文人学士对神仙境界的描摹，还是"心知不可见，念念犹咨嗟"。现实的生活太琐碎无聊，身为女性受的局限太多，所以她才想象超越现实的另一个世界，在那里"翩翩座上客，意妙语亦佳"，自己这样的女子也可以与那些"神仙中人"交谈，释放自己的才情。

　　宣和四年（1122年），金兵南下攻占了辽国的西京（今山西大同）。辽国在强敌的威胁下内部分裂，出现两帝并立的局面。在燕京析津府（今北京）的耶律淳称帝建国（后世称"北辽"），改元"建福"，并派遣使节到汴京，表示愿意免去以前宋每年要缴纳的岁币，甚至透露出上表称臣之意，但都被宋拒绝了。

宋见辽如此，便与金约定南北夹攻辽，金负责攻取辽中京大定府（今内蒙古赤峰），宋负责攻取辽燕京析津府，取得辽所占的燕云地区，每年向金缴纳一笔钱物。五月，皇帝派童贯、种师道、辛兴宗领兵十五万，分两道北进。结果进入河北地区的两路宋军都被辽军击败，只能退守雄州。有人议论，童贯、高俅握兵以来，任用的将领都是曲意奉承之辈，士卒也风气骄惰，缺乏训练，当然无法与辽军相比。恰好此时耶律淳病死，其妻萧普贤女为皇太后，临朝听政，辽涿州留守郭药师率所部八千人献涿、易二州降宋，与宋军相约会师合攻燕京。秋末童贯遣刘延庆率军十万进攻燕京，又一次被辽军击败。退回雄州的路上，宋军士兵相互踩踏，折损不少，朝廷自然要遮掩败绩，可不少人都知晓内情，朝野议论纷纷，觉得官军实在无能。而金军却势如破竹，十二月兵临燕京城，辽萧太后仓皇出逃。至此辽五京都落入金之手，国家已然分崩离析。

年底，皇帝让已致仕的蔡京回朝，继续领三省事。此时的蔡京已经七十六岁，眼光昏昏，几乎无法阅读公文，需要依靠儿子蔡絛辅助才能处理政务。此时蔡京的儿子蔡攸、蔡翛、蔡絛皆身居高位。另一子蔡鞗娶了茂德帝姬，皇帝七次驾临他家，赏赐不计其数。其中蔡攸最受宠，历任开府仪同三司、镇海军节度使、少保、少傅，皇帝经常召见他，让他与王黼参加宫中的宴会、游戏。他经常在宫廷的宴会中穿短衣窄裤，涂抹青红颜料，夹杂在歌舞艺人、侏儒中说些市井流行的戏谑浮浪之语，博皇帝一笑。

第五章 莱州，夫好古妇作词

他的妻子宋氏可出入后宫，儿子蔡行任殿中监。见皇帝痴迷道教，他就经常以"珠星璧月""跨凤乘龙""天书云篆"之类的事情取悦皇帝。

皇帝依旧痴迷修道，把建昌军南丰（今江西南丰）道士王文卿迎请到京城，封为"冲虚妙道先生"。皇帝还把京城另一著名道士李德柔（得柔）提升为侍晨，此人早年与苏轼等人有来往，曾给苏轼画过像，近年又与蔡京等有往来。皇帝听说他住在一座简朴的道观中，立即赐钱五百万给他修建新的道观、房舍。李德柔也是个妙人，他取《庄子》中"鼠壤有余蔬"的意思，把其中一轩命名为"鼠壤"，请皇帝御书金字作为榜额，皇帝也照办了。这个名字，难免让一些人想起"投鼠忌器"的典故。

花了五年工夫和无数钱财，在汴京宫城东北隅修建的皇家园林万岁山终于修好了。因其地处京师东北部，属于八卦中的艮位，皇帝把这处园林命名为"艮岳"。其主体是人工堆成的万岁山、寿山、万松岭。位于东北方的万岁山最高，山顶上有一座小亭子叫"介亭"，由那里可以俯瞰全园。万岁山之南是寿山，有一条瀑布从寿山落下，万岁山和寿山之间有一片水池"雁池"，雁池北岸修建了萼绿华堂、绛霄楼、书馆、八仙馆等楼堂馆所。万岁山的西面是万松岭，上面栽种了许多象征长寿、成仙的松树。万松岭以南有一片大湖"大方沼"，大方沼的西面连接着另一片水池"凤池"。皇帝给此园正门"阳华门"内安置的最高大的太湖石起名"昭功敷庆神运石"，封爵"盘固侯"。皇帝还亲自写了《御制艮岳记》，赞美此园集合天台、雁荡、凤凰、庐阜之奇伟，二川、三峡、云梦之旷荡，"并包罗列""兼其绝胜"。[1]又命擅长辞赋的李质、曹组分别作赋以及《艮岳百咏》。皇帝欣赏一位叫邢俊臣的滑稽文士，他善作《临江仙》，末了必用唐律两句凑趣，以博人一笑。皇帝命他作《临江仙》，并以"高"字为韵，称颂"昭功敷庆神运石"，他很快就写出一首，末句云："巍峨万丈与天高。物轻人意重，千里送鹅毛。"

除夕，赵明诚与一众官员酒散之后，晚上在大堂又拿出欧阳公的《集古录跋尾》四则细细欣赏，在上面题跋："壬寅岁除日，于东莱郡宴堂重观旧题，不觉怅然，时年四十有三矣。"得到这件藏品十六年来，他已四次题跋，也是因为对欧阳公写的几句话心有戚戚焉。

欧阳公曾就《汉杨君碑》评论说："是故余尝以谓君子之垂乎不朽者，顾其道如何尔，不托于事物而传也。颜子穷卧陋巷，亦何施于事物耶，而名光后世。物莫坚于金石，盖有时而弊也。治平元年（1064年）闰五月廿八日书。"在京城的皇帝近来的种种作为，还算是"有道之人"吗？人的名声，依赖文字还是德行流传？细想起来，可叹可叹。

欧阳公还曾就《平泉山居草木记》评论说："余尝读鬼谷子书，见其驰说诸侯之国。常视其人贤愚材性、刚柔缓急，而因其好恶喜惧忧乐而捭阖之，阳开阴闭，变化无穷，顾天下诸侯，无不在其术中者。惟不见其所好者，不可得而说也。以此知君子宜

---

[1] 曾枣庄、刘琳主编：《全宋文》第166册《艮岳记》，上海辞书出版社、安徽教育出版社，2006年，第386页。

第五章 莱州，夫好古妇作词

慎其所好，泊然无欲，而祸福不能动，利害不能诱，此鬼谷之术所不能为者也，是圣贤之所难也。"如今的京城，又有多少官员、士人可以做到"泊然无欲，而祸福不能动，利害不能诱"？

如今许多官员都竭力巴结蔡京父子、王黼、梁师成等，想升官发财，赵明诚有自知之明，觉得自己去京城当官的话有些拙于应对，乐得在地方当个知州，可以自由些。在如今的环境下，他这样的官员，大概只能以知州这样的中级官员的身份终老，无望立下什么可供史书称述的大功大德。他只是中人之资，并没有让外人惊艳的才情，也没有在官场钻营的兴趣，估计只能以自己的著述《金石录》传世。

李清照早就明白丈夫的才能优劣，早已接受了这样的局面。想想苏公、黄公那样不世出的天才，晚年也是千般无奈，自己的父亲和晁补之那样的才士，也是那样的境遇，丈夫要是能平平安安致仕，有一两部可资后人借鉴的著作，也足够了，没有什么可抱怨的。

宣和五年（1123年）夏，听说金把燕地的金帛、豪族、工匠、民户席卷掳掠一空，把所占的燕京等六州之地移交给宋，条件是宋除了每年向金移交原来给辽的岁币，还要加付一百万贯钱为代税钱，随同岁币交付。等到四月，童贯、蔡攸才得以进入燕京，设立燕山路管理这一地区。

夺回燕云之地是太宗、神宗等列祖列宗念念不忘的大事业。如今朝廷靠花钱收回燕山路各州，也算是小有所成，自然要夸耀一番，朝中众臣纷纷上书称颂皇帝的功德，皇帝表彰诸臣的"恢复之功"，升王黼为太傅，总治三省事，封太师童贯为徐、豫两国公，升蔡攸为少师，封英国公，升赵良嗣为延康殿学士。实际上，皇帝对童贯如何取得燕京心知肚明，表彰他仅仅是演戏给朝野看，心中对他颇为不满。回朝后不久，皇帝就命童贯致仕，而蔡攸依旧受到皇帝重视，让他接替病故的郑居中兼管枢密院除知枢密院事，加太保、燕国公。皇帝赏赐了他一座大宅，位置在蔡京的宅邸对面，还修建了复道、人工小河连通宫廷。皇帝经常驾临他家，与他饮宴，他也经常邀请内侍游宴，得宠的程度超过了他的父亲蔡京。

八月中旬，在东平闲居的士人刘绎如正在编写一部叫《金石苑》的著作，也在收藏圈有了些名声。他与赵明诚通信，得知赵明诚没有《唐富平尉颜乔卿碣》拓本，就把自己手中的一件送给赵明诚。赵明诚给这件拓片重易装裱，题跋云："右《唐颜乔卿碣》，在长安，世颇罕传，或云其石今亡矣。有朝士刘绎如者，汶阳人，家藏汉唐石刻四百卷，以余集录阙此碣也，辍（辄）以见赠。宣和癸卯中秋，在东莱重易装裱，因为识之。"[1]

临淄县的农民在齐国故城耕地时发现古器物数十种，其中有十枚青铜钟，上面有文字款识，最多的一枚钟上有近五百字。赵明诚听说后，急忙派人前去摹拓，他认为"今世所见钟鼎铭文之多，未有逾此者"[2]。

---

[1] ［宋］赵明诚著，刘晓东、崔燕南点校：《金石录》卷二十八，齐鲁书社，2009年，第232页。
[2] ［宋］赵明诚著，刘晓东、崔燕南点校：《金石录》卷十三，齐鲁书社，2009年，第108页。

第五章　莱州，夫好古妇作词

皇帝近来赞赏太学博士陈与义所写《墨梅》诗，召见此人之后有相见恨晚之叹，提拔他当了著作佐郎。皇帝也是爱好文辞之人，这些年先后任用了一些擅长文辞者，如王安中、吴居厚、叶梦得等。对苏、黄等的著作自崇宁五年后也不再过问。据说皇帝还曾把苏过召入宫中绘制枯木怪石的壁画。苏过在京城，与梁师成及其门下的词人曹组等都有往来。

秋天中书省上奏，发现福建有书坊印制苏轼、司马光的文集，皇帝诏令销毁雕版，文士不得传播、学习元祐党人的学术，否则以违制论处。不料，有人检举蔡京的儿子蔡絛撰著的《西清诗话》引用了苏轼、黄庭坚的观点，这部书在外界有所流传，皇帝下令免去蔡絛的官职。有人猜测，他的失势或是王黼指使党羽攻击所致。

到了宣和六年（1124年），好古之人都议论皇帝又编了部大书。当年皇帝命礼制局主持考订古器、新造礼器，同时参考《考古图》的编撰体例，大观年间初步编成一部《博古图录》，之后又不断考订、重修，到这年编成《宣和重修博古图录》三十卷，著录商至唐的二十类、五十七种器物，总计八百三十九件。编撰体例上，各类有总说，诸器图像注明比例（"依元样制"或"减小样制"），又记大小、容量、重量、铭识和考说，间或据实物订正《三礼图》之误。参与其事者有王黼、刘昺等权贵幸臣，董逌、黄伯思等馆阁学士，以及翟汝文等议礼局礼官。

这是集朝廷之力撰述的作品。据说皇帝收藏的古器多达两万余件，这是以帝王之力才能达成的数量。而赵明诚和李清照，如欧阳公那样，是以士大夫的一己之力编纂著作。数年来，他们每获得新的拓片、书籍抄本，就共同校勘文字的异同。李清照记性超人，每次吃完中饭、晚饭，夫妻两人坐在堂中烹茶，谈及最近得到什么金石的拓片，哪一部书有相关的资料，她常常能率先指着案头堆积的印刷书册或者抄本，说某事在某卷的第几页、第几行，如果自己说中了，就可以先饮茶。李清照经常能获胜，她常常举起茶杯笑话丈夫的记性，有时候把茶水洒在衣服上，丈夫反倒会来笑话她。

家里的几案、座席等到处都有书册和拓片。丈夫把俸禄大多花费在收集拓片上，力求寻到每件碑刻最为完整的拓片，用最优良的纸张装裱。每次得到书、画、彝、鼎，两人都仔细观察、赏玩，辨识上面的文字，寻觅上下内外的瑕疵等，等到一根蜡烛灭了，才上床休息。她也是"食去重肉，衣去重采，首无明珠翡翠之饰，室无涂金刺绣之具"[1]，每次外出遇到书册，见文字没有什么残缺，错讹较少的，她都会买回来，充当副本收藏。由于父亲重视《周易》《左传》，她也从小熟读这两部书，搜罗了不同抄本、印本，经常罗列在几案上阅读、校订。

他们把收藏的拓片整理、装裱为二千卷，不仅比皇家编辑的《宣和重修博古图录》收录的器物更多，也比欧阳公的《集古录》多出一倍。丈夫给其中的五百零二卷写了题跋。且多年积累下来，他们的收藏在士大夫中颇有名声，其中还收录了海东日本国传来

---

[1] ［宋］李清照著，黄墨谷辑校：《重辑李清照集》卷六《金石录后序》，中华书局，2009年，第125页。

第五章 莱州,夫好古妇作词

的一件官诰《日本国诰》的拓本。元祐三年(1088年),陕西转运使游师雄把它刊刻在长安转运使官署中,此后就有了一些拓本。只是缺乏其他参考文献,难以确定上面所书"康保五年"[1]对应的大宋纪年。

---

[1] "康保"乃日本第六十二代天皇村上天皇于平安时代中期使用过的年号。其逝世于康保四年(967年)十月,次年为冷泉天皇安和元年(968年),因此赵明诚所收"康保五年"的拓片颇为奇怪,或是日本官员一时不察年号改变,错写成"康保五年"。

第六章 淄州，天下乱且南奔

宣和六年春，丈夫任满，调任淄州知州。那里西邻济南府章丘县，东邻青州，到任一处都可于一日内走个来回。以后无论是赵明诚还是李清照，与家里亲戚的联系都更方便了，想来也是他的两位哥哥在朝中有些关系，才能得到这样的官职。赵明诚让下人小心收拾收藏的拓片、书册、器物等，将之一一装上车，一部分押送到淄州官署，另外一部分直接运回青州老宅保存。

淄州辖淄川、长山、邹平、高苑四个县，州府在淄川县。此地位于济南府、青州两个大城之间，也是一处比较繁华的地方，出产的瓷器颇有名气。这里的"窑头店"有许多烧制瓷器的瓷窑，终日烟熏火燎，商贾辐辏，出产的黑釉瓷、青瓷等瓷器远销各处。官府在此专门设立"磁窑务"收税。另外，此处的梓桐山出产青金石，金雀山出产蕴玉石、金星石，都可以做砚台。本地也出过一些名人奇士，如真宗时有一位隐士王樵就隐居在梓桐山。他有一段伤心事，他的父母被契丹军队抢掠而去，他潜入北方寻访多年未果，伤心不已。后来，他学习兵书、武艺，常常潜入辽国刺探军情，考察地理形势，多次向朝廷官员进献灭辽的计策，可惜无人搭理，只得郁郁而终。县郊有纪念他的祠堂、碑刻等。附近

第六章 淄州，天下乱且南奔

的长山县还有纪念名臣范仲淹的范文正公祠堂。范公的父亲早逝，生母谢氏带着年幼的他改嫁时任平江府推官的长山县人朱文翰，故而范仲淹在长山生活了八年，诗文中经常提及长山。

赵明诚上任之后，除了处理公务，依旧关注此地的碑刻。见李邕所撰并书丹的《唐淄州开元寺碑》在官署偏僻之地，他让人将之移到便于观赏的地方，设置石座、木栏杆，供人观赏。同僚李尧是雷泽人，李尧说安置"汉成阳灵台碑"的墓冢在雷泽城的西南而非《述征记》所记的方位，赵明诚就此写了跋语。在此，他还获得《平陆戈铭》《孟姜盥匜铭》，都记在书稿中。

京城政局又有变化，九月皇帝任命白时中为太宰、李邦彦为少宰。不久之后有人传出内幕，原来皇帝听说宰相王黼的宅邸与梁师成的宅邸仅隔一道墙而已，有便门可以往来，觉得两人一定有勾结，于是决定更换宰相。一时间王黼、梁师成等人的党羽互相攻击，朝中官员也观望形势。吏部侍郎王时雍、御史中丞何栗、中书舍人韩驹都被指责是"苏轼乡党曲学"，遭到贬谪。实际上，他们各自的背景不同，吏部侍郎王时雍乃是王黼的党羽，何栗是上书抨击王黼之人，韩驹则是梁师成推荐的。随后皇帝下诏，不得收藏、学习苏轼和黄庭坚的诗文，有的话都焚毁，否则就要以"大不恭"论罪。[1] 实际上这都是人事变动连带出来的，如韩驹、董耘等能文之士早年得到过苏轼、苏辙的指点，后来分别奔走梁师成、童贯的门下，短短几年就位居要职。梁师成这个人好说大

---

[1] [元]脱脱等撰：《宋史》卷二十二《徽宗纪一》，中华书局，1977年，第412、414页。

话，虽然已经失宠，可是他对外宣称新宰相是自己向皇帝推荐的，士人听了真假莫辨，还以为他仍然受皇帝宠信。[1]

左相白时中、右相李邦彦乃是平庸之辈，难以平顺处理政务，几个月后皇帝就对两人有了不满。年底，皇帝又一次起用蔡京为相，看来，他还是觉得任用蔡京最为省心。

到了宣和七年（1125年）夏天，听说皇帝又一次让蔡京致仕，叫他不再处理三省政务。这是因为他年纪老迈，眼睛昏花，只能靠儿子蔡绦辅助阅读和批示公文。蔡绦乘机弄权，其他宰执都对其有意见。皇帝先罢去蔡绦的侍读官职，之后就让蔡京致仕。皇帝还遵从神宗的遗训——能收复全燕之地就赏给封地、王爵，下诏封童贯为广阳郡王。皇帝依旧迷信道教、方术，经常召方士刘知常、刘厚入宫。

如今金国势大，二月辽帝被俘，辽国另一皇族成员耶律大石逃亡西域，后自立为帝，去了远离中原的边荒。没想到辽国就这样曲终人尽散，现在山西、河北以北的大片领土都成了金国的地盘。前年金国已将燕京路一京六州移交给大宋，至于其他州，金国占领之后就不愿再归还大宋，两国多次谈判也没有结果。

前年金兵攻辽时，驻守平州（今河北卢龙）的辽将张觉投降了金国贵族完颜宗翰，金人以平州为南京，任命他为临海军节度使、南京留守。金国经常把所占领地区的人口强迫迁徙到东北，张觉担心金人迁走平州的人口，让自己成为空头节度使，便暗中

---

[1] 王开春：《韩驹宣和六年被黜原因蠡测——兼论"三黜本因元祐学"》，《商丘师范学院学报》2021年第7期，第57—60页。

第六章 淄州，天下乱且南奔

联络大宋，被大宋朝廷任命为泰宁军节度使。随后他就公然独立，与金军交战数月后战败，逃亡到燕京府，投奔燕山宣抚使王安中。因为金人一再索要此人，王安中先是派人欺骗完颜宗望说张觉并不在燕京，金人不相信，之后他杀了个相貌类似张觉的人，将其头颅送给金人交差，被认识张觉的金人识破之后，王安中理屈词穷，只好杀了张觉，将头颅送给金人。王安中前前后后如此举措，让金人觉得大宋朝廷、官员没有信用，也让投降宋朝的辽将感到寒心，担忧如果金国来索要自己的人头的话，宋人也会如此处理。从此降将、降卒都各谋生路，让大宋朝廷失去了一大助力。

金人早已看穿大宋武装虚弱，以张觉事件为借口，十月派军南下，分东西两路攻宋，很快就攻下燕山府。河北、山西、山东等地都是一片恐慌，出现了一些变乱。赵明诚在淄州勉力维持，十二月中旬接到一道诏书，因他"职事修举"，特除为直秘阁，有个馆阁的贴职，有利于他以后回朝为官。只是，这是十二月二日下发的诏书，此时金军已经逼近黄河，朝廷已经危如累卵。皇帝被逼得下罪己诏求言，命令撤销道官、大晟府、教学所、行幸局、采石所、都茶场等等，可惜为时已晚。听说京城的朝臣纷纷遣散家属避难，一派慌乱。不少人只能感叹朝廷的军队不堪一击，河北的士兵完全溃败，也不知跑哪里去了。谁能想到，从王安石变法到蔡京主政，几十年来积聚了那样多的钱财用于养兵、备战，竟然是如此结果。

进入靖康元年（1126年）正月，李清照、赵明诚满耳听到的都是噩耗。

去年年底,皇帝听闻金军逼近黄河,情势危险,有了南逃的想法,他假装中风偏瘫,草诏传位太子。十二月二十四日太子即位,掌握大政,太上皇自称"教主道君太上皇帝","除教门事外,余并不管"。[1] 太上皇提出要"东巡",去亳州太清宫烧香,实际是想南逃。正月初三,太上皇得知金军正在渡黄河,带着郓王赵楷、蔡攸及内侍数人连夜逃离开封。传言太上皇最初上路时仅有数人随行,只能隐姓埋名,自称致仕官员,路上乘坐运送砖瓦的商船,晚上住在寺观,心境颇为悲凉。太上皇写有《临江仙》一词:

> 过水穿山前去也,吟诗约句千余。淮波寒重雨疏疏,烟笼滩上鹭,人买就船鱼。
> 古寺幽房权且住,夜深宿在僧居。梦魂惊起转嗟吁,愁牵心上虑,和泪写回书。[2]

随后高俅、童贯带着数千禁军追赶上太上皇。从泗州开始,太上皇才有了护卫、仪仗,一路南下,正月十五到了镇江才停下。这下子出现了汴京、镇江两个权力中心,争夺人事权、税赋与粮草。面对强敌,太上皇、皇帝两派人马还忙着内斗,当真可笑可叹。

---

[1] [宋]汪藻:《靖康要录》卷一《靖康元年正月二十八日》,景印文渊阁四库全书本第329册,台湾商务印书馆,1986年,第424页。
[2] 傅璇琮总主编,王兆鹏主编:《宋才子传笺证(词人卷)》,辽海出版社,2011年,第312页。

第六章　淄州，天下乱且南奔

高俅和担任东京留守的童贯把禁军带去护卫太上皇，已经致仕的蔡京、王黼也带着家小、财产南逃，引起朝野议论。文武官员、百姓听闻太上皇以及蔡京、蔡攸、王黼全家都已逃走，人心浮动。不少官员都带着家小南下避难，不再参加朝会，每次朝见都空着三四成位置，让新帝有些尴尬。朝野都对太上皇、蔡京、童贯、蔡攸不满，还流传着太上皇将在镇江复辟的说法，物议汹汹。去年年底新帝刚登基，太学生陈东就上书请求诛杀蔡京、王黼、童贯、梁师成、李彦、朱勔等"六贼臣"。如今皇帝见有此舆论，下诏贬谪这几人，在半路上诛杀了王黼、梁师成，赐死了安德军承宣使李彦。他们三人当年都有动摇太子地位的企图，故而被诛。

正月初六，完颜宗翰率金兵渡过黄河，进至汴京城的东侧驻军，次日开始攻城。皇帝命打开艮岳的大门，把驯养的山禽水鸟都投到护城河放生，杀掉里面的数百头大鹿犒赏卫士，允许民众、士兵拆掉楼阁充当柴火，凿开石头充当石炮，砍伐竹子制作篱笆。因汴京守御使李纲率军抵抗，敌军也人手不足，迟迟未能破城。两国谈判，约定宋以康王赵构（后改为肃王赵枢）等人为人质，割让太原、中山、河间三镇，增加岁币，国书称金主为"伯"，宋主为"侄"。二月十日，金军撤走，局势稍稍安定下来。侍御史孙觌等上书极力陈述蔡京等人的奸恶，几天之后皇帝贬谪蔡京、童贯、蔡攸等人。据说因蔡京当年维护当今皇帝的太子之位，皇帝有意放他一条生路。

此时传来赵明诚的妹夫、吏部员外郎傅察稍早前被杀的噩耗。

他去年十月临时调任宗正少卿，充任接伴金国贺正旦使，职责是迎接金国的使者来汴京给皇帝祝贺元旦。不料十一月二十一日他走到燕京以北的韩城镇时，恰逢金国军队南下攻打大宋。为了防备泄露军情，金国军士强迫他从一条偏僻道路北上，他在路上遇见金国的"二太子"完颜宗望，对方命他下拜。他认为自己乃大宋皇帝代表，只能向金国君主下拜，不肯向完颜宗望下拜，双方争论起来。完颜宗望大为恼怒，加之为了防止泄露军情，十二月十二日将傅察杀死。傅察死时不过三十七岁。副使蒋噩、下属侯彦等回归朝廷，报告了傅察不屈而死的言行，朝廷追赠徽猷阁待制的官衔。

这些坏消息让李清照、赵明诚又是感伤，又是担忧，没有想到天下形势如此变幻莫测。前年朝野众人还大肆庆祝收复燕京，以为当今是太平盛世，对皇帝歌功颂德，今年竟然面临亡国之险，皇帝都换了人。如今朝中官员都在为身家性命打算，兄长赵存诚也带着老母亲匆匆逃离汴京，南下躲避。

新帝解除了对元祐学术的禁令，追赠司马光为太师。李清照听了，也只能暗叹可惜，父亲已经故去多年，听不到这个消息了。

四月，听闻皇帝派人劝说太上皇回到汴京，从此太上皇就闲居深宫，宛如被软禁一般，无法再干涉政事。[1] 朝野皆知与金人恐怕无法善了，在西北，西夏乘机攻下几个州县，边境频频告急。面对如此乱局，赵明诚也只能连连叹息，他不是那种有雄才大略

---

1 丁建军、秦思源：《论宋徽宗东巡镇江的历史书写》，《河北大学学报（哲学社会科学版）》2021年第1期，第17—18页。

第六章　淄州，天下乱且南奔

之人，只能坚守本职，勉力维持秩序。

之后，听说蔡京被贬谪儋州，那是当年苏轼被贬之处，蔡京走到潭州便去世了，终年八十岁。蔡京的子孙二十三人都被流放到边远的州郡，其中蔡攸、蔡翛被诛，蔡鞗因娶了公主被免于处罚。蔡京乃是太上皇在位时任期最长的宰相，对当下的乱局当然要负很大的责任。据说是赵明诚的表兄谢克家撰写的贬谪公告，里面指蔡京把"列圣诒谋之宪度，扫荡无余；一时异议之忠贤，耕锄略尽"，这几句流传颇广，据说是参考张耒论唐明皇的文章"太宗之法度，废革略尽；贞观之风俗，变坏无余"。[1]

如今朝廷的举措也是荒唐，之前金国派遣投降的辽国贵族萧仲恭为使臣出使大宋，朝中君臣觉得这些辽国贵族想必仍然心怀故国，觉得可以利用他们，便以蜡丸封了一封书信给萧仲恭，请他转交在金国掌握一定权力的辽国皇族之后，试图联络这些辽人共同对付金人。哪料到萧仲恭把此事报告给金主，金国觉得宋国君臣毫无信用，又兴起了战事。八月，金军又分两路攻宋，宋军一如去年，连连战败。

闰十一月，两路金军会师汴京城下，十五万人四面包围了京城。去年金兵来时，只有完颜宗望的东路军从西、北两隅攻击都城，南面诸门未受攻击，可以补给物资，而这次汴京城被彻底包围，城内自然人心惶惶。有个方士郭京声称会"六甲神法"，施法就能"掷豆为兵"，而且让士兵隐形。皇帝、宰相竟然把保卫京城

1　[宋]陆游撰，李剑雄、刘德权点校：《老学庵笔记》卷十，中华书局，1979年，第133页。

的希望寄托在他身上,请他做法事召唤所谓"六甲神兵"攻打金人。他选了二十五日做法事,让打开宣化门,命守卫城墙的士兵都从那里冲出去进攻金军,预言说一定可以打败敌人,结果却被金军击溃,郭京落荒而逃。[1] 金军乘机攻入城内,把太上皇和皇帝关押起来,索求金银财宝。

李清照与赵明诚听闻这些消息,只能哀叹。现在各地都人心惶惶,赵明诚只能在淄州勉强维持秩序。好在,金兵是从山西、河北南下,并没有经过淄州,可是本地也不安宁,各处都是盗匪,不时听到州县失陷、官员被杀的消息。官吏们也都心神不宁,不知道今后还会发生什么事情。按照朝廷制度,本来赵明诚已经任满,应该调走、升官,可是如今这样混乱,也就无人再关注此事。

过了一阵,听说康王赵构于十二月一日在相州(今河南安阳)建河北兵马大元帅府,以大元帅的名义召集兵马对抗金人。如今的局面,犹如西晋末年、唐朝安史之乱时的样子,也不知道能否出现中兴之人。康王是太上皇第九子,据说自小博学强记,读书日诵千余言,挽弓至一石五斗,喜欢两臂举着装米的布囊锻炼身体,在皇子中属于身体强健、文武双全的。不过,他的生母韦氏是个身份低微的婢女,从前不大受太上皇重视。

靖康二年(1127年,即建炎元年)春,康王在东平府、济州活动,赵明诚不时能听闻有关的消息。三月一日,金军逼迫太宰张邦昌称帝。据说金军将领叫城中官员另立新帝,张邦昌不愿意

---

[1] [宋]徐梦莘:《三朝北盟会编》卷六十五、卷六十九,上海古籍出版社,2008年,第485—486、520—521页。

第六章 淄州,天下乱且南奔

火中取栗,装病卧床不起。金人威胁说,若他三日内没有登基,就要屠城,众臣哭泣着劝张邦昌当皇帝。之后金人正式册立张邦昌为帝,国号"大楚"。他为了显示自己不是真正的皇帝,在偏殿办公,西向而不是南向就座,还制止朝廷官员向他行跪拜大礼,说自己"本为生灵,非敢窃位",而且在诏书中自称"予"而不是"朕",称自己的命令文书为"手书"而不是"圣旨"。[1]

听闻张邦昌登基,赵明诚不知道何去何从,该听从汴京的大楚朝廷的命令,还是听从康王兵马大元帅府的命令。恰在此时,他接到讣告,母亲郭氏跟着兄长在江宁府(今江苏南京),不幸染病故去,赵明诚立即离任前去守孝。如今天下大乱,长兄觉得应该暂且把母亲安葬在江南,等以后政局安定下来再考虑迁葬回老家。如今的局势,俨然东汉末、西晋末的景象,以后说不定会出现南北并立的情形。赵存诚让两个弟弟尽快南下,筹谋在南方安家。

赵明诚让仆从尽快整理自己收藏的金石书画、拓片和各种杂物,将之都运回青州的田庄保存。到了青州,他和李清照又对收藏做了一遍拣选。他收藏的东西实在太多,只能带一小部分精品南下。他和李清照商量,定了个选择标准,"先去书之重大印本者,又去画之多幅者,又去古器之无款识者。后又去书之监本者

---

[1] [清]黄以周等辑注,顾吉辰点校:《续资治通鉴长编拾补》卷六十,中华书局,2004年,第1890页。

（国子监印本），画之寻常者，器之重大者"。[1] 最终选出多达十五车的古书、古画、古器、拓片。其他书册、杂物都只能存放在十余间屋子里，让可靠的仆从留守看管，打算来年春天再运输南下。

他们夫妻收拾了些衣服、首饰等细软，又装了几车，便匆匆带着几个亲戚子弟和众多仆从，押送着二十几车家当南下。在路上，常能见到其他地方的官宦、富户也在往南迁移，官道上车马熙熙攘攘，人们大多行色匆匆，都有些惶然。

就这样，渡过淮河，沿着运河一路南下到了扬州，她第一次见到了浩浩荡荡的长江，这是目前她所见到的最宽的大河。坐上船，摇摇晃晃过江，回头，就是遥远的中原，也不知道能否再回到青州。谁能想到，前几年人们还在议论封禅的事情，如今却是这般末日景象。

---

[1] ［宋］李清照著，黄墨谷辑校：《重辑李清照集》卷六《金石录后序》，中华书局，2009年，第125页。

第七章　夫亡，江宁梅雪清寒

靖康二年春末，四十七岁的李清照随丈夫到了江宁府。有兄长在此照应，他们找了一处院子暂且住下。他们匆匆操办母亲的丧事，穿着孝服，一边守孝，一边打听北方的情况。

李清照和赵明诚都是北方人，这是他们第一次到江南，第一次感受南方的湿热。李清照以前都是通过诗文了解江南的山水、城池、食物的，如今身在江南，充满了新鲜感。只是，如今是乱世，难得有闲心欣赏，耳闻的都是各地的乱象，哪里发生变乱，哪里发生饥荒，哪些亲友不幸去世，等等。坏消息不绝于耳。

待了一段时间，李清照对这座城市有了些了解。江宁府又叫建康、金陵，自汉末东吴在此建都，乃是东晋、宋、齐、梁、陈等南方王朝的都城，有"江南佳丽地，金陵帝王州"[1]的名声。但是隋文帝杨坚攻灭陈朝之后，拆毁了此地的城墙、房舍、宫室，让这里变成了一个普通州县。到晚唐，此地才渐渐恢复了些元气，成了商贸发达的江东城市之一，唐末又当了一段时间南唐的都城，后主李煜在此地写了不少词作。进入本朝，这里交通便利，经济

---

1 ［宋］郭茂倩编：《乐府诗集》卷二十，中华书局，1979年，第294页。

发达，是安置知名官员的"优安近便之任"[1]。对有志进取者来说这里是镀金之所，对养病养老者而言这里是休闲之地，如王安石晚年就闲居此地，还兼任过江宁知府。

城内有秦淮河横贯东西，东北郊区有延绵的蒋山（今紫金山），西北有清凉山、石头城，城西南边有一座赏心亭，是文人墨客送别、宴客的所在，王安石、苏东坡都曾把它写入诗里，城东七里处还有王安石施舍修建的报宁禅院，亦名半山寺。秦淮河两岸也如汴京的繁华之地一般，饭馆、染坊、面店、酒楼、茶楼、粮店、油铺，勾栏瓦舍鳞次栉比。

许多北方人都逃到这里避难，人人都如惊弓之鸟。赵家三兄弟算是幸运的，都躲到了南方。听说，词人晏几道之子晏溥在河北为官，金兵南下时，他散尽家财招募士兵抵御金人，与妻子赵氏率义士与金兵力战，死在了战场上。他也喜好古文、古器，撰有《晏氏鼎彝谱》一卷，记录自己亲见的夏商周三代鼎彝的器款。也不知道他的这部著作是否留存下来了。

传言那位两次遭废的孟太后反倒幸运地躲过了金人的搜捕。金人进入汴京之前，她居住的瑶华宫发生火灾，她被迫搬到延宁宫居住，二月那里也发生大火，她只好到侄子孟忠厚在相国寺前的家中居住。一位已经遭废黜的太后并不引人注目，后来金人清点后妃人数，掳掠人口北上时，没有涉及她。

三月底汴京的金军分两路押送抢掠的人、财、物撤退，一路

---

[1] ［宋］李焘撰，上海师范大学古籍研究所、华东师范大学古籍研究所点校：《续资治通鉴长编》卷一百七十八，中华书局，2004年，第4309页。

第七章　夫亡，江宁梅雪清寒

由完颜宗望监押太上皇、郑太后等一行沿滑州北去，另一路由完颜宗翰监押皇帝、朱皇后、太子等沿郑州北行，其中还有教坊乐工、技艺工匠数千人，百姓不下十万人。金人将开封洗劫一空，带走绢五千四百万匹、大物段子一千五百万匹、金三百万锭、银八百万锭。太上皇收藏的大量东坡墨迹、古器、书画，也都随之北上，不知去了哪里。据说皇室中，仅有已嫁人多年的仁宗之女令德景行大长帝姬（雍国大长公主）、哲宗之女淑慎帝姬（韩国公主）因金人未曾注意，得以留下来。

四月初，等金军走远了，张邦昌立即请元祐皇后孟氏入住延福宫，恢复她皇后、太后的尊号并使之垂帘听政，他自己则退位，仍称太宰。大楚傀儡政权仅存三十二日。此时太上皇诸子中唯一没有被俘虏北去的亲王就是康王赵构，他最有资格登上皇位。于是元祐太后、张邦昌派康王舅父韦渊、吏部尚书谢克家为迎奉使，带着国玺"大宋受命之宝"去济州奉迎康王承继大统。五月一日，康王赵构在南京应天府即位，改元"建炎"。

如此，各地的官员总算又可以听从朝廷号令行事。听说新帝要任命谢克家为翰林学士，他推辞不受，于是被任命为述古殿直学士、提举杭州洞霄宫。皇帝随后下诏归还元祐党籍、上书人的恩数，恢复之前被太上皇剥夺的赠官等。谢克家乃是赵明诚的表兄，他能在新帝身边说得上话，对赵家三兄弟来说也是好事。

梅子黄时，雨多，湿热，墙壁上都渗出许多水，一举一动都要出汗，她懒得走动，常待在家中静坐，这样略微凉快些。到了八月，在守丧的赵明诚接到诏书，新帝在此特殊时期起复他出任知江宁府事兼江南东路经制使，希望他能整顿江宁府。他的哥哥存诚、思诚也得到起用。赵明诚的姨表兄谢克家则出任翰林学士、知制诰，乃是皇帝近臣。在这些亲戚的帮助下，李清照的弟弟李迒也谋得一个小官，担任八品的敕局删定官，负责把诏令编纂成文书供皇帝翻阅。

李清照随丈夫搬入知府官署，丈夫忙着处理公务，如今北方来的移民众多，难免各种纠纷也多，官吏比从前要忙碌。各地变乱频频，听说宋江的党羽史斌投降朝廷以后担任军中武官，他见天下大乱，于七月占据兴州称帝，朝廷自然又要组织兵马讨伐。

到秋末，天气不再那么溽热，李清照便出了几次门，到附近游览了几次。十月二十七日皇帝抵达扬州，驻跸在那里。听闻北方一片慌乱，南方的官员也仅仅是守成而已，没有大才辅助君主安定局面，她写了一首诗感叹"南渡衣冠少王导，北来消息欠刘琨"，如今的朝廷，既少王导那样的宰相，也没有刘琨那样的大将。自己的丈夫，也仅仅是一般人才，并非那种能在大乱中充当中流砥柱之人。听说一些人计划继续南下，去苏州一带避难，李清照想起太上皇和众多皇子、皇孙都已被押送到北方苦寒之地，又感叹"南来尚怯吴江冷，北狩应悲易水寒"[1]。

她登楼远眺，想起王粲避难荆州时，在江陵城楼上怀念故土，写《登楼赋》的典故，她作了首《鹧鸪天》，故意翻出新意，觉得与其凄然思乡，不如就着菊花饮一杯酒，忘了那些烦恼：

---

[1] [宋]李清照著，黄墨谷辑校：《重辑李清照集》卷五《断句》，中华书局，2009年，第102页。

第七章　夫亡，江宁梅雪清寒

> 寒日萧萧上锁窗，梧桐应恨夜来霜。酒阑更喜团茶苦，梦断偏宜瑞脑香。
>
> 秋已尽，日犹长。仲宣怀远更凄凉，不如随分樽前醉，莫负东篱菊蕊黄。[1]

等到冬末，下起了雪，她就顶笠披蓑，带着婢女一起沿着城墙缓缓游览。她见这里的树木经冬不凋，大有趣味，每次散步途中想到什么诗句，都回头邀丈夫写唱和之诗。丈夫当然早就知道自己的才情比不了妻子，听到她邀自己写唱和诗，有些为难，只能凑合写几首而已，免不了还要让她笑话几句。

因为父母都已逝世，赵家三兄弟现在可以正式分家。只是乱世之中，他们家族最重要的财产——青州的房舍、田庄都风雨飘摇，也没有什么可争、可论的。三兄弟都是官员，都积聚了些私房钱，也都有妻子带来的陪嫁，如今各家只能依靠这些钱财自力谋生。

经历了这一年来的迁移、离乱，李清照有些体验到杜甫的《瘦马行》中那种漂泊之人的感触。老杜把自己比作官军遗弃的老马，"皮干剥落杂泥滓，毛暗萧条连雪霜……谁家且养愿终惠，更试明年春草长"，于是她作了首诗，感慨"少陵也自可怜人，更待来年试春草"。新的城市、新的体验，刺激她写了多首新诗、新词，她常常晚上在灯下斟酌词句，觉得真可谓"诗情如夜鹊，三

---

1 [宋] 李清照著，黄墨谷辑校：《重辑李清照集》卷三《鹧鸪天》，中华书局，2009 年，第 31—32 页。

绕未能安"[1]。

到建炎二年（1128年）初，传来噩耗，去年年底青州发生兵变，乱军杀了京东东路经略安抚使兼知州曾孝序，之后四处抢掠。今年年初，金军又攻入青州抢掠一番，赵明诚放在青州家里的十余屋书册、什物都被抢劫、焚毁。他们本来还念叨着要派人去运送的那些藏品，如今都化为乌有。这一年来，他们已听闻了太多变乱、死亡，对这些损失也只能接受。

许多官员、士人都南下避难，不少人都希望得到知府的照应。赵明诚最近与韩驹来往较多。韩驹早年曾向苏辙问学，徽宗政和初年因为献赋召试舍人院，获赐进士出身，之后在朝任职，文辞颇为皇帝赏识，宣和末年曾任中书舍人、权直学士院等，最近担任提举江州太平观的闲职，在江宁避难。

赵明诚在上元节写了三首诗，韩驹作了唱和诗《次韵金陵赵德夫使君上元三绝》：

小风吹水涨平湖，屋角残冰亦已无。
投老只图春睡足，可须山鸟强招呼。

卧听秦淮呜咽声，起看江月暮潮平。
旧时忆在延真观，玉作芙蕖院院明。

---

[1] ［宋］李清照著，黄墨谷辑校：《重辑李清照集》卷五《断句》，中华书局，2009年，第101—102页。

第七章　夫亡,江宁梅雪清寒

> 忆昨宣和从武皇,春风省识御袍香。
> 自从翠盖寻沙漠,无复征歌出洞房。[1]

这是回忆起宣和年间他侍奉太上皇的经历,可惜如今太上皇在北方苦寒之地,待遇犹如那位擅长写词的南唐后主李煜,而他也流落到秦淮河边了。韩氏有些才学,资历也够,不久之后就被新帝任命为江州知州,去上任了。

此时城内外的梅花次第开放,她经常去观赏,写咏叹梅花的诗词。江南的梅花享受盛名,这是王安石、苏东坡、黄庭坚诸公早就一再书写的风雅之物,隐士林逋也有名句"疏影横斜水清浅,暗香浮动月黄昏"。李清照觉得自己的才力可与先贤并肩,连续写了不少咏梅的词,每首的词牌都有变化。

她叫婢女采数枝梅花插入瓶子,摆放在藤床周围的纸帐边,这种纸帐乃是用藤皮、茧纸制作的有韧性的、半透明的大片纸张,安装在床榻周围可以挡风,兼隔断内外视线,所以称作"纸帐",也可用于制作屏风。在这种纸帐的近处摆上梅花,隐约可以看到梅花的形状,犹如绘画一般。当然也可以直接在纸上绘制梅花之类的花鸟画,故而又名"梅花帐"。

前人在词里写梅花的,有五代和凝的《望梅花》、李煜的《青玉案》、冯延巳的《抛球乐》等。本朝也有晏殊的《瑞鹧鸪》《玉堂春》、柳永的《瑞鹧鸪》、张先的《好事近》、苏轼的《定风波》

---

[1] [清]吴之振、吕留良、吴自牧选,[清]管庭芬、蒋光煦补:《宋诗钞》,中华书局,1986年,第1099页。

等。尤其是晏几道爱写梅花，词中常提及"小梅""疏梅"等，这些词并不让她觉得惊艳，她认为自己完全可以超越上述诸人，作了一首《孤雁儿》，并写了小序"世人作梅词，下笔便俗。予试作一篇，乃知前言不妄耳"，词云：

  藤床纸帐朝眠起，说不尽、无佳思。沉香断续玉炉寒，伴我情怀如水。笛声三弄，梅心惊破，多少春情意。
  小风疏雨萧萧地，又催下、千行泪。吹箫人去玉楼空，肠断与谁同倚。一枝折得，人间天上，没个人堪寄。[1]

韦庄《思帝乡》云"说尽人间天上，两心知"，柳永《集贤宾》中有"算得人间天上，惟有两心同"一句，她故意翻新，说"人间天上，没个人堪寄"，这表面上是模拟思妇的心思，感叹其未能遇到知音，找不到能寄托之人，也可暗示自己的梅词超越前人，无人可以并肩而立。她觉得自己如此写法，如此心思，也堪称大手笔，只是当下无人欣赏罢了：母亲早已故去，晁补之那样有鉴赏力的名士也走了，丈夫并不擅长作诗词，他对自己在诗词上的雄心壮志，恐怕也难以理解。哪一处的哪一人，才堪称是自己的知音？苏公《和秦太虚梅花》云"竹外一枝斜更好"，自己的这首词不直接写梅花的姿态，而写人之情态、心态，是否也当得起父亲论述苏公文章妙处的那个"横"字？

---

1 此词采纳《梅苑》本，引文见［宋］李清照著，陈祖美注：《漱玉词注》，齐鲁书社，2009年，第55页。

第七章　夫亡，江宁梅雪清寒

一天，她又作了首《玉楼春》，依稀化用苏公《纵笔》中"报道先生春睡美，道人轻打五更钟"的意趣：

红酥肯放琼苞碎。探著南枝开遍未。不知酝藉几多香，但见包藏无限意。

道人憔悴春窗底。闷损阑干愁不倚。要来小酌便来休，未必明朝风不起。[1]

又如《满庭芳》：

小阁藏春，闲窗锁昼。画堂无限深幽。篆香烧尽，日影下帘钩。手种江梅更好，又何必、临水登楼。无人到，寂寥浑似，何逊在扬州。

从来，知韵胜，难堪雨藉，不耐风揉。更谁家横笛，吹动浓愁。莫恨香消雪减，须信道、扫迹情留。难言处、良宵淡月，疏影尚风流。[2]

官署后园里的梅花开放了，她有些感触，写了一首《殢人娇》：

玉瘦香浓，檀深雪散。今年恨、探梅又晚。江楼楚馆。

---
1 ［宋］李清照著，陈祖美注：《漱玉词注》，齐鲁书社，2009年，第16页。
2 ［宋］李清照著，陈祖美注：《漱玉词注》，齐鲁书社，2009年，第19页。

云间水远。清昼永,凭阑翠帘低卷。

坐上客来,尊前酒满。歌声共、水流云断。南枝可插,更须频剪。莫直待、西楼数声羌管。[1]

杨树变黄时,她想起欧阳修、魏玩的作品。欧阳修所作《蝶恋花》[2]化用温庭筠《惜春词》、韦庄的《归国遥》中的"问花花不语",但是自有情调,词云:

庭院深深深几许,杨柳堆烟,帘幕无重数。玉勒雕鞍游冶处,楼高不见章台路。

雨横风狂三月暮,门掩黄昏,无计留春住。泪眼问花花不语,乱红飞过秋千去。[3]

曾布的夫人魏玩受欧阳公的启发,写有《临江仙》:

庭院深深深几许,云窗雾阁春迟。为谁憔悴损芳姿。夜来清梦好,应是发南枝。

玉瘦檀轻无限恨,南楼羌管休吹。浓香吹尽有谁知。暖

---

[1] [宋]李清照著,黄墨谷辑校:《重辑李清照集》卷二《殢人娇》,中华书局,2009年,第14页。
[2] 此词两见于南唐冯延巳《阳春集》和欧阳修《欧阳文忠公近体乐府》。今人考证或是冯氏所作,但李清照以为乃欧阳修作。
[3] [宋]欧阳修著,李逸安点校:《欧阳修全集》卷一百三十一,中华书局,2001年,第2006页。

第七章 夫亡，江宁梅雪清寒

风迟日也，别到杏花肥。[1]

李清照要与欧阳公、魏夫人比拼才思，她也作了几首《临江仙》，其中一句"云窗雾阁常扃"化用魏夫人的"云窗雾阁春迟"，可是她在序中隐去魏夫人的名字，她觉得自己的词作可与欧阳公的一较高低，比魏夫人的要高明。再说，"云窗雾阁"首见于韩愈的《华山女》，黄庭坚、秦观都在诗中用过，并非魏夫人的创见。在最后一句，她写的"试灯无意思，踏雪没心情"比欧阳公、魏玩所写更口语化，俏皮而清新，也不知丈夫能否懂得自己用俗语求新意的追求。词云：

> 欧阳公作《蝶恋花》，有"深深深几许"之句，予酷爱之。用其语作"庭院深深"数阕，其声即旧《临江仙》也。
> 庭院深深深几许，云窗雾阁常扃。柳梢梅萼渐分明。春归秣陵树，人老建康城。
> 感月吟风多少事，如今老去无成。谁怜憔悴更凋零。试灯无意思，踏雪没心情。[2]

因为北方战乱的各种坏消息，如今她也无心观赏上元的灯火，

---

[1] 此词最早的记载见南宋《梅苑》卷九，该书作曾子宣妻词，即魏夫人，引文见唐圭璋编：《全宋词》，中华书局，1965年，第268页。
[2] ［宋］李清照著，黄墨谷辑校：《重辑李清照集》卷三《临江仙》，中华书局，2009年，第33页。

踏雪的心思也比去年年底少了许多。让人心里有点牵挂的是，她一直关注着在一条小溪边的几株江梅，隔几天就去那里一次。看着它们吐露花苞，越长越大，如今有些花苞已开了，她便又作了一阕《小重山》，其中第一句直接引用前蜀词人薛昭蕴的"春到长门春草青"，云：

  春到长门春草青。江梅些子破，未开匀。碧云笼碾玉成尘。留晓梦，惊破一瓯春。
  花影压重门。疏帘铺淡月，好黄昏。二年三度负东君。归来也，著意过今春。[1]

近年她和丈夫听闻各种变乱，都没有心情欣赏春天的风景，如今略得喘息，第一次完整见识江南的春天。她着意作了些诗词，记录下自己的心情，也有与前人所作的类似主题的诗词一较高下的心思。她自信写出了前人未写出的境界，只是，何处才有知音识得其中趣味？

到了三月上巳，她召集了几个亲友一起在官署后园聚会，又一次回想当年在汴京的日子。如今那里已经成了敌国的领土，据说许多地方都荒废了，于是她作了一首《蝶恋花》，感慨经历了之前的变乱，人们的心情都有些沉郁，如今的春光似乎也沾染了暮气一般：

---

1 [宋]李清照著，黄墨谷辑校：《重辑李清照集》卷一《小重山》，中华书局，2009年，第1页。

第七章　夫亡，江宁梅雪清寒

　　永夜恹恹欢意少，空梦长安，认取长安道。为报今年春色好。花光月影宜相照。

　　随意杯盘虽草草，酒美梅酸，恰称人怀抱。醉里插花花莫笑，可怜春似人将老。[1]

春去秋来，一年又要过去了。年底皇帝任命赵明诚的表兄谢克家为吏部侍郎，可是有朝臣弹劾他在靖康元年结党、出仕伪朝之类的罪名，他只好上书请求出任郡守，外出担任朝奉大夫、龙图阁待制、知台州（今浙江临海），而其子谢伋则在朝中担任祠曹郎兼太常少卿。如今许多朝臣南下，关心安家的事情，谢克家请求皇帝把黄岩灵石山麓的灵石寺赏赐给自己，把家人安置在那处地方。他之前在汴京见证了太上皇被俘后离开汴京北上的场景，写过一首感慨汴京宫殿空虚的词《忆君王》：

　　依依宫柳拂宫墙。楼殿无人春昼长。燕子归来依旧忙。忆君王。月破黄昏人断肠。[2]

到建炎三年（1129年）二月，金兵逼近淮南，江南又是人心骚动，都担心金人渡过长江。听说，二月初三皇帝从扬州仓皇渡江，到了镇江。

1　[宋]李清照著，黄墨谷辑校：《重辑李清照集》卷三《蝶恋花》，中华书局，2009年，第32页。
2　唐圭璋编：《全宋词》，中华书局，1965年，第715页。

赵明诚接到诏书，调任湖州知州。湖州是颜真卿、苏东坡当过太守的地方，位于太湖南岸，山水秀雅，想必另有一种风情，李清照有些期待能去见识一下。

丈夫等待新任江宁府知府来办移交时，却出了一场大乱。御营统制官王亦带着一些禁军驻扎在江宁，他心怀不满，图谋变乱，与属下约定二月初五半夜纵火夺取官署，然后控制全城。江东转运副使、直徽猷阁李谟听闻军中有关的传言，急忙骑马来向赵明诚汇报此事，请求他立即处理。赵明诚不相信传言，不敢处置，李谟只好回到官署，让自己的部下发动民兵提前做些准备，在乱兵将要途经的街巷布置栅栏。晚上乱军果然点燃天庆观，大声鼓噪着往知府官署走去。赵明诚与通判毋丘绛、观察推官汤允恭听到外边街道上吵闹，知道出了变乱，急忙招呼家人跑到官署紧靠的城墙上，让衙役、随从从城墙上垂下吊篮，用这种方式逃出城躲避。匆忙之间，各种慌乱，李清照跟着丈夫，草草找了一处民宅借宿了一宿。

第二天早上他们在城外得知，昨晚乱军在路上遭到李谟的部下布置的栅栏阻挡，又见官府有防备，闹了一阵都从南门逃走了。城中官民已经知道知府赵明诚等官员连夜逃跑的事情，都当成笑话议论。赵明诚痴迷书画碑帖，缺乏应变的才能，在这种乱局中的确无能。他只能带着随从低调地进城，进入官署等待移交。

几日之后，皇帝也得知赵明诚逃遁的消息，下诏免去他的湖州知州的官职，他觉得大失颜面，不好继续在江宁府闲居。留在这里，恐怕出门都要被人指指点点，被人说"这就是那个逃走的

第七章　夫亡，江宁梅雪清寒

知府"之类的话。

他和李清照商量可以去哪里，一时有点拿不定主意。北上的话，金军已南下，肯定不能去；若东去杭州，二月十三日皇帝一行抵达杭州，他的表兄谢克家是翰林学士，妹婿李擢是徽猷阁待制、权兵部侍郎，李清照的弟弟也在杭州任官，去了能得到他们照应，只是他最近因过失刚丢了官，现在又去追随皇帝，有些难为情；至于南下广东，他的兄长担任广东安抚使，去投奔他当然最可靠，只是此去路途遥远，据说广州那里天气湿热，去了怕也难以适应。

思来想去，他们决定暂且沿着长江逆流而上。他认识池州的官员，不如先去那里待一阵子，看看情况再说。池州距江宁不到五百里，乘船快行的话四五天可以抵达，去各处都比较方便。

三月初，他们收拾好藏品、杂物，带着亲戚、奴仆离开江宁，往西行船。在和县停留时，附近乌江边的山上有一座项羽庙，传说当年项羽在此自杀，唐人建祠祭祀这位将军，李阳冰篆额"西楚霸王灵祠"，还有宋初名士徐铉撰写碑文的"项王亭碑"。当年项羽宁愿自杀也不愿逃往江南，而如今皇帝逃到了杭州，且前年七月以来，多次派出通问使、祈请使等，与金人谈判停战，甚至提出愿意去掉尊号，使用金国的历法、年号，以小邦、藩臣自居等条件，想要金国兵马停止南下。

古今对比之下，李清照若有所思，作了一首《夏日绝句》（又名《乌江》）：

生当作人杰，死亦为鬼雄。

至今思项羽，不肯过江东。[1]

  却听说，杭州又出了乱子，三月初四御营统制苗傅与威州刺史刘正彦率军作乱，分头捕杀护卫皇帝的武将王渊和一些宦官，强迫皇帝禅位给三岁的太子赵敷，由隆祐太后孟氏垂帘听政，史称"苗刘兵变"。朝野都有些惊慌，到四月初，吕颐浩与张浚率兵勤王，平定此次兵变，皇帝重新复位。随后吕颐浩升任宰相，张浚升任知枢密院事。赵明诚的两个亲戚也得到重用，姨表兄谢克家出任礼部尚书，姑表弟綦崇礼升为起居郎兼权给事中。而年仅三岁的太子赵敷经历了这场变乱，不幸生了病，据说养病期间，一个宫女撞倒了地上的炉子，一声巨响竟将他吓死了。

  五月初，李清照一家行船到池阳府城之南的码头，从这里下船，能看到一座浮桥济川桥，从通远门进入就是郡城。由于赵明诚是前任官员，与知府刘子羽等人有些应酬，得到他们的关照，找了一处大院安顿下来，把藏品都保存在库房中。

  为了安抚骚动的人心，皇帝于四月二十日带着大批朝臣、军队从杭州启程北上，五月初八抵达江宁府，并把那里改名建康府，以那里为行在。这是向朝野宣示自己决定在长江沿线组织兵马对抗金人。

  等到六月，赵明诚接到任命书，令他出任湖州知州。如今兵

---

[1] [宋]李清照著，黄墨谷辑校：《重辑李清照集》卷五《夏日绝句》，中华书局，2009年，第86页。

第七章　夫亡，江宁梅雪清寒

荒马乱，士人的官职高低在短时间里起起伏伏是常事，那么多事情，总要有人去处理，加上赵明诚的几个亲戚在皇帝身边，能说得上话，故而才有了这项新任命。

之前在建康的那一场事变，让他大失颜面，如今得到新任命，他感激皇帝的信任，决定要尽快赶到建康拜见皇帝，去湖州定要一雪前耻，做些利国利民的事情。赵明诚独自赶路前去上任，也担心沿途不安稳，便让李清照留下看守家门。

他还是那样心急，着急快点上任，叫随从尽快收拾东西。六月十三日，赵明诚离开时，李清照先与他一起坐船渡过长江，到了南岸，赵明诚下船，要骑马沿着长江边的驿路奔赴建康。他在码头上马，穿着葛衣，裹着岸巾，精神如虎，目光烂烂射人。或许是乱世的见闻激发了他的雄心壮志，他决心去湖州干一番让人称颂的事业，洗刷几个月前被人笑话的耻辱。

李清照望着马上的丈夫，有些担忧如今的局势，担心池州也不安稳，站在船头大声向他呼喊："如果池州城中出现了乱子，我应该这么办？"丈夫大声回答说："看众人如何就如何吧。实在没有办法，就先弃辎重，次衣被，次书册卷轴，次古器，唯独那几件商周天子、诸侯所用的宗器，你要随身带着，与之共存亡，千万别弄丢了。"他说了这几句话之后，带着几个也骑马的仆从离开了，渐渐消失在远方。[1]

李清照心中有些怅然，丈夫在此时最牵挂的还是那些藏品，

---

[1] 参照［宋］李清照著，黄墨谷辑校：《重辑李清照集》卷六《金石录后序》，中华书局，2009年，第126页。

对她的生死安危似乎并不关心——这要怪丈夫粗心，还是因为她心气太高，素来在家中谈诗论文总要压他一头，他便把她当作男子一般看待，觉得既然她心思清明，擅长筹谋理事，肯定能妥善处理家事，也就不必担心？

她乘船回到池州，盛夏天气溽热，整日待在家中，心中有些牵挂丈夫，担心他顶着酷暑疾驰，容易累着。七月末，李清照接到书信，得知丈夫一路骑马奔驰，在路上生了病，到了建康又得了疟疾，浑身发热，休息了几日也没有好。李清照知道丈夫虽然文弱，可是性子比较急，想快快拜见皇帝后走马上任，说不定会着急吃药，以快点病愈。丈夫觉得自己发烧，一定会吃寒凉性质的药物，如此必然让病情加重。

她担心庸医误事，决定自己乘船去建康探望，急忙雇用船工，让婢女收拾一些自己日常爱读的书册和常把玩的器物，一日夜行船三百里。第二天她就赶到了建康的驿馆，到丈夫的房间一看，果然他已服了许多柴胡、黄芩，全身虚弱伴随腹泻，形容消瘦，危在旦夕。她为丈夫的模样而悲痛，小心服侍丈夫饮水、喝粥，不知道之后该怎么办。

八月十八日，他眼看不行了，勉强振作起来，让她拿笔过来。他提笔写了一首诗，放下笔就逝世了。丈夫知道她是个有主见的女子，不必多说什么，再加上也没有子女，没什么后事需要特别安排，不必像曹操那样儿女情长，临终竟然叮嘱妻妾"分香卖履"那样的小事。

丈夫年仅四十九岁就故去，她只觉得一阵空，一阵悲。他这

第七章　夫亡，江宁梅雪清寒

一生并没有什么宦途上的功业可言，之前弃城逃遁的事情更是让他成了笑话。他本来想去湖州干些实事，不料又染病，想来他临终也对自己的命运有些不甘心吧。他这一生用功最多的就是那部书稿《金石录》，这是他多年的心血所在，李清照也帮了他不少忙，一起查资料，一起揣摩释文。斯人已去，现在只能由她好好保存书稿，以后有机会找人抄写、刊刻，让这部著作流传下去，丈夫的名字或可随之流芳后世。

乱世之中，无法归葬故土，也顾不上如何讲究葬礼，只能权且在建康的紫金山找一处谷地安葬他。他担任礼部尚书的表兄谢克家及其姻亲中书舍人綦崇礼等都来吊祭。她给亡夫作了祭文，其中有一句"白日正中，叹庞翁之机捷。坚城自堕，怜杞妇之悲深"。传说中唐时候的禅门居士庞蕴将要入灭时，令其女灵照出门望日，看时辰是否已到中午，打算中午时坐化。灵照回来说太阳已经到了天空正中，但是有日食。庞蕴走到门口去观察，却发现女儿在骗自己，待他回到屋中，灵照已经登上他的座位合掌坐亡了。她用这个典故，是感慨丈夫抢在自己前头故去了，从前夫妻间调笑的一些约定都化作泡影，只能叹息。

刘向所撰《列女传》记载，春秋齐国大夫杞梁从军攻打莒国，战死了，他没有儿子，没有五服之内的子侄或亲戚可以迎丧，其妻一个人在城门外迎接棺柩，哭声哀伤，旁观者都为之挥涕，城墙也被她哭塌了。晋人崔豹《古今注》云："《杞梁妻》，杞植妻妹明月之所作也。引杞植战死，妻叹曰：'上则无父，中则无夫，下则无子，生人之苦至矣。'乃抗声长哭，杞都城感之而颓，遂投水而死。其妹悲其姊之贞操，乃为作歌，名为《杞梁妻》焉。"[1] 她引用这个典故，是感叹赵明诚和自己没有一儿半女，他的两个兄弟又都在远方，只有自己带着仆从办理丧事，也没有儿女哭一场，她独自承受心中悲哀，说不定外人还要议论一番，责怪她未能给赵明诚生下子嗣。

丈夫去了，按照律法其财产首先应由其子女继承，如果没有子女，就由妻子继承。按理说，李清照可以与赵明诚的兄长商量，把一个三岁以下的侄子或外甥立为继子，抚养他长大，以后由他继承家产，给自己养老送终，延续赵明诚的香火。可是如今赵明诚的两个兄长都在他处为官，天各一方，也无法找他们商量。如今天下大乱，各家都有各家的难处，她也是懒得麻烦，多一事不如少一事。再说，李清照这些年习惯了没有小孩的生活，觉得反倒省事，认为没有必要立继子。有些人觉得赵明诚乃是宰相之子，又当过不少年知州，想必收入丰厚，应该有一大笔遗产，包括古器、书画、书籍、金石拓片等。赵明诚来建康和离开建康时都带着大批的藏品，有心人应该也有些印象。赵明诚没有子嗣，长兄、次兄又都在广东，距离遥远，外人都议论说现在这一大笔遗产都归了李清照一个人。在一些人眼中，她成了别人觊觎的富婆。

办理完丧事，李清照因为赶路、悲伤，也大病一场，只能住在驿馆中养病。不料，又有了一桩麻烦。医官王继先因为给皇帝治病有成效，大受皇帝赏识，经常出入宫廷，号称"王医师"。之

---

1 ［宋］郭茂倩编：《乐府诗集》卷七十三《杞梁妻》，中华书局，1979年，第1033页。

第七章　夫亡，江宁梅雪清寒

前丈夫生病时，也曾请他来诊治，他约略知道赵明诚爱好收藏，有许多古器、书画、金石拓片等藏品。如今这位王医师托人来说和，愿意出三百两黄金购买赵明诚收藏的器物，大概是要拿去取悦爱好此道的皇帝、高官。此事颇让李清照疑惑，不知道是这位王医师自己的主意，还是皇帝的意思。据说当今皇帝也好书画，如果是他授意亲近之人如此，又该怎么应对？

李清照还记得丈夫的叮嘱，不愿藏品分散，只好致信赵明诚的表兄、礼部尚书谢克家求助。谢克家上书向皇帝陈述这件事，圣上批示"令三省取问继先因依"，询问王继先这件事的详细状况，如此一来，这位王医师才罢休，不再来纠缠。

此时金兵逼近，江南、江北又是谣言纷纷。皇帝觉得留在长江南岸的建康并不安全，于是把皇室人马一分为二，让一部分文武官员于八月十四日护送隆祐太后孟氏离开建康府，沿长江西行，去洪州避难，皇帝则于闰八月二十六日离开建康府，又往杭州去了。

传说朝廷为了防备金人南下，要禁止民众横渡长江，李清照记挂在池阳租的院落里还有两万卷书册、两千卷金石拓本，以及足可以接待上百位宾客的器皿、茵褥等物品。她急忙派遣可靠的仆从去池阳，把物品都护送到洪州，托赵明诚的妹婿李擢暂且保管，打算等病好了再去投奔他。

她整日在房中养病，精神好的时候就看点书，病中经常让婢女给自己做些加入豆蔻这类香料的"熟水"喝，可以补养身体。她身体虚弱，无法外出走动，只能望着门口的那株木樨，欣赏那一树花朵，于是做了首《摊破浣溪沙》：

  病起萧萧两鬓华。卧看残月上窗纱。豆蔻连梢煎熟水，莫分茶。
  枕上诗书闲处好，门前风景雨来佳。终日向人多酝藉，木犀花。[1]

到秋末，她的身体好了些，需要决定到底去哪里，有几个可能的去向：

一是西去洪州，听说闰八月二十二日，孟太后一行到达了洪州。赵明诚的妹夫、权兵部侍郎李擢也是随行人员之一，她已经让仆从把藏品运到洪州，去投奔他家当然是可行的。

二是往东，皇帝往临安府（今浙江杭州）以东行进，她弟弟李迒在一路追随皇帝，可以去投奔他。

三是往南，赵明诚的兄长担任广东安抚使，礼部尚书谢克家九月调任徽猷阁学士、泉州知州，去投奔他们两家也可以。只是到岭南路途遥远，她一个女子带着这些行李前去并不容易。加之，她并没有生下儿女，一个寡妇去投奔他们，似乎也有些不便，说不定赵家子弟还想着分财产什么的，又是一场闹，何必自找麻烦。

思来想去，等到十月初，听说十月八日皇帝已经抵达临安府，她觉得去洪州并不安全，沿途的状况恐怕也难说，决定暂且去临

---

1 ［宋］李清照著，黄墨谷辑校：《重辑李清照集》卷三《摊破浣溪沙》，中华书局，2009年，第36页。

第七章 夫亡，江宁梅雪清寒

安府投奔弟弟。现在在这个世界上，弟弟是自己最亲近的人。眼看着他从孩童长成少年，后来，自己嫁入赵家，弟弟随着父亲被贬他乡，分开了许久，情分即便不如少年时代那样亲近，他终究还是自己的弟弟。

第八章　流落，海角天涯飘零

建炎三年十月初，李清照决定去临安府投奔弟弟李迒。她雇用船只东行，吩咐奴婢小心收拾了些轻便的卷轴书帖，以及李白、杜甫、韩愈、柳宗元的诗文集写本，《世说新语》《盐铁论》等书册，汉唐石刻副本数十轴，夏商周三代鼎鼐十多件，南唐诗词写本若干。这些都是她日常爱看的。当然，还要小心保护好丈夫的那部《金石录》书稿。

等她从运河南下，十月中旬抵达临安府时，却听说因为金兵南下，皇帝一行几天前已乘船前往越州（今浙江绍兴），弟弟也跟着去了。此地人都说，皇帝十月八日抵达时，犹如惊弓之鸟，不敢住陆地上的行宫，和张才人、吴贵人等住在岸边的御船里，以便随时离开。宰相吕颐浩等只得每天分批上船拜谒和议政。十月十五日，听说完颜拔离速率金军过了江，皇帝的御船就急急起航走了，一时众多官吏、军士和眷属们纷纷扰扰，能坐船的坐船，能步行的步行，都往东边去了。

李清照也只好离开，往东去越州寻找弟弟。她匆匆雇好船只，从临安府新开门出发，登舟横渡钱塘江抵达萧山西兴，一路向东行船，两日之后到了越州，可算见到了弟弟。听弟弟说，十月

第八章　流落，海角天涯飘零

十七日皇帝一行到达越州，随行的文武官员便四处求人租赁房屋，乱世之中，一切草草，也顾不上什么讲究。听说泉州那边发生匪乱，皇帝命谢克家去那里镇守。泉州自唐以后就是岭南的主要港口，贸易活跃，皇帝让他去那里，恐怕也有预留后路、置办船只、筹措军费等打算。如今朝廷丢了北方大片土地，更重视征收酒税、盐税、茶税等来自商品交易的税，这些税收加起来都超过田赋的数额了。

为了对付金人，皇帝命越州知州李邺制造铠甲三千副，各处都是民夫、军士往来的慌乱场景。听说陈师道的儿子陈丰得到朝廷恩荫，当了小官，他与李邺是亲戚，故而投奔在此为官。秦观的儿子秦湛现任监诸军计司，也在越州。

刚安顿下来，不知何人散布谣言，说赵明诚贪占宫廷器物。李清照记得丈夫病重的时候，有一位叫张飞卿的学士携带一把玉壶来探望，走时张飞卿把玉壶带走了。有人说赵明诚得到玉器，本来应该进献给皇帝却没有进献云云。李清照有些怀疑这类谣言出自那位王继先之口，是发泄之前未能购得器物的怨怒，可是她人微言轻，不好争辩什么。为了避免祸患，她一度想把随身携带的古铜器等金玉玩物进献给皇帝，可是又觉得不妥，丈夫刚故去，自己就违反他的叮嘱分散家藏器物。再说，自己没有子嗣，进献器物也没什么好处，说不定消息传出去，还会引来更多的觊觎者，惹来更多麻烦。多一事不如少一事，不如等等再说。

十一月二十八日，听说金军往东边来了，皇帝又带着随从从陆路逃向明州（今浙江宁波）。临行之前，宰相吕颐浩下令低级官员可以自谋生路,让皇帝有些不高兴,对他说"士大夫当知义理,岂可不扈从。若如此。则朕所至乃同寇盗耳"。[1] 但情势危急,要让全体官员都跟着显然难以办到,最后也只好让郎官以下的小官两三千人自谋生路,一些人留在越州,一些南方人干脆各自回故乡去了,还有一些人去四周的县乡躲避。

李迒这样的小官没有资格跟随皇帝,只能自谋生路。有认识的人在嵊县(今浙江嵊州)有房舍,她与弟弟一家乘船逃到县城,找到熟人的房舍住下,把古铜器、写本等都安置在他家的房舍中。这里是谢灵运、李白等人游览与书写过的地方,清平时节李清照来的话肯定也要去各处游览一下,可是如今兵荒马乱,哪里还有游览的心情。她与亲戚在此观望形势,每天都能从街道上听闻各地传来的消息,不外乎金人打到了哪里,哪里又乱了,哪里又死人了。如今江南各地也是盗贼蜂起,兵匪横行,传来的大都是让人叹息的坏消息。

听说皇帝十二月五日抵达明州州衙。那里是鄞江、余姚江的交汇处,汇合成大浃江通海,号称三江口,而所属定海县(今浙江镇海)位于大浃江的入海口。皇帝是把海洋当作最后的退路。十二月十四日夜,传来敌骑逼近临安的消息,皇帝从明州乘船往定海县跑。据说朝廷征用了二百四十艘船只,每艘船可以载卫兵六十人,另外还可以载些文武官员及其家属,一共可以载约三万人,其他的吏胥、家眷无法登船,只能就地遣散,让他们到附近

---

1 [宋]李心传撰:《建炎以来系年要录》卷二十九,中华书局,1988年,第579页。

第八章 流落,海角天涯飘零

州县自谋生路。十二月十七日皇帝一行扬帆渡海,于十二月十九日抵达海中的昌国县(今浙江舟山)。

听说金军已攻下临安,正在往东进军,李清照和弟弟觉得待在嵊县也不安全,又往黄岩那里躲避。赵明诚的表兄谢克家的田庄在黄岩灵石山麓的灵石寺附近,可以得到他们的照应。而且黄岩属于台州管辖,此时的台州知州是晁补之的儿子晁公为,与李家是故交,多少也能得到他的照应。

她觉得此行要走天台山的山路,带着太多东西实在不便,就把大多数器物、书册等都留在友人这里,拜托他们保存一阵,等过后自己再派人来取。然后她和弟弟一家轻车简从,带着奴仆出发,在天台山的山谷之间,一会儿过桥,一会儿盘山,辛苦两三天才到黄岩,在谢家的田庄暂时安顿下来。

每天到外头,听来的依旧是各种坏消息。听说十一月金人逼近洪州,李擢等人护卫隆祐太后孟氏逃走了,随后金人围攻洪州,洪州权知州事李积中献城投降,金人在那里大肆抢掠。李清照放在那里的书画、器物也不知去向。乱世中,也只能感叹几句,默默接受这样的变化。就连皇帝,也不知道隆祐太后孟氏去哪里了。有人说往岭南去了,好些天后,才有人报告说,她在一些文武官员护卫下去了虔州(今江西赣州)。

又听说,嵊县也出现叛匪,官军去那里攻打叛军,保存李清照藏品的那一家的房舍遭到抢劫,古铜器、写本等都被拿走,成了一位李将军的藏品。她不禁觉得可笑,之前自己犹豫是否要把它们献给皇帝,如今,却被劫掠而去。乱世啊,就是这样没甚道理可说。

　　进入建炎四年（1130年），听人说，皇帝带着两三万人乘船离开昌国县，向南颠簸几日，正月初三到灵江入海口北岸的台州章安镇停泊，那里距离李清照他们住的地方不到一百里。听说金兵正往东进兵，攻打明州。两浙东路安抚使、明州知州李邺开城投降了金军，带着陈师道的儿子陈丰等人一起北上，去北方当官了。乱世之中，人性最是复杂多变，人的命运也是无常。

　　李清照觉得待在黄岩不安全，觉得皇帝身边毕竟还有禁卫军，还不如去追随皇帝。再说，还有几位亲戚都跟在皇帝身边，去了也能得到照应。于是，她就和弟弟一家雇舟，沿着永宁江曲曲折折往灵江行去，一天就到了灵江边。行驶到北岸，只见岸边停泊着跟随皇帝而来的数百艘船只，都在水中摇摇晃晃。上岸后，到处都是官员、军士，幸亏得到担任中书舍人的綦崇礼等亲戚的照应，找了一处房舍暂且住下。

　　皇帝依旧每晚住在大船上，不敢陆居，每天白天才下船与众人商议政事。听人说起皇帝在此的故事，前些天皇帝刚逃到章安镇时已是午后，众人都在海上饿了一两日，男女老少下船以后纷纷找人家觅食。镇上的祥符寺是一处大的建筑，皇帝和宰相、宦官们前去休息，等僧人礼拜完毕，宦官冯益急忙上前对住持说："官家早餐唯得薄粥，寺中有食物的话，赶快供进些。"他们厨房里仅剩五张炊饼，另加一些蔬菜、姜和盐，僧人赶紧煮食，皇帝就在庭院里就座等候。等僧人用木盘端着食物上来，皇帝饿得难挨，随手抓起炊饼大嚼，连吃了三张半才缓和下来，并让站在边

第八章 流落，海角天涯飘零

上的大臣吕颐浩、范宗尹进食。[1] 幸亏之后台州知州晁公为带着下属赶到章安镇，带来稻米、钱帛，给众人解决了吃饭问题。

此处是灵江入海口，每天早晚都能听到江涛、海浪翻涌的声响，睡觉不如从前安稳。许是睡不好，吃不好，她总是做梦，梦见自己到了恍恍惚惚的仙界，清醒过来觉得若有所失，写了一首《渔家傲》：

> 天接云涛连晓雾。星河欲转千帆舞。仿佛梦魂归帝所。闻天语。殷勤问我归何处。
> 我报路长嗟日暮。学诗漫有惊人句。九万里风鹏正举。风休住。蓬舟吹取三山去。[2]

她这是日有所思，夜有所梦。如今自己距离皇帝可谓"近在眼前"，可是身为女子，自己的才华无法如那些学士一般取得皇帝的赏识，甚至没有人告诉皇帝世间有李清照这号人物。她只能在睡梦中希望天上的天帝能知晓自己。

在这首词里，她用到李白、杜甫、苏轼、黄庭坚的诗句、典故。当年杜甫说"为人性僻耽佳句，语不惊人死不休"（《江上值水如海势聊短述》），后来黄庭坚又称颂东坡，云"题诗未有惊人句，会唤谪仙苏二来"（《避暑李氏园二首》）。她觉得自己虽然

---

[1] 丁传靖辑：《宋人轶事汇编》卷三，中华书局，2003年，第73—74页。
[2] ［宋］李清照著，黄墨谷辑校：《重辑李清照集》卷二《渔家傲》，中华书局，2009年，第13页。

身为女子，也可以写出"惊人句"，能追步太白、东坡，"扶摇直上九万里"（李白《上李邕》），到琼楼玉宇，到极高处看看这大千世界的风景。在她的心里，并不把自己的诗词文章局限在儿女情长的领域。她觉得自己乃是可与李、杜、苏、黄诸子对话的女子——女博士？女学士？——总之，不比他们逊色多少吧。可惜如今漂泊天涯海角，无人欣赏，就连懂得自己一二长处的丈夫都已故去了。茫茫然，何处有自己的知音，在天上吗？那就让海风把自己吹到最高处，与那里的仙人一论长短。

一日，有两艘海船顺风从海上飘来，差点撞上御船。询问船上的水手，他们是贩卖柑子的商人。皇帝下令把两船柑子都买下来，分给众人食用，但吩咐众人要把柑子皮都尽量整块保存下来，交给宦官冯益处理。众人感到奇怪，不知道回收柑子皮能做什么。到了正月十五日元宵之夜，皇帝让冯益指挥一群宦官、兵士在每个柑皮里注上油，放上捻子，用火烛点燃以后，驾小船把这些"柑子灯"放到附近海里。当夜正好风平浪静，万顷沧溟中点点火苗摇摇晃晃，与天上的皓月交相辉映，让众人大开眼界，觉得如梦如幻。金鳌峰上下，万千民众都见证了这奇妙的景象。皇帝有如此巧思，想必也有些才能，他能否中兴大宋，清平天下？

章安镇是个小地方，一天就可以走遍各处，除了大海，并无特别的风景。李清照经常想起去年这个时候，她在建康的小溪边赏梅，丈夫也在知府任上。而如今，人已亡，梅已远，她有些感慨这半年的经历，写了一首《清平乐》：

第八章　流落，海角天涯飘零

> 年年雪里。常插梅花醉。挼尽梅花无好意。赢得满衣清泪。
> 今年海角天涯。萧萧两鬓生华。看取晚来风势，故应难看梅花。[1]

这时传来明州陷落的消息，众人又是惶然。正月十八，皇帝的船队起航，前去更南边的温州。李清照和弟弟也登上自家雇的船，跟着御船行驶。这下真的在大海上航行了，向东望去，都是无边无际的海水在涌动，海岛、船只都显得如此渺小，人就更不用说了。幸好是近岸行船，向西一会儿能望见海岸，一会儿望不见，让人心中一会儿茫然，一会儿又觉得距大陆不远，心中有些安慰。

一路摇摇晃晃，众人三日后才到温州的码头。皇帝仍然住在船上，随从的官吏、将士大都去岸上借宿。李清照和弟弟也找到一处地方借宿。二月二日，皇帝方才下船，驻跸在州城城边的江心寺，他给这座寺庙更名龙翔寺，讨个好彩头。不几日，听说金军统帅完颜宗弼觉得金人不习水战，又担心即将迎来多雨、炎热的天气，决定撤回北方。二月，金军陆续从明州、临安撤离，一路烧杀抢掠，往北去了。听闻消息，皇帝才从龙翔寺移到温州州衙住宿，暂且把那里当作行宫。

温州的气候比建康还要热些，草木生机勃勃，此时梨花都

---

[1] ［宋］李清照著，黄墨谷辑校：《重辑李清照集》卷三《清平乐》，中华书局，2009 年，第 39 页。

快谢了。她想起从前春天与丈夫"活火分茶"的旧事,作了一首《转调满庭芳》,感叹如今在"海角天涯",只剩下自己一个人"寂寞尊前席上",闲看"芳草池塘,绿阴庭院,晚晴寒透窗纱"。她在院子中闲居,经常欣赏那一树残存的梨花。一天刮起风,下起雨,她有些担心那些梨花,作了一首《浣溪沙》:

小院闲窗春色深。重帘未卷影沉沉。倚楼无语理瑶琴。
远岫出山催薄暮,细风吹雨弄轻阴。梨花欲谢恐难禁。[1]

寒食这日,家中的小辈、婢女都在斗草玩耍,她想起当年在汴京、青州的日子,又作了首《浣溪沙》:

淡荡春光寒食天。玉炉沉水袅残烟。梦回山枕隐花钿。
海燕未来人斗草,江梅已过柳生绵。黄昏疏雨湿秋千。[2]

天气还有点冷,海燕还没有来,她有些孤寒寂寞。此时杨柳依依,不少人想必去江边踏青、扫墓了,可是她无墓可扫,无人可相伴共游。拂之不去的愁绪萦绕在她的心头,令她时常沉浸在回忆中。

---

[1] [宋]李清照著,黄墨谷辑校:《重辑李清照集》卷一《浣溪沙》,中华书局,2009年,第4页。
[2] [宋]李清照著,黄墨谷辑校:《重辑李清照集》卷一《浣溪沙》,中华书局,2009年,第5页。

第八章　流落，海角天涯飘零

这里经常下雨，雨打在芭蕉叶子上，每当这样的日子，总是让她难以安眠。她这样的"北人"，还是思念北方的故土、故人。只是，一切都不得做主，只能随波逐流，于是她作了一首《添字采桑子》：

窗前种得芭蕉树，阴满中庭。阴满中庭，叶叶心心，舒卷有余情。

伤心枕上三更雨，点滴凄清。点滴凄清。愁损离人，不惯起来听。[1]

听说金军走远了，三月十八日，皇帝的船队离开温州，沿海缓缓北上，要去越州。李清照和弟弟也上船，跟着北上。四月十二日，船队到了越州，皇帝驻跸在州衙。李清照和弟弟找了处房舍住下。

越州即春秋时越国的国都会稽，自春秋至隋朝，一直是江南仅次于苏州的重要城市。后来三国时建业（建康）为孙吴首都，成了众所周知的名城。隋炀帝修建运河时以杭州（临安）为终点，带动了杭州的发展，到中唐时杭州的经济、人口都超过越州，成了仅次于苏州的大城。现在，越州虽然比不了苏杭，但依旧算江东大城。越州州治设在山阴，辖山阴、会稽、诸暨、萧山、余姚、上虞、嵊县、新昌八县。城市常住人口超过十万，有许多民居、

---

1 ［宋］李清照著，黄墨谷辑校：《重辑李清照集》卷三《添字采桑子》，中华书局，2009年，第35页。

商铺、酒楼、作坊。越州城内共三十二坊，其中会稽县二十坊，山阴县十二坊，厢坊相连互通，河街纵横城内，石桥点缀其中。这里出产的丝绫、瓷器、日铸茶等都闻名全国。

越州州治位于卧龙山下，据说里面颇有些亭台楼榭。中唐诗人元稹在此任浙东观察使兼越州刺史时，曾作《以州宅夸于乐天》，给友人白居易如此描述他的官署："州城迥绕拂云堆，镜水稽山满眼来。四面常时对屏障，一家终日在楼台。"[1] 唐末董昌占据越州自封罗平国王，以州治为宫殿。钱镠消灭董昌后，把这处州府拆毁，之后地方官重建了这里。当下皇帝以此处为行宫，禁卫亲兵六百人护卫，州府则搬到大善寺办公。城中还设有浙东安抚使、提点刑狱使、提举常平使等衙门的官署。如今子城范围内的空闲房舍大都被朝廷百司占用办公，戒珠寺、天庆观、天长观、告成观等寺观也大都被朝廷部门、军队征用，用于安顿大小官员及其家属。因皇帝到来，越州城涌入上万人，城中物价飞涨，事端纷纭，显得既热闹，又繁乱。

越州是繁华之地，街道上有许多商铺。城东有一座大酒楼"和旨楼"，据说原来乃地方百姓祭祀五通神的神祠，前两年翟汝文在此当知州，令人拆除神像，改作酒楼。

至于当今皇帝为什么驻扎越州，有各种传言。有人说皇帝的生母韦太后（显仁皇后）本是会稽人，后来去苏颂家中当婢女，被他进献给宫廷。有人说去年十月十七日皇帝第一次踏入越州地

---

1 ［唐］元稹撰，冀勤点校：《元稹集》卷二十二《以州宅夸于乐天》，中华书局，2010年，第281页。

第八章　流落，海角天涯飘零

界，遇到一个名叫赵不衰的人，觉得是吉兆，从此对越州青眼有加。有人说，越州有古代圣王大禹的遗迹，越王勾践卧薪尝胆、报仇雪耻的故事也众所周知，皇帝大概是以先贤激励自己和朝野上下。也有人说，越州乃是水乡泽国，有长江、钱塘江两道天险，也有水路可以向东去明州乃至海洋，让金国的骑兵难以施展。

不知谁给皇帝进言，皇帝下诏追赠黄庭坚、秦观、晁补之、张耒四人为直龙图阁，这对他们的后人应该有些好处。

李清照随弟弟安顿下来，可算可以过一阵安稳日子了。一晚，她又一次梦见丈夫，当年与他共同收集碑帖，品评诗文，用玉钗拨去沉香灰烬，望着如篆书形状的沉香烟雾缓缓消散，多是快乐的时光。醒来时梦有些模糊，懒得再拨沉香灰烬，或许只能寄期望于飞过的鸥鸟，如果它们会飞经建康的紫金山，多么希望鸟儿能带去自己对埋葬在那里的丈夫的问候。她就此作了一首《浪淘沙》：

> 帘外五更风，吹梦无踪。画楼重上与谁同？记得玉钗斜拨火，宝篆成空。
> 回首紫金峰，雨润烟浓。一江春浪醉醒中。留得罗襟前日泪，弹与征鸿。[1]

为了安抚江浙民心，皇帝颁布《金人残破江浙杀戮生灵募僧

---

[1] ［宋］李清照著，黄墨谷辑校：《重辑李清照集》卷三《浪淘沙》，中华书局，2009年，第48页。

道作道场祭文》，命令官府组织僧人、道士做法事，为死难的民众追福。夏末，越州城内外多了许多士兵，这是浙西制置使韩世忠、浙西江东制置使张俊带着上万士兵前来行在护卫。这下子城内的物价更高了，尤其是缺乏肉食，一只兔子都可以卖五六千钱，小小的鹌鹑也能卖三四百钱。虽然皇帝下旨严禁私自宰牛，可是禁军士兵为了吃一口肉往往犯禁。一天有一头水牛从禹庙一侧闯入城中，头顶上插着刀子，显然有人偷偷屠牛时不慎失手，让牛跑了出来。这头牛在街头乱跑，民众纷纷躲避，有厢卒前去阻拦，险些被撞死。牛闯入知州办公的大善寺，一直跑到西廊，遇见一匹系在那里的马，牛角顶破了马的肚子，肠子挂在角上。牛继续跑到大厅前，知州陈汝锡在办公，牛见到他缓缓走到台阶下卧倒，抬头悲鸣。陈知州让护卫放下刀剑，给它敷药，命衙役去逮捕私自屠牛之人，然后把这只闹得满城皆知的牛牵引到圆通寺放生。人们就把这头牛称作"长生牛"。[1]

朝中，五月皇帝任命范宗尹为右相。范宗尹时年三十一岁，如此年轻就成为宰相，羡煞了旁人。綦崇礼升任试吏部侍郎兼直学士院。谢克家也从泉州回到越州，他是宰相范宗尹看重的人物，先被任命为试工部尚书，八月又出任参知政事，成为执政大臣之一。李清照和弟弟自然要去谢家祝贺。有他的照应，在越州也更安心些。

这时隆祐太后孟氏到了越州，入城时许多人都去围观，皇帝

---

[1] ［宋］洪迈撰，何卓点校：《夷坚志》丙卷第五《长生牛》，中华书局，2006年，第404页。

第八章 流落，海角天涯飘零

到行宫门外迎接她入宫。李清照等汴京来的人多少知道这位太后的过往，许多人感慨她也是苦命人，从前几经废立，这两年也不得安生，在洪州、吉州、虔州东躲西藏，想必也受了风尘之苦。此后常能听到百姓议论这位孟太后。据说她个性恭谨，从不干涉朝政，在宫内也极谦和，唯一的爱好是饮酒。皇帝觉得官府进献的酒品质较次，劝她到市场买点好酒，于是孟太后经常派宫人带着钱去市场买酒，从不亏待卖酒之人。

听说金主在北方册立宋朝降臣、原济南知府刘豫为皇帝，九月九日举办登基大典，国号"大齐"，定都大名府（今河北大名），管辖黄河故道以南的河南、陕西地区。朝廷当然不承认这个政权。金人觉得自己的民众无法适应中原的气候、风土，并无长期占领中原之意，所以先后册立大楚张邦昌、大齐刘豫这样的傀儡皇帝，便于勒索贡赋。

李清照听闻北方的消息，作了一首诗《咏史》：

> 两汉本继绍，新室如赘疣。
> 所以嵇中散，至死薄殷周。[1]

她形容伪齐政权会如王莽建立的新朝一般昙花一现，好像人身上长了个无用的肉瘤一样多余，而在越州的当今皇帝才是承继大宋皇统的合法政权。只是，她不知道当今的皇帝、朝廷会如光

---

[1] ［宋］李清照著，黄墨谷辑校：《重辑李清照集》卷五《咏史》，中华书局，2009年，第86页。

武帝刘秀那样一统中原、中兴大宋，还是仅如当年的晋元帝一般偏安江东。

冬天，听说有个叫秦桧的人带着夫人王氏从金国逃到越州投奔皇帝。秦桧是政和五年的进士，之后又考中词学兼茂科，一路宦途顺利，至靖康之变时，他已升为御史中丞。汴京陷落，他有乞求金人保全赵氏皇族的忠义言论，之后被金人押送北上。他被金人安排在完颜昌的军府任职，最近找了个机会偷偷离开金军，逃到越州。他与宰相范宗尹、同知枢密院事李回有交情，在他们的推荐下出任了礼部尚书。秦桧的妻子王氏的父亲是王珪第四子王仲山，此人乃是李格非原配妻子的弟弟。李清照虽然是李格非继妻之女，但要是攀亲戚的话，她也可以勉强说与这位王氏是表亲，要是见了面也能叙叙旧谊。只是，李清照并非攀附之人，并无与之亲近的想法。听说，王氏的父亲王仲山、叔叔王仲嶷之前分别任抚州知州、袁州知州，去年金军兵临城下之时，他们都开城投降。王仲山不知所终，而王仲嶷在金人离开后遭到朝廷处置，被贬为沂州团练副使，潮州安置。

十一月，听说金人又一次逼近长江北岸，江南各地的百姓都有些惊恐，流言纷纷。皇帝让低级官员、百姓自行躲避。李清照跟着弟弟逃到衢州。这时的衢州知州是弟弟从前在敕局的同僚刘一止的从弟，可以得到他的关照。

听说，在越州的皇帝颁布诏书，要求吏部整理元祐党人、元符上书士人的姓名，给他们追赠官职，恩荫他们的子孙，没有官职的可以授予官职，有官职的也可以给予优待。对李清照的弟弟

第八章 流落，海角天涯飘零

来说，这是个好消息，父亲得到平反，有助于他提升官阶。冬至这天，皇帝亲率百官向着北方遥拜被金人掳掠的二帝，这是皇帝第一次举行向北遥拜之礼，以示不忘君父。

建炎五年（1131年）正月初一，听说皇帝天刚亮就率百官在越州行宫北门外遥拜父亲、兄长，然后回到常朝殿，宣布改元"绍兴"，要"绍奕世之宏休，兴百年之丕绪"，即承继先祖大业、振兴大宋之意。这是为了与北方伪齐建元"阜昌"针锋相对，宣布自己才是承受天命的正朔。当今皇帝也是苦命，登基以来一直在四处逃跑，犹如惊弓之鸟。每次金兵到了江淮地带，朝廷都紧张万分，君臣只好以勾践"包羞忍辱"的史事互相安慰。皇帝也在诏书中公布过自己的难处："欲睦邻休战，则卑辞厚礼以请和；欲省费恤民，则贬食损衣而从俭。"[1] 在改元诏书中皇帝也检讨说："朕遭时艰难，涉道寡昧，熟视斯民之荼毒，莫当强敌之侵陵，负此百忧，于今五载……致汝于斯，皆予之过。"[2]

又听说，谢克家因病辞去参知政事之位，以资政殿学士提举洞霄宫，回临海养病，不久之后又被任命为泉州知州。他恐怕是身体虚弱，又不耐烦朝中的明争暗斗，想躲远点。另一边，綦崇礼当了一年多漳州知州，最近得到宰相吕颐浩的举荐，回朝担任试吏部侍郎兼权直学士院。而与李清照打过交道的台州知州晁公

---

1 ［明］王志坚选编，于景祥校点：《四六法海》卷一《建炎三年十一月三日德音》，辽海出版社，2010年，第47页。
2 曾枣庄、刘琳主编：《全宋文》第201册《改建炎五年为绍兴元年德音》，上海辞书出版社、安徽教育出版社，2006年，第385页。

- 245 -

为因妻子收受囚犯的贿赂被免职为民,与之交好的右相范宗尹也因此失去了皇帝的信任。

衢州的春天来得比北方早,天气一天天热起来。李清照脱下冬天穿的袄子,换上夹衫,感觉身体轻松了。鬓发上插戴的梅花已经残落,她又想起之前在北方的亲人,想起汴京与青州,作了一首《菩萨蛮》:

> 风柔日薄春犹早,夹衫乍著心情好。睡起觉微寒,梅花鬓上残。
>
> 故乡何处是,忘了除非醉。沉水卧时烧,香消酒未消。[1]

到底哪里是自己的故乡?

章丘明水镇?那是父亲的籍贯,可自己从小随父亲在郓州、汴京生活,只短暂去过绣江几次,难说对那里有多少感情。

汴京?说起来,自己在汴京居住的时间最长,见识的风景、人物也印象最深刻。大概,那里算是自己最熟悉的地方吧。问题是,汴京已没有了父亲、弟弟,那里也没有所谓的家了。

青州?与丈夫在那里闲居了十四年,习惯了那里的风土人情,那是丈夫的家,勉强也可算是自己的故乡吧。

她想起从前在青州东湖游览的情形:一天与几个要好的女伴在湖中游玩、饮酒行令,快天黑时才带着醉意乘船回来,惊起荷

---

1 [宋]李清照著,黄墨谷辑校:《重辑李清照集》卷三《菩萨蛮》,中华书局,2009年,第42页。

第八章　流落，海角天涯飘零

花丛中的鸥鹭。她就此作了首词《如梦令》：

> 常记溪亭日暮，沉醉不知归路。兴尽晚回舟，误入藕花深处。
>
> 争渡，争渡，惊起一滩鸥鹭。[1]

三月，听说金兵走远了，众人都放下心来，她和弟弟离开衢州，回到越州，租住在钟氏的房舍。她随身带着丈夫和自己收集的几箩筐书画、书册、拓片、砚台之类，经常换着把玩。

听说隆祐太后孟氏患了风疾，身体不便，皇帝旦暮都前去请安，让大夫诊治也不见好。四月她驾崩了，终年五十九岁，安葬在会稽郊区。她命途多舛，在哲宗朝经历了一立一废，在元符末年、崇宁年间又经历了再立再废。之后竟然是张邦昌主持给她复位并请她垂帘听政，建炎年间苗刘兵变时，她又第二次垂帘听政。这些经历颇让人感慨。这位太后经历了许多磨难，也有些见识，有几件外界称颂的功德，比如苗刘兵变时私下让梁红玉去召她的夫君韩世忠前来勤王平乱。

如今的越州城中，吕颐浩、秦桧两人最受官场瞩目。七月，皇帝免去范宗尹的相位，派他去温州当知州，随后升秦桧为右相，吕颐浩为左相，命吕颐浩专管军旅，坐镇镇江防备金人南下，秦桧则在朝中专管日常政务。吕颐浩是山东沧州乐陵人，喜欢提携

---

[1] ［宋］李清照著，黄墨谷辑校：《重辑李清照集》卷一《如梦令》，中华书局，2009年，第10页。

山东籍的官员，而秦桧是江宁府人，大力任用胡安国、林待聘等东南人士，双方各有党羽为助。朝廷从前就有南北士人风气不同的争论，本朝太祖、太宗、真宗、仁宗朝任用的人才以北方士人为主，虽然真宗朝的王钦若、仁宗朝的晏殊先后登上相位，范仲淹、欧阳修也是名士名臣，可整体上南人还是不如北人受重用。到神宗朝才有了任用南人的风气，司马光就曾上奏神宗说："闽人狡险，楚人轻易，今二相（曾公亮、陈升之）皆闽人，二参政（王安石、唐介）皆楚人，必援引乡党之士，充塞朝廷，风俗何以更得淳厚？"[1] 王安石为相后，更多南方士人得到任用，如福建路泉州的蔡确、吕惠卿，福建路建州的章惇，建昌军南丰的曾布，福建路兴化军的蔡京、蔡卞等。从那以后，朝中重臣大多出自南方。

十月初，朝廷在和尚原取得一场大胜。二十六日，皇帝把越州提升为"绍兴府"，并赐额"大都督绍兴府"，意为中兴之地。朝野大为振奋，都期望快点中兴大宋，过几天安稳日子。

因为南方不少屋子用木头、竹子搭建，秋冬之际天干物燥，容易起火。绍兴、临安凑巧都起了大火，把许多百姓的房舍都烧毁了，官府一时也无法找到空房子救济这么多人，许多人只好临时找点木头搭棚子凑合。天越来越冷，要是来不及修建房舍，江南的冬天也是不好过的。

因为绍兴并不在运河主道上，漕运、人员往来颇为不便，故

---

1 ［宋］徐自明撰，王瑞来校补：《宋宰辅编年录校补》卷七，中华书局，1986年，第409页。

第八章 流落,海角天涯飘零

而十一月八日,皇帝下诏宣布明年移跸临安府,令权知临安府徐康国修建行宫百余间。江东的几个城市中,建康乃是孙吴、东晋、南朝的帝都,朝野大都认为那里更适合建都,可是皇帝对那里的防卫并不放心,总觉得敌人跨过长江,一日就可以打到建康,有些危险。临安府虽然地狭人稠,可是在运河最南端,敌人要南下的话总要消耗些时日,不容易长驱直入,而且唐末钱氏家族在此称王数十年,也不能说没有一点"王气"。此处有钱塘江,紧急的时候可以顺着大江往东逃入海中。也有人说,当年太祖皇帝在陈桥驿兵变时,率军从汴京仁和门入城称帝,之前皇帝经过临安,听闻这里有个县叫"仁和",颇为高兴,说:"此京师门名也。"估计从那时候就觉得这是个好彩头,有意驻跸。总之,皇帝似乎要以临安为都。许多官僚都派亲戚、仆从去临安府租赁、购置房舍,李清照的弟弟也急忙派人去寻觅房舍。

恰在快要离开之前,一天早上李清照得知,存放藏品的那间房子的墙壁被人凿开个大洞,有人偷走了自己的五簏玩物。李清照大为惊讶,也不知道是盗贼所为,还是钟家子弟监守自盗。她舍不得那些日夕把玩的东西,公开悬赏收购这些丢失的物品。两天后,有个邻居钟复皓拿来十八轴书画要赏钱,李清照说话算话,当即给了他钱财。李清照知道,必定是与钟家有关的人觊觎自己的藏品,设法偷走了自己的东西,可乱世之中,她也不敢公开请求官府追索,怕得罪这些当地人,引起纠纷。此后,并没有其他人拿出盗走的东西来领赏,她也只好作罢。

到十二月,绍兴又发生一场大火灾,把吏部的文书都烧毁了,朝野议论纷纷,觉得是不祥之兆,都想早点搬到临安去。李清照因为在这里丢失了许多藏品、玩物,也对此地有些厌恶,想早点离开。

第九章　再婚，百日人间笑话

绍兴二年正月初七是"人日"，按习俗人们要头戴各种人形的"人胜"头饰，可以驱邪祈福。这天下了雪，听到不知道什么鸟雀的叫声，李清照想起那些描述归鸿、离别之类的诗词，作了一首《菩萨蛮》：

>归鸿声断残云碧，背窗雪落炉烟直。烛底凤钗明，钗头人胜轻。
>角声催晓漏，曙色回牛斗。春意看花难，西风留旧寒。[1]

此时还没有什么花开，西风依旧清冷，可更冷的是人心，"归鸿"有处可去，而自己这样的北人流落此地，何处可归？何时可归？天知道，天也不知道，只有一阵惘然。

正月初十，皇帝离开绍兴往临安行进，这次没有金军侵扰，皇帝的仪仗当然比往日逃难时隆重，缓缓行船，十四日才抵达临安府。李清照与李远一家也跟着回到了临安。听说在泉州当知州

---

[1] ［宋］李清照著，黄墨谷辑校：《重辑李清照集》卷三《菩萨蛮》，中华书局，2009年，第41页。

的亲戚谢克家生了病，又一次请假离任，转任提举洞霄宫的闲职，李清照和弟弟自然都去信慰问。

在临安住了一阵，她才对这座城市有了些体会。在江东，自春秋时代起，以吴国都城姑苏（苏州）最为发达，其次就是越国的都城会稽（绍兴）。三国、东晋时期建康崛起，在江东形成三足鼎立之势。那时杭州（临安）还是人烟稀少之处。到隋炀帝疏凿南北运河，以杭州为南端起点，此后杭州就成了北连运河，东通大海的交通枢纽，发展成商贸繁荣之地，中晚唐时杭州已成为"东南名郡"，"骈樯二十里，开肆三万室"[1]，成了仅次于苏州的江东大城。

临安的城墙是五代吴越王钱镠修筑的，罗城周长七十里许，高达三丈，宽丈余。东面的罗城至茅山河、贴沙河，城墙东北交会处为艮山门，沿东外墙向南经崇新门、新开门、候潮门，再西折就是南门嘉会门；北面城墙，自艮山门向西延伸至西北城墙交会口——北关门（即余杭门）；西面城墙，自余杭门沿西湖东侧有钱塘门、丰豫门（即涌金门）、清波门、钱湖门；南面城墙，自嘉会门经包家山折向西，沿慈云岭山坡北折，至钱湖门。

西湖在临安城池的西侧，其东北是西溪流经的平原、湿地，东临钱塘江，北接大运河，南边吴山及吴山南侧的凤凰山地势较高。从前吴越国在凤凰山东南麓下修建了一系列宫殿，归顺本朝后改为杭州知州的官署。据说里面的一根柱子上还有苏颂的母亲魏国太夫人陈氏的题字，她的父亲陈从易、丈夫苏绅、儿子苏颂

---

1 ［清］董诰等编：《全唐文》卷三百十六《杭州刺史厅壁记》，中华书局，1983年，第3206页。

第九章 再婚，百日人间笑话

先后出任杭州知州，她三次随之来杭，故而题字"吾少从父至此邦，次与夫偕来，今同吾儿，凡三到，尽阅江山之胜"。[1]可见这位魏国太夫人也是有才情之人，只是她的诗文不为外界所知，倒是她的女儿延安郡夫人的诗词颇有流传，李清照也是读过的。

凤凰山形如张开两翅的鸟，两个山头上各建有一塔，凤嘴处有一处泉水下流形成的水池。登上官署西侧的凤凰山顶，可以"东望海，西望湖"[2]，很容易看清临安城的地理格局。凤凰山北侧的狭长土地就是人烟繁密的临安城，包括南部的钱塘县城和北部的仁和县城。城西则是著名的西湖和周围的山岭，城东是连绵的滩涂和钱塘江入海口，城南还有龙山等山岭，龙山之西南有虎跑泉、六和塔等景点。如今，皇帝以知州官署为宫城，让知州另在清波门北部的净因寺故基设立衙门。与汴京皇宫坐北朝南不同，临安的皇宫位于城市最南端的凤凰山麓，而许多官府、百姓居住的厢坊都在皇城以北。因为本朝崇尚火德，皇帝让人把殿宇的墙壁皆以赤土刷染，外涂以桐油，远远就能看到赭红色的宫墙。

临安号称东南一大都会，下辖钱塘、仁和、余杭、临安、富阳、於潜、新城、盐官、昌化九个县，其中府城钱塘、仁和两县人口约五十万[3]。如今大批官员、士人、军人及北方移民涌入，这

---

1 丁传靖辑：《宋人轶事汇编》卷十一，中华书局，2003年，第582页。
2 ［宋］苏轼撰，［清］王文诰辑注，孔凡礼点校：《苏轼诗集》卷七《古今体诗四十五首·再和》，中华书局，1982年，第321页。
3 根据崇宁时的人口统计，杭州有二十万三千五百七十四户，按户均四人至五人推测，杭州约有一百万人，这是包括下属各县的人口数量。而杭州城郭即钱塘、仁和两县人口最为密集，估计约有四十万人至五十万人。见［元］脱脱等撰：《宋史》卷八十八《地理四·两浙路》，中华书局，1985年，第2174页。

里的人烟更加稠密，许多人都靠小买卖谋生，沿街有许多饭馆、酒楼、旅社，如今的酒楼中时常听到歌妓演唱新曲。

临安城位于西湖的东岸，这里楼台林立，人烟稠密，如涌金门外有一座丰乐楼，是有名的观景之地。

西湖的北、西、南三个水岸边的山岭之间则有许多值得游赏的名胜之处。

西湖北岸有孤山、葛岭、北山。孤山是西湖西北部一座突出的岛屿，分布着智果观音院、玛瑙宝胜院、报恩院、广化寺等寺庙；葛岭上下有招贤寺、寿星院、垂云亭、履泰山、栖霞岭、桃溪、栖霞洞等；北山包括宝石山等多座山岭，有菩提院、望湖楼、真觉院、法济院、宝岩院、普润寺、昭庆寺、崇寿禅寺等名胜。宝石山山腰有一个显著的大佛头，这块石头原来叫作"秦皇缆船石"，传说是秦始皇南巡至此用来系船的。宣和年间，杭州僧人思净请工匠把这块石头镌成大佛的上半身，无论乘船还是走路经过这里，远远都能看到镀金的大佛高踞山崖微笑。

西湖西岸是大片山岭和溪谷，主要有上下天竺、灵隐寺、龙井等处。

西湖南岸则有南山的数座山岭，主要包括南屏山、九曜山、夕照山等。夕照山的一座小山岭雷峰上有一座吴越国国王修建的八面五层佛塔，俗名"雷峰塔"，塔建在山顶的高台上，极为醒目。这座塔后面的山脚下，就是有名的佛寺净慈寺。

二月花木茂盛，临安人纷纷到西湖各处亭榭、山谷、寺观游览。李清照兴味盎然，也去了几处地方，可惜如今她形单影只，

第九章　再婚，百日人间笑话

没有可以说点心里话的亲友作陪，多少有些意兴阑珊，回来她作了一首七言绝句《偶成》：

> 十五年前花月底，相从曾赋赏花诗。
> 今看花月浑相似，安得情怀似往时。[1]

她熟读各种诗词抄本，自然晓得柳永曾在此地浪荡，写过《望海潮》一词形容这里的繁华：

> 东南形胜，江吴都会，钱塘自古繁华。烟柳画桥，风帘翠幕，参差十万人家。云树绕堤沙，怒涛卷霜雪，天堑无涯。市列珠玑，户盈罗绮竞豪奢。
> 重湖叠巘清嘉，有三秋桂子，十里荷花。羌管弄晴，菱歌泛夜，嬉嬉钓叟莲娃。千骑拥高牙，乘醉听箫鼓，吟赏烟霞。异日图将好景，归去凤池夸。[2]

这时临安的酒宴上，有人会演唱太上皇被押解到北方的途中写的《宴山亭》：

---

1 ［宋］李清照著，黄墨谷辑校：《重辑李清照集》卷五《偶成》，中华书局，2009年，第97页。
2 ［宋］柳永著，薛瑞生校注：《乐章集校注（增订本）》中编《望海潮》，中华书局，2012年，第322页。

裁剪冰绡，轻叠数重，冷淡胭脂凝注。新样靓妆，艳溢香融，羞杀蕊珠宫女。

易得凋零，更多少、无情风雨。愁苦，问院落凄凉，几番春暮？

凭寄离恨重重，这双燕，何曾会人言语？天遥地远，万水千山，知他故宫何处？怎不思量，除梦里有时曾去。无据，和梦也，有时不做。[1]

谁能料到，太上皇也如李后主一般，亡了国，写这般凄凉的长短句。这应是曹勋传来的，他是那个擅长写词的曹组的儿子，也擅长文辞，宣和五年得到太上皇的特恩得以参加殿试，获得同进士出身，之后为阁门宣赞舍人、勾当龙德宫，服侍太上皇。金人押太上皇北上时，他跟在身边，半路上奉太上皇之命逃回南方，那时他还不知道皇帝已在众人推戴下登基，带回来了太上皇的御书（"可便即真，来救父母"）以及皇帝的生母韦贤妃、正妻邢夫人的信件。据说太上皇还让他特地转告皇帝："艺祖有誓约，藏之太庙，不杀大臣及言事官，违者不祥。"此后他在朝中为官，从他那里传扬出一些太上皇作的诗词。

听说，太上皇赏识的那个歌妓李师师流落到临安，一些士大夫邀请她在酒宴上唱曲。她年过中年，靖康元年被没收家产，之后又在战乱中东躲西藏，如今容颜憔悴，已没有了从前的风韵。

---

1 唐圭璋编著：《宋词纪事》，中华书局，2008年，第170页。

第九章 再婚，百日人间笑话

据说宣和年间的汴京名妓秦妙观也逃到了临安，成了蓬头垢面的流民。在这几年的战乱中，人的生命犹如草芥，犹如尘埃，来不及躲避马蹄的践踏，纷纷扬扬，散在各处沟壑。种种变故，令人感叹。

许是吃了什么不干净的东西，李清照生了一场重病，一度生命垂危，弟弟把封棺材的泥灰和铁钉都准备好了。[1]她身边只有一个应门的老仆负责洒扫，还有个小婢照看，弟弟李远时而过来送药。病中人的心态最为脆弱，她常常感到寂寞、无奈，也没有可以陪着说话的亲人在身边嘘寒问暖。

幸好后来病情渐渐缓解，她可以起床略略活动，不时听到外面各种消息。三月，皇帝科举取士，公布榜单以后，状元张九成的大名顿时为万千士人、百姓所知。据说，张九成所作策论慷慨论述"金人有必亡之势，中国有必兴之理"，建言皇帝"去谗节欲，远佞防奸"等等，说："澄江泻练，夜桂飘香，陛下享此乐，必曰：'西风凄动，两宫得无忧乎。'"[2]皇帝一向以孝子标榜自己，对这篇对策大为赏识，拔擢张九成为状元，余杭凌景夏第二。李清照听说张九成的对策里有"澄江泻练，夜桂飘香"之语，与亲友闲聊的时候，想起柳永的外号和其《破阵乐》里的"露花倒影，烟芜蘸碧"一句，给这位新科状元也起了个外号，戏称"露花倒

1　"近因疾病，欲至膏肓，牛蚁不分，灰丁（钉）已具"，见[宋]赵彦卫撰，傅根清点校：《云麓漫钞》卷十四《今定洛书本数禹所次图》，中华书局，1996年，第246—247页。

2　[宋]李心传撰：《建炎以来系年要录》卷五十二，中华书局，1988年，第923页。

影柳三变，桂子飘香张九成"。这是模仿苏公当年夸赞秦观的趣话"山抹微云秦学士，露花倒影柳屯田"，纯属言语游戏而已。有人把李清照的话传播出去，一些士人颇为厌恶。张九成是理学家杨时之徒，对卿卿我我的词并不感兴趣，若得知她把自己与柳永并称，恐怕也不会高兴。

这时，李清照接到消息，担任广东安抚使的赵存诚病故了，他是赵明诚的长兄，李清照和弟弟自然要致信慰问。乱世之中，各有各的难处。赵明诚的二哥赵思诚之前带着家人前去广东投奔赵存诚，把家安在了泉州，由于路途遥远，很少通问。另一位旧交明州知州綦崇礼最近得到左相吕颐浩的关照，回朝担任试吏部侍郎，寻兼权直学士院。

五月，城里起了大火，火光四处蔓延达六七里，把上万户人家的房子烧成灰烬，许多人栖栖惶惶，四处向亲友借宿。这些失去房屋的人的悲苦模样，令她也有许多感触。

过去两年居无定所，疲于奔命，让她深感一个女子生活的不便，总要依靠弟弟出面处理各种对外交际的杂事，而弟弟还要到官署办公，总去麻烦他也不是办法。就在她深感孤独时，近来有个叫张汝舟的官员主动示好。他是湖州归安县人，崇宁二年考中进士，去年被特迁一官到池州措置军务，今年回京担任右承务郎、监诸军审计司，是审计军队账务的八品小官。他有些实权，实际收入应该不少。

他与李迒相识后，时常邀请李迒到他家做客，也来过李家几次。他还说自己当年在京城参加进士考试时，听过李清照的名字，

第九章 再婚，百日人间笑话

她当时的诗词得到晁补之的称赞，已有了些名声。

张汝舟妻子已经故去，他对李清照格外关注，总是打听她的状况，似乎有续娶的意思。按理说他这样的官员，要是续娶，一般会找二三十岁的女子，以继续生育。而张汝舟却向李家打探消息，有意联姻，这有些稀奇。毕竟，李清照已五十二岁了，年纪不算小。

说起来，她在赵明诚故去后，已成寡妇，而且是没有子女的寡妇，这种情况下，她有以下几种选择：[1]

一、坚持守寡，也不立嗣。等自己亡故之后，这种"户绝"的人家的资产都会被官府没收。朝廷对财产继承格外关注，规定寡妻无权在丈夫死亡以后将夫家田产私自典卖，不过李清照他们南迁以后也没有什么田产。

二、坚持守寡，选亡夫或自己亲戚家的三岁以下幼儿为继子，使其继承赵明诚的香火和财产。在继子长大之前，寡妇可以替养子管理丈夫遗留的财产，等到继子成年以后由继子掌管。问题是，立嗣的话，又涉及立赵家亲戚还是立李家亲戚的问题，难免惹来各种议论，她觉得麻烦。

三、坚持守寡，并招个"接脚夫"共同生活。这本是民间的习俗，寡妇在丈夫死后无所依靠，有诸多不便，便招一男性共同生活，帮忙打理家务。但是按照律法，若亡夫与其兄弟并未分家，或是亡夫家中劳动力人口足够，寡妇不可以招接脚夫。而且就算

---

[1] 参见［美］柏清韵：《宋元时代的妇女、财产及儒学应对》，中国社会科学出版社，2020年。

招了接脚夫，寡妇不能将亡夫的田产转移到后夫名下，接脚夫的子嗣无论是不是与该寡妇所生的，都不能继承亡夫的田产，等到寡妇去世后亡夫的田产要被官府没收。律法虽然如此规定，每家的具体状况都有差别，经常有接脚夫贪图便宜、侵占财产的情况发生。当然，亡夫家族中的人大多都会对此有所非议。神宗元丰元年（1078年），就出过屯田郎中刘宗古与孀妇李氏同居的事情，实际上他就是贪图对方的财产，当了接脚夫。此事被检举之后，皇帝觉得他身为官员、士人，这样做有失身份，免去其官职放归田里。

　　四、无意守寡，可以在丈夫亡故二十七个月后离开夫家，改嫁他人。如果经济困难的话，还可特别申请于夫亡百日后改嫁。在这种情况下，改嫁之人可以带走自己的陪嫁资产，但不能带走亡夫的财产，亡夫的财产将由其族人瓜分。所以，觊觎财产的族人一般并不欢迎寡妇守节或寡妇立外姓人为继子，以防财产转入他人之手。当然，虽说律法如此规定，但除了田产难以轻易处置，其他如金银器皿、古玩收藏等都比较容易变卖，改嫁的妻妾用些手段携带夫家的财产改嫁并不算费事。上到朝臣，下到百姓，都不乏先例。如哲宗绍圣年间，家资丰厚的太子太保韩缜死后，其爱妾蟾奴带走大量资产改嫁他人，韩缜之子韩宗武乃是忠厚之人，没有与之计较，得到人们的称赞。有丰厚资产的寡妇，颇受人欢迎，如真宗朝的朝臣薛惟吉故去后，其妻子柴氏资产丰厚，而且有意改嫁，于是妻子已故的宰相向敏中、前任宰相张齐贤两人都争着与之议婚，闹出一场风波，朝野议论纷纷，连皇帝也有所

第九章 再婚，百日人间笑话

耳闻。

女子在丈夫亡故之后再嫁是寻常的事情，上到皇家，下到农家，屡见不鲜。比如本朝太祖的妹妹燕国长公主在第一任丈夫故去后改嫁他人。范仲淹的母亲谢氏也是在第一任丈夫故去后带着年纪还小的范公改嫁长山人朱文翰。已故宰相苏颂的长妹、仲妹都是在第一任丈夫故去后改嫁他人的。因为夫妻感情不和而"和离"之人也多见，比如仁宗皇后曹氏本来嫁给了李植为妻，此人热衷修行道术，无心男女之事，新婚之夜居然遁走他处，不久后两人就离婚。后来曹氏入宫，进而成为皇后，母仪天下。只有极少数老古板反对女子再嫁，如程颐在《近思录》中反对士人娶孀妇，反对贫穷无托的孀妇再嫁，说"饿死事极小，失节事极大"[1]云云，除了他的那些徒子徒孙，外界并不觉得这是什么至理名言。

张汝舟在李家来来回回几次，打探到李清照并不排斥再婚，便正式托媒人前来求亲，不外乎将来"举案齐眉"之类的好听说法。李迒是个耳根软的人，觉得姐姐晚年有个依托也是好事。李清照已五十二岁，经历之前逃难的一路颠沛流离，深感一个女子要主持家事颇有不便，容易被人轻视、欺负，之前在绍兴钟家的藏品被偷盗就是如此。她觉得张汝舟也是个有意思的人，或许他已有了前妻所生的儿女，觉得再娶的话能否生养并不重要。再说，他多少知道李清照的名气，知道她是个能文能诗之人，日常相处

---

[1] ［宋］程颢、程颐撰，［宋］李吁、吕大临等辑录，［宋］朱熹编定，朱杰人、严佐之、刘永翔主编：《朱子全书外编》第二册《程氏遗书》卷二十二下《附杂录后》，华东师范大学出版社，2010年，第376—377页。

也有些趣味。他的俸禄足够养活一个家庭，生活也算安闲。李清照见过此人的诗文，似乎也有些才情，再嫁此人，晚年有个依靠，未尝不可。于是，她就同意了此事。

因为是二婚，也不必大操大办，六月李清照到了张家，带去的陪嫁包括常用的金银首饰、书画藏品之类。外人大概也会觉得奇怪，官宦续弦，不说找二十来岁的年轻女子，也要找三十来岁的，还可以生育，不知张汝舟为何要找已经五十二岁的李清照。或许是清心寡欲，乐于以诗文书画自娱吧。也有人背后议论他或许是贪图李清照的丰厚陪嫁。在外人看来，她的前夫乃是宰相之子，当过知州，爱好收藏，想必有不少财产。

刚到张家，李清照慢慢适应新的人、新的环境，与张家的亲戚时有往来。张汝舟的老家归安在临安北部一百五六十里的地方，最多两日可达，故而他与老家的人来往较多。张汝舟因为是官员，早上都去办公，午后才回来，大多数时候她都自己读书、闲坐而已，厌倦了就去庭院或者附近走走，只是天气湿热，也就早晚略略活动一会儿。她和张家的亲戚、仆从来往，日常也听说了不少张家的旧事。听人说张汝舟当年参加科考颇不容易，几次没有考中，后来私下买通官吏修改档案，虚增参加科举不中的次数，得以参加特奏名考试，这才获得了同进士出身，有了为官的资格。张家亲友觉得张汝舟这样干是有本事，李清照听了也没太在意，毕竟，像父亲那样能顺利考中进士的文士仅是极少数，大多数人只能自谋出路。

日常闲居，听闻当今皇帝命朝廷有关部门将黄庭坚所书的太

第九章 再婚，百日人间笑话

宗皇帝御制《戒石铭》雕刻为碑，立在尚书省，并制作许多拓本分发各州县，命官府刻碑立在官署。《戒石铭》上有"尔俸尔禄，民膏民脂，下民易虐，上天难欺"四句话，铭文出自五代蜀主孟昶的《令箴》，原文为二十四句共九十六字。本朝太宗看到后删繁就简，摘取其中四句，敕令在州县衙署大堂立碑公告官民，使知州、知县坐堂理事即可见到这些文字，以警戒其秉公办事、克己爱民。之前黄庭坚曾书写过这些文字。可叹，当年黄公的诗文雕版、碑榜一如苏公的诗文雕版、碑榜，都是被太上皇查禁的对象，现在却因为当今皇帝喜欢其书法，被立在官署成了众人瞻仰的对象。要是赵明诚还在，应该也要议论一番今昔，收藏一份这碑刻的拓本吧。

过了一两个月，李清照才察觉张汝舟的性情与之前初见时不同。之前是故作姿态，如今渐渐露出本来面目。此人内心颇有算计，并非自己想象中的风雅、淡泊之人。他总是若有若无地打探李清照的书画、古器的去向，似乎他看上的根本不是李清照这个人，而是传闻中赵明诚的藏品，觉得那是一大笔财产。

李清照觉得此人的想法也是可笑，借着闲谈的机会向他说了自家藏品散失的状况。那些藏品在青州、洪州、剡中、绍兴等处，大多已经被抢、被烧、被偷，早没了踪影，她手边只剩一些可供赏玩的书画、典籍、器物而已。可是这人总不相信，似乎以为她在弟弟家中还放置着许多财产，或者在哪一处地方秘密保存着什么了不得的金玉、古器。见此人露出鄙俗、势利的本相，李清照越发没有与之应付的兴趣。她静下心来细想，此人去年在池州公干，怕是听说过赵明诚和她带着数船书画、金石、古器到池阳之事，便觊觎这类财产，故而以结婚为名，行抢占之实。如此，此人与自己联姻怕是早就居心叵测，李清照心中不由得凉了半截。

她也是无奈，当年皇帝的御医王继先打主意要强行购买这些藏品，如今又来了张汝舟这位巧取之辈。张汝舟以为李清照把财产都放在弟弟那里，千方百计打听情况，见李清照不理睬他的话，就恼羞成怒，言语上冷嘲热讽，乃至几次动手殴打她。李清照只能尽量躲开他，让自己带来的婢女尽量跟着自己，她甚至思量，觉得此人似乎想把她虐待至死，然后侵占她带去的那点陪嫁品。

她自己一向以见识高明自诩，没料到在这件事上却看错了人，不慎掉入泥沼中，说出去不知道别人要怎么笑话自己。思来想去，只能与这个姓张的离婚，必须离婚。李清照再也无法忍受被他讥笑、咒骂、拉拽甚至殴打，与其同床异梦，不如早做了断。

七月底她寻得机会，带着贴身婢女回到弟弟家中，从此不再踏入张家的大门。

为了离婚，她向人打听可行的方法，得知本朝律法规定了几种离婚方式。

作为男子，可以根据七种情况单方面休妻，即所谓"七出"：无子、淫佚、不事姑舅、多口舌、盗窃、妒忌、恶疾。

男女之间，也可双方协商一致后和离。无论出于什么原因，只要夫妻双方都同意离婚，就可以和平分手，不用承担任何责任，而且女子可以取回嫁妆，甚至可以得到一定数量的赔偿。

作为女方，主动向官府提出与丈夫离婚，局限在以下几种

第九章 再婚，百日人间笑话

情况：

丈夫娶了女方为妻之后席卷财产逃走，致使女方无法生活，女方便可以到官府申请，一般可以判离婚，之后即可改嫁。

丈夫外出常年不归，一般若超过三年，女方可以申诉请求离婚、改嫁。

在夫家发生在同一个院子居住的亲戚强奸女方的事情，这种情况下，无论女方是否受到伤害，都可以要求离婚。

如果丈夫因犯罪而被流放他乡，致使女方陷入无助的境地，女方也可以提出离婚。[1]

她当然愿意与张汝舟不声不响地和离算了。坊间有这类"放妻书"的范本，文字通常为："盖闻伉俪情深，夫妇语义重，幽怀合卺之欢，念同牢之乐。夫妻相对，恰似鸳鸯，双飞并膝，花颜共坐，两德之美，恩爱极重，二体一心。生同床枕于寝间，死同棺椁于坟下，三载结缘，则夫妇相和。某年有怨，则来仇隙。今已不和，想是前世怨家。反目生嫌，作为后代憎嫉，缘业不遂，见此分离，聚会二亲，以求一别。夫与妻物色具各书之，已归。相隔之后，更选重官双职之夫，弄影庭前，美逞琴瑟合韵之态，解怨舍结，更莫相谈，千万永辞，布施欢喜。某年衣粮，便献柔仪。伏愿娘子千秋万岁。时次某年某月日。"[2]

---

[1] 《名公书判清明集》云"已成婚而移乡编管，其妻愿离者听"，见［明］张四维辑，中国社会科学院历史所宋辽金元史研究室点校：《名公书判清明集》卷九《离婚》，中华书局，1987年，第353页。

[2] 沙知辑校：《敦煌契约文书辑校》，江苏古籍出版社，1998年，第479页。

男女双方一致同意离婚，就可以书写这类文字，把要分割的财产一一列明，"物色具各书之"，然后签字画押，双方的亲属作为见证人也在上面一同签字，放妻书便可生效，宣告这段婚姻终结。

李清照知道张汝舟利欲熏心，他一直认为李清照拥有大量书画、金石收藏，便借整理赵明诚遗作的名义，撰写一篇《金石录后序》，详细说明自己的藏品的来源、去向，希望对方看到这篇文章后明白自己手中并无多少藏品，好后续商议和离。她细心构思这篇文章，写了三层意思。

第一层是追忆与赵明诚的夫妻生活、收藏经历，表明自己与亡夫情趣相投，仍然怀念着他。

第二层是详细交代藏品在战乱中丢失、被盗的去向，把得到自己藏品的人物的姓氏都写出来，方便张汝舟前去打听，以证明自己手中的确没有留存多少东西。比如写到听说官员吴说在绍兴购买到一批书画古玩，就是她之前在钟家被偷盗的那一批。她没有办法追索，只能叹息。她现在身边保存的，也就是一些书册、书画、案头之物而已，并没有什么了不得的东西。

第三层则是有关今昔对比的感叹。写这篇文章，又一次让她回想起之前数年辗转流离之悲、藏品亡逸之憾，只能感慨："昔萧绎江陵陷没，不惜国亡，而毁裂书画。杨广江都倾覆，不悲身死，而复取图书。岂人性之所著，死生不能忘之欤。或者天意以余菲薄，不足以享此尤物耶。抑亦死者有知，犹斤斤爱惜，不肯留在人间耶。何得之难而失之易也。呜呼，余自少陆机作赋之二年，

第九章 再婚，百日人间笑话

至过蘧瑗知非之两岁，三十四年之间，忧患得失，何其多也！然有有必有无，有聚必有散，乃理之常。人亡弓，人得之，又胡足道！所以区区记其终始者，亦欲为后世好古博雅者之戒云。"

八月一日凌晨，她才写完这篇《金石录后序》。她郑重写下"绍兴二年玄黓岁，壮月朔甲寅，易安室题"几个字。[1] 她一直喜欢陶渊明的《归去来辞》，从其中"倚南窗以寄傲，审容膝之易安"一句取来"易安"二字，自称易安，决定以后一个人过活，以"易安室"为斋号，以"易安居士"自居。从前有青莲居士、东坡居士、淮海居士，从此就多一个易安居士吧。自己是女子，与仕途无涉，也只能"居室"，算是居家的文化人吧。

她前前后后看了一阵，静思一番，把此文抄写一遍，让仆从带到张家，期望张汝舟读了以后能够平心静气。他去打听一下便能明白，她保存的藏品已大都散失了，如今手里的确没什么东西值得他纠缠不休。二人最好协商一致，以感情不和的名义和离，了断此事。

可是，张汝舟还不死心，依旧不愿意和离，做出一副不占到便宜誓不罢休的架势。

事已至此，李清照无意再与此人纠缠不清。既然无法和离，那就闹大些吧，自己宁愿鱼死网破也不愿与此人再共处一室。律法规定，妻子告发丈夫的犯罪行为时，即便告发内容属实，仍然属于告发尊长的行为，违反"亲亲相隐"的原则，要被判处"徒

---

[1] ［宋］李清照著，徐培均笺注：《李清照集笺注（修订本）》卷三《金石录后序》，中华书局，1984 年，第 272—276 页。

二年"，即到指定地点强制劳役两年。[1] 这并非重罪，也可以自愿折合成杖击十七下，然后就可以回家。实际判罚中，官员可以酌情减少乃至免去杖击，她打算从这方面着手。

她知道要告状，不仅要看律法条文如何规定，最好朝中还有官员能帮着说几句话，这样临安府的官吏才会依法办事。否则他们如果与张汝舟勾结的话，自己就算有证据也不一定能胜诉。

问题是，谁能帮助她？

弟弟李迒是个小官，没什么影响力，而且软弱、没有主见，他必然是息事宁人的态度。

赵明诚的二兄赵思诚最近刚调回朝中担任起居郎，是皇帝身边的近臣。可是李清照之前改嫁张汝舟，与赵家的关系已经疏远了，况且她在赵明诚故去后没有立后嗣，对方未必赞同此举，不好去麻烦人家。

赵明诚的表兄谢克家现任提举洞霄宫的闲官，不过他从前当过参知政事，在朝中应该有些关系。他的长子谢伋现任详定一司敕令所删定官，李清照也与他见过几次。之前，王继先要强买古器时李清照就求助过谢克家，如今再向他求助，想必能给些情面。

赵明诚的姑表弟綦崇礼的独女嫁给了谢伋为妻，也是可以拜托的对象。之前皇帝在海上逃难，綦崇礼一路随侍，颇受皇帝信任，现在任吏部侍郎兼直学士院，是天子近臣，又与左相吕颐浩关系亲近。不久之前，皇帝召綦崇礼入宫奏对时，拿出秦桧之前

---

1 ［宋］窦仪等撰，吴翊如点校：《宋刑统》卷二十四《告周亲以下》，中华书局，1984年，第367页。

第九章 再婚，百日人间笑话

所陈二策（一则与南北士大夫通致家问，一则纠率山东、河北诸郡之人，还之北方，河北人还金国，中原人还伪齐）给他看，并说："桧言'南人归南，北人归北'。朕北人，将安归？桧又言'臣为相数月，可使耸动天下'，今无闻。"[1]綦崇礼当即请求皇帝亲手写下对秦桧的评价，自己回头就去撰写罢免秦桧的公文，指责秦桧有玩弄阴谋、政策失败、结党等错误："自诡得权而举事，当耸动于四方；逮兹居位以陈谋，首建明于二策。罔烛厥理，殊乖素期。念方委听之专，更责寅恭之效。而乃凭恃其党，排抵所憎。进用臣邻，率面从而称善；稽留命令，辄阴伏以交攻。"[2]皇帝签署之后就罢免了秦桧的相位，让他改任观文殿学士、提举江州太平观的闲职，他只好带着王夫人前去温州永嘉闲居。

李清照给谢克家、綦崇礼都写信和带口信请求他们届时帮忙说话，等自己状告张汝舟之后，让有关衙门届时尽快断案，了结此事。

朝廷规定文士参加科举，必须通过州府的解试、尚书省的省试和皇帝主持的殿试。许多文士多次到京城参加省试、殿试都未能考中，耗费巨大，为了笼络人心，给考场上的潦倒失意之辈一条出路，皇帝特别给予恩典，规定年满五十以上且五次参加殿试或六次参加省试没有考中之人、年满四十以上且七次没有考中殿

---

1 [宋]李心传编撰，胡坤点校：《建炎以来系年要录》卷五十七，中华书局，2013年，第1160页。
2 [宋]綦崇礼：《北海集》卷七《除秦桧特授观文殿学士提举江州太平观依前通奉大夫食邑食实封如故任便居住制》，景印文渊阁四库全书本第1134册，台湾商务印书馆，1986年，第569页。

试之人或九次没有考中省试之人可通过特奏名形式直接参加下一次的殿试。[1]他们需要向所在州府报告之前参加考试的次数，经过州府核实后获得保状，届时带着家状、保状入京到礼部登记，以便参加殿试的特奏名考试。

特奏名殿试一般在正常的进士殿试之后的一天举行，只需考一道策论，相对比较简单，考中之人分为五个等级，第一等赐同进士出身，第二等至第五等则授予没有具体职责的州府助教、文学等虚衔，等新帝登极、郊祭大赦等恩典并取得朝官保举才能转为有实际执掌的职事官。故而，特奏名背景的官员的升迁比正常进士艰难许多。张汝舟能以特奏名的背景出任职事官，想必也是有手段之人。

婚后她从张家亲戚那里听闻，张汝舟早年参加科举的次数并没有达到特奏名的优待条件，他伪造档案，谎报自己的落榜次数以符合特奏名的要求，从而获得朝廷的优待，成为选人，出任官职。按照律法，"妄增举数"这种罪状要处以编管的刑罚。

八月中旬，她写了详细的状子，检举张汝舟的犯罪行为，到临安府告发他。调查期间，官府也把她关入监狱，以配合调查。由于她的检举状子写得非常详细，官府调查并不费力，很快查明了张汝舟确实有伪造档案、谎报应考次数的行为，加之綦崇礼帮她在皇帝面前说了好话，皇帝表示同情，她在监狱待了九天之后

---

[1] 关于北宋后期的特奏名年限等研究，参见华桂玲：《宋代特奏名登科群体研究》，福建师范大学博士论文，2020年；裴淑姬：《论宋代的特奏名制度》，《湖南大学学报（社会科学版）》2007年第4期，第46—52页。

第九章 再婚，百日人间笑话

就获释回家，也免去了杖击之苦。她在家中静候朝廷的处置。

九月一日，张汝舟被取消为官资格并编管柳州。李清照也与之离婚，这段不到百天的婚姻就此结束。

十八岁母亲过世，让她第一次知晓人间的忧患悲苦，到现在五十二岁，这一场婚变，更让她体味到人间生活辛酸的那一面。这几个月的经历，对她来说犹如一场噩梦，她对自己也有了些反思。之前自己以见识超群自诩，议论时政、诗词头头是道，却在这件人生大事上看走了眼，如今想来贸然改嫁实在有些冒失。再嫁、离婚，不仅自己受了一场折腾，更不知道还有多少人在背后议论和笑话自己。流言蜚语想必不少，不外乎说自己从前心高气傲，总觉得自己比别人聪明几分，没想到却遭了这样一场闹，差点受牢狱之灾。从前与赵家、李家交往的亲友，恐怕背后都要笑话自己的改嫁闹出的这许多事端。尤其是赵氏族人，肯定对自己有些看法，认为与其如此，为何当初不立嗣、不坚持守寡？可这些人哪里知道，一个女人在流徙中的艰难和无奈。

她只能默默忍受那些"责全责智"的讥讽。不几日，听闻綦崇礼升为翰林学士知制诰，她当然要去信祝贺。为了缓和与赵家族人的关系和感谢綦崇礼的帮忙，她精心写了一封信《投内翰綦公崇礼启》，在其中坦陈张汝舟觊觎她手中的金石、书画收藏，骗她成婚。对方婚后图财未遂，又时常家暴，"遂肆侵凌，日加殴击。可念刘伶之肋，难胜石勒之拳"。自己忍无可忍才谋求离婚，如今已经知道错误，颇为后悔，期冀这位翰林学士在亲友中替自己说几句好话，让那些议论她的人——尤其是赵家的族人——有些忌讳。[1]

她着实用了些心思撰写此信，显示自己撰写"四六文"的文采，以期入这位翰林学士的法眼：

清照启：

　　素习义方，粗明诗礼。近因疾病，欲至膏肓，牛蚁不分，灰丁（钉）已具。尝药虽存弱弟，应门惟有老兵。既尔苍皇，因成造次。信彼如簧之说，惑兹似锦之言。弟既可欺，持官文书来辄信；身几欲死，非玉镜架亦安知。倪俛难言，优柔莫决。呻吟未定，强以同归。视听才分，实难共处。忍以桑榆之晚节，配兹驵侩之下才？

　　身既怀臭之可嫌，惟求脱去；彼素抱璧之将往，决欲杀之。遂肆侵凌，日加殴击，可念刘伶之肋，难胜石勒之拳。局天扣地，敢效谈娘之善诉；升堂入室，素非李赤之甘心。外援难求，自陈何害，岂期末事，乃得上闻。取自宸衷，付之廷尉。被桎梏而置对，同凶丑以陈词。岂惟贾生羞绛灌为伍，何啻老子与韩非同传。但祈脱死，莫望偿金。友凶横者十旬，盖非天降；居囹圄者九日，岂是人为！抵雀捐金，利当安往；将头碎璧，失固可知。实自谬愚，分知狱市。此盖伏遇内翰承旨，缙绅望族，冠盖清流，日下无双，人间第一。奉天克复，本缘陆贽之词；淮蔡底平，实以会昌之诏。哀怜

---

[1] 陶然：《李清照南渡后行迹及戚友关系新探》，《文学遗产》2009年第3期，第151页。

第九章 再婚，百日人间笑话

无告，虽未解骖，感戴鸿恩，如真出己。故兹白首，得免丹书。清照敢不省过知惭，扪心识愧。责全责智，已难逃万世之讥；败德败名，何以见中朝之士。虽南山之竹，岂能穷多口之谈；惟智者之言，可以止无根之谤。

高鹏尺鷃，本异升沉；火鼠冰蚕，难同嗜好。达人共悉，童子皆知。愿赐品题，与加湔洗。誓当布衣蔬食，温故知新。再见江山，依旧一瓶一钵；重归畎亩，更须三沐三薰。忝在葭莩。敢兹尘渎。

"清照"，真的能清澈地洞察自我，照见自我吗？人，是多么难以捉摸。

经历了这一场闹，她有些羞愧，刻意减少外出，待在弟弟家的院子里，整日看书。她想把丈夫所作的《金石录》整理好，进献给皇帝，证明她仍然是亡夫赵明诚的命妇，与那个张汝舟没有什么关系。思来想去，又觉得最好还是找人抄写一份《金石录》副本留给自己保存，将原稿交给赵思诚，希望他能校对一遍，以后找机会雕版刻印，也不枉赵明诚一生的心血。如果赵家人没有兴趣做这件事，那就自己做些校订，再寻机进献朝廷吧。

她决定，从此一个人过。不再期盼身边有人能照顾、爱惜自己。目前，她还可以依赖弟弟李迒一家过活，也有几个亲戚来往。当然，也要做些打算，她有些细软和书画收藏，卖掉能换些钱财。为谋生考虑，她可以买下几间临安城中的房舍或者几亩郊区的农田，以供出租，这样每年有些固定收入，足够维持自己和几个奴婢的日用。

秋末还有几株白菊开着，让她起了身世之思。之前经历的事情犹如"无情风雨"蹂躏了她的身心，如今她只能孤单地承受一切责难。她觉得自己经受这番风雨，兴许是上天的意思。她只能以此宽慰自己，就此作了一首词《多丽》：

> 小楼寒，夜长帘幕低垂。恨萧萧，无情风雨，夜来揉损琼肌。也不似，贵妃醉脸，也不似，孙寿愁眉。韩令偷香，徐娘傅粉，莫将比拟未新奇，细看取，屈平陶令，风韵正相宜。微风起，清芬酝藉，不减酴釄。
>
> 渐秋阑，雪清玉瘦，向人无限依依。似愁凝，汉皋解佩，似泪洒，纨扇题诗。朗月清风，浓烟暗雨，天教憔悴度芳姿。纵爱惜，不知从此，留得几多时。人情好，何须更忆，泽畔东篱。[1]

李清照觉得，历史上的俊男美女如韩寿、杨贵妃等都不足以与菊花相比，还是屈原、陶渊明与菊花的风韵最为相宜。屈原的受屈、陶潜的隐逸，与自己如今的状态相似。

闲着没事，她就与婢女玩打马游戏，或者抄写自己喜欢的诗词，比如白居易的《琵琶行》之类。经历了改嫁、离异的一场闹，她对《琵琶行》中那位遭到抛弃的"商人妇"有了同情。自己这

---

1 ［宋］李清照著，黄墨谷辑校：《重辑李清照集》卷二《多丽》，中华书局，2009年，第26页。

第九章 再婚，百日人间笑话

些年，也如她一般飘零江湖，如今只能独守空房，聊度余生。人生，许多不如意事，只能如此。

江南城镇人烟稠密，屋宇相连，房屋大都为砖木结构，而且家家户户都用柴火作为燃料，晚间则用油灯照明，因之火灾事故频发。临安府为了防火，在诸坊边界修建望楼，派驻士兵每天早晚轮班值守，望见哪一处起火了就敲鼓通报军民灭火、躲避。但即便如此，还是经常发生大火。十二月，临安又起了一场大火，把吏部、刑部、工部、御史台的官署都烧成了废墟，许多民居、军营也遭焚毁。这一场大火，不知又让多少人流落街头，改变了多少人的命运。

在这座城市里，活着，也不容易。

第十章　易安，江南居亦不易

柳阴直，烟里丝丝弄碧。隋堤上，曾见几番，拂水飘绵送行色。登临望故国，谁识，京华倦客。长亭路，年去岁来，应折柔条过千尺。

闲寻旧踪迹，又酒趁哀弦，灯照离席。梨花榆火催寒食。愁一箭风快，半篙波暖，回头迢递便数驿。望人在天北。

凄恻，恨堆积。渐别浦萦回，津堠岑寂，斜阳冉冉春无极。念月榭携手，露桥闻笛。沉思前事，似梦里，泪暗滴。[1]

绍兴三年（1133年），临安的西楼、南瓦盛行周邦彦这首咏柳的《兰陵王》，歌妓称之为《渭城三叠》。三段文辞都押仄韵，所押的仄韵分属三个不同的韵部，搭配的音乐分为三叠，至末段声音尤其激越，只有教坊的老笛师懂得吹奏出合适的笛声配合歌者的演唱。[2] 柳与"留"谐音，人们送别时折下柳条表示惜别，这

---

[1] ［宋］周邦彦著，孙虹校注，薛瑞生订补：《清真集校注》卷上《兰陵王》，中华书局，2007年，第31—32页。

[2] 《樵隐笔录》载："绍兴初，都下盛行周清真咏柳《兰陵王慢》，西楼南瓦皆歌之，谓之《渭城三叠》。以周词为三换头，至末段声尤激越，惟教坊老笛师能倚之以节歌者。"引自葛渭君编：《词话丛编补编·历代词人考略》，中华书局，2013年，第4126页。

第十章 易安,江南居亦不易

是常见的典故。让从中原逃难来的北方士人感慨的是"登临望故国"这样的句子,几年之间,汴京陷落,大片北方领土为金人所占,他们只能匆匆逃到临安,在梦里想象汴京,想象留在北方的亲友,也不知道他们是死是活。也有一些老文士喜欢听曹组所作的十阕一组的小令"甚时得归京里去",这些小令原是对比京城与他处州县不同的文字,凸显了京城的繁华、文雅、富足,如今从北方来的移民,听了都别有感慨,有些人甚至流泪不已。[1] 但是,也不知道哪一个朝臣上书指责曹组写的一些下流、色情的俚俗词作有碍风化,皇帝特意下诏,命官府销毁曹组词集的刻板。

皇帝正月颁布《绍兴恤刑手诏》,让刻碑传播。皇帝早年学的是黄庭坚的字体,这件碑刻明显也是黄庭坚体,所以最近朝野许多人都开始学习这一书体。二月,许是得到左相吕颐浩的关照,起居郎赵思诚被任命为试中书舍人,病愈的谢克家也第三次出任泉州知州,两个月后又改任平江府知府,成了东南最为富庶的地区的长官。

春天到西湖边的佛寺、道观游览,不少地方都能让李清照联想到白居易、苏轼的诗文。白居易当年在杭州当刺史,在西湖东部兴筑了一道白沙堤[2],扩大了西湖的蓄水量,以利秋旱时灌溉农田,百姓称之"白公堤"。过了两百多年,苏轼两度来杭州为

---

[1] 周煇《清波别志》卷二载:"绍兴初,故老闲坐,必谈京师风物,且喜歌曹元宠'甚时得归京里去'十小阕,听之,感慨有流涕者。"引自傅璇琮总主编,王兆鹏主编:《宋才子传笺证(词人卷)》,辽海出版社,2011年,第285页。
[2] 唐宋时期的白沙堤(白公堤)至元明时已与西湖东岸融合,从而消失,于是明代人们把西湖北部的"孤山寺路"改称"白堤",即今人所见的白堤。

官。熙宁年间，他在杭州当通判，写了许多诗词，成了当时最著名的诗人、文士。元祐年间，他出任杭州知州，见西湖周围的农家在水面种植菱角、莲藕、芡实和水稻，许多湖面都成了葑田，年久植株腐化如泥，四周淤塞严重。他差人丈量，湖上葑田计有二十五万余丈，于是他组织数万民众疏浚西湖，刈除葑草，恢复了西湖一碧万顷的旧观。他让人用挖出的泥土在湖上修建了一条沟通南北的堤坝，让人可以从南岸的净慈寺走到北岸的宝石山大佛头前，又在这条堤坝上修建六座桥和九座亭子，沿途栽种柳树，造就了"苏公堤"这处景点。他还在湖中修建三座石塔，两座在苏堤西面，一座在苏堤东面，严禁在三塔范围内种植菱角，以防淤积。苏公对杭州的风景、人物都印象极佳，有诗曰："居杭积五岁，自意本杭人。故山归无家，欲卜西湖邻。"[1] 从前西湖立有一块刻有"苏公堤"三个大字的碑刻，可惜崇宁年间朝廷查禁苏轼的碑榜，让官员给摧毁了。

从前这里许多寺院的楼阁、墙壁上都有苏轼的题诗。崇宁年间因为党禁，不少都被涂抹掉了，如今能看到残存的一些题记以及近年来僧人、文士重立的新碑，比如大仁院的岩洞"石屋"中有苏公题记曰："陈襄、苏颂、孙奕、黄灏、曾孝章、苏轼同游。熙宁六年二月二十一日。"灵鹫兴圣寺有熙宁年间苏轼在杭州当通判时写的题记："杨绘元素、鲁有开元翰、陈舜俞令举、苏轼子瞻同游。熙宁七年（1074年）九月二十日。"龙华寺后也有他的一则题名：

---

1 ［宋］苏轼撰，［清］王文诰辑注，孔凡礼点校：《苏轼诗集》卷三十六《送襄阳从事李友谅归钱塘》，中华书局，1982年，第1961页。

第十章 易安，江南居亦不易

"苏轼、王瑜、杨杰、张璹同游龙华，元祐五年（1090年）岁次庚午三月二日题。"同一天他还去了大麦岭，有题记："苏轼、王瑜、杨杰、张璹元祐五年三月二日同游天竺，过麦岭。"之后又去了韬光寺，有题记云："苏轼、张璹、杨杰、王瑜。元祐五年三月二日同游韬光。"[1] 苏公当年应该是游览龙华寺之后，又穿越大麦岭去游览灵隐寺、韬光寺，估计傍晚时分才赶回官署。龙华寺后也有他的一则题记曰："苏轼、王瑜、杨杰、张璹同游龙华，元祐五年岁次庚午三月二日题。"元祐五年，苏轼到西湖之西风篁岭上的龙井圣寿院给老僧辩才庆祝八十寿辰，题名刻石："元祐庚午，辩才老师年始八十，道俗相庆，施千袈裟，饭千僧，七日而罢。眉山苏轼子瞻、洛阳王瑜中玉、安陆张璹全翁、九江周焘次元，来馈芗茗。二月晦日书。"元祐六年正月七日，苏轼乘假日又来这里拜访，题名曰："苏轼、钱勰、江公著、柳雍同谒龙井辩才，元祐六年正月七日。"苏公还在这座寺中绘制过竹石图，僧人说寺额上"寿圣"几个字也是其所书。这里还有元丰年间僧官守一法师撰文、米芾所书的《龙井山方圆庵记》，有秦观《跋辨才十题》石刻。

这些字眼依稀让李清照想到了少女时代。元祐年间，那时苏

---

[1] 三台山路的龙井路至今浙江宾馆段，当年麦田较多，故名大麦岭，引文见《咸淳临安志》卷二十八《大麦岭》、卷七十九《法安院》，同治六年仿宋本。韬光寺题记云"二月二日同游韬光"的月份应该有误，应是三月二日同游，因苏轼的题刻经历北宋崇宁时期的禁毁以及后世的重刻等，保存至今的所谓苏轼题刻未必就是北宋苏轼游览时期的原刻。当代学者的研究见陈汉民、洪尚之：《苏轼杭州西湖题刻刍议》，《杭州师范学院学报》1993年第2期，第64—68页及钮因莉、张珏：《关于苏轼大麦岭题名刻石真实性的商榷》，《杭州文博》2006年第1期，第43—44页。

轼、秦观的名号在汴京如雷贯耳,自己还是个小女孩。有意思的是,苏轼的两大政敌也在杭州留有石刻,飞来峰西侧的莲花峰峰顶东北石壁上有章惇与友人游览的题记:"安陆郑獬毅夫、晋昌唐诏彦范、平原鞠真卿□济、建安章惇子厚、南舒汪辅之正夫,熙宁三年正月壬子游灵隐、天竺,上翻经台,遂至莲花峰。"[1]上天竺灵感观音院的外山门的寺额乃是蔡京所书。熙宁四年蔡京考中进士,来钱塘县当县尉,而苏轼是杭州的通判,两人必定有过交往,只是后来党派纷争,彼此都不再提这桩旧事。蔡京后来把父亲安葬在杭州临平镇,将家安置在此地,显然是想终老此处,只可惜他最终没有命享受西湖的风月。

五月,李清照听说皇帝把吏部侍郎韩肖胄提升为端明殿学士、同签书枢密院事,充任军前奉表通问使,前去与金国通好,顺便探望皇帝被掳的父亲(徽宗)、生母(韦后)、兄长(钦宗)等人。据说韩肖胄辞别时对皇帝说,如果半年内他们回不来,金国必然别有图谋,朝廷要做好开战的准备,不必因为使节在北方就放松戒心。韩氏的母亲文氏也派人勉励他:"韩氏世代都是社稷之臣,汝受命就可以出发,不必牵挂老母。"皇帝听闻后,下诏特封文氏为荣国太夫人。[2]

韩肖胄是韩忠彦之孙,李清照的祖父曾受到韩忠彦之父韩琦

---

[1] 奚珣强、陈洁:《杭州飞来峰东南侧唐宋题刻的调查及考释》,《东方博物》2022年第3期,第59页。

[2] [清]毕沅撰,标点续资治通鉴小组点校:《续资治通鉴》卷一百十二,中华书局,1957年,第2976页。

第十章　易安，江南居亦不易

的提拔，她的父亲李格非曾是韩忠彦的属下，两家算是故交。她模仿杜甫《北征》中"皇帝二载秋，闰八月初吉"的诗风，作《上韩公枢密、胡尚书诗》，小序中说："绍兴癸丑五月，枢密韩公、工部尚书胡公使虏，通两宫也。有易安室者，父祖皆出韩公门下。今家世沦替，子姓寒微，不敢望公之车尘；又贫病，但神明未衰落。见此大号令，不能忘言，作古律诗各一章，以寄区区之意，以待采诗者云。"[1]

自从太宗伐辽大败起，本朝对北方的辽国就抱有怯战心理，如今对金人也是如此。皇帝希冀使者不要与金人计较"岁币""岁贡"之类的名义，尽量达成和议，李清照在诗中记述道："土地非所惜，玉帛如尘泥。谁当可将命，币厚辞益卑。"在诗中，她想象使臣到了北方的旧都会受到百姓欢迎，还会见到宫殿的旧址："想见皇华过二京，壶浆夹道万人迎。连昌宫里桃应在，华萼楼头鹊定惊。"对于皇帝屡次派遣使者前去与金人谈判、约盟，她其实有点看法，《诗经》云"君子屡盟，乱是用长"，不以诚信为基础的盟誓并无价值，盟誓次数越多，越容易出乱子。"圣君大信明如日，长乱何须在屡盟"，她觉得皇帝屡次派出使者前去金人那里也没能求得和平，关键还是要大宋自身加强武备，振奋民心，收复失地，顾惜天下苍生。可是这样的朝政大事，李清照身为女子，只能在诗中略说几句，当然无法在朝堂置喙，最后也只能落脚到自己的感触：

---

1 ［宋］李清照著，黄墨谷辑校：《重辑李清照集》卷五《上韩公枢密、胡尚书诗》，中华书局，2009年，第88—89页。

子孙南渡今几年，漂零遂与流人伍。
欲将血泪寄山河，去洒东山一抔土。

　　这首参考老杜写的排律体诗是她的大作之一。如此具有难度与深度的诗作，在缺少苏、黄那样的大手笔的当今世间，还有谁人可以写出来？那些文士见了，是否要自愧不如？

　　到七月，亲戚谢克家回到京城，被左相吕颐浩引荐成为资政殿学士兼侍读，可以经常接触皇帝，前途看好。听说曹勋编辑他父亲曹组的诗文，请之前在泉州与他有过交往的谢克家撰写"引"（前言）。曹组那些滑稽逗笑的词作广为人知，至今还能在酒宴上经常听到歌妓演唱，这些词作以前还因皇帝下诏，遭到毁灭雕版的待遇。曹勋觉得这些词作太轻浮，故而仅仅选录父亲写的诗文刊刻，还说"东坡谓先公深于明经、史学"[1]，有点欲盖弥彰。

　　九月，听谢克家派人通报，有人拿着蔡襄所书《进谢御赐书诗卷》请其题跋，这是赵明诚的藏品，上面还有米芾、文及甫的跋语，他见到这件藏品已经转归他人，大有感慨，写了一段话："姨弟赵德夫，昔年屡以相示，今下世未几，已不能保有之，览之凄然。汝南谢克家，癸丑九月十一日，临安法慧寺。"这是李清照被窃掠的藏品之一，可是她无力追索，只能暗自感伤。她又一次想起这张书卷上蔡襄写的那些话：

1　有关研究见傅璇琮总主编、王兆鹏主编：《宋才子传笺证（词人卷）》，辽海出版社，2011年，第283页。

第十章　易安，江南居亦不易

> 臣裏伏蒙陛下特遣中使，赐臣御书一轴，其文曰"御笔赐字君谟"者。臣孤贱远人，无大材艺，陛下亲洒宸翰，推著经义，俾臣佩诵，以尽谟谋之道，事高前古，恩出非常，臣感惧以还，谨撰成古诗一首，以叙遭遇……[1]

九月，朝政又有变化，失宠的吕颐浩被免去相位，改任镇南军节度使、开府仪同三司、提举临安府洞霄宫的闲职，与之亲近的朝臣也纷纷被外派，赵思诚去当徽猷阁待制、温州知州，而谢克家去衢州任知州。

等到了绍兴四年（1134年）五月，赵思诚回临安担任试中书舍人，要是从前，李清照自然要去赵家祝贺，可是有过与张汝舟的那一场闹之后，她与赵家的关系微妙，最多写信通问，免得见了面穷于措辞。不久后綦崇礼也因为起草的诏书文辞有误，被言官指摘，他上疏请求辞职，皇帝派他去当绍兴府的知府。

皇帝命宰相赵鼎为监修、范冲为修撰，负责重修《神宗实录》《哲宗实录》。新旧党几十年的不断争斗，导致《神宗实录》的修撰也累经反复，元祐年间修成的《神宗实录》，在绍圣、元符年间经历了两次重修，主要涉及对王安石变法的评价、皇帝与重臣的关系等，每次重修都与当朝皇帝的好恶、党派势力的消长有关。修史的官员也战战兢兢，怕沾惹上是非。李清照想起自己的父亲，他早年有意修撰史书，可惜一直没有机会。要是之前他真的有机

---

[1] ［明］郁逢庆纂辑，赵阳阳点校：《郁氏书画题跋记》，上海书画出版社，2020年，第410—411页。

会修撰史书，恐怕也不是什么好事。

听闻安定郡王赵令畤在资国园请人把苏轼所书的"隐秀斋"三字刻碑，上面有他的题跋，随后不久他便故去了。当年他得到苏轼的赏识，得以入朝为官，后来却因此名列《元祐党籍碑》，多年闲居在家，建炎三年才得到皇帝的召见和任用。当时他到临安参见时大有感慨，写过一首诗《被责三十年蒙恩召还，行在方驻跸钱塘，书呈子常侍郎》：

三十余年一梦同，向来朝士尽沉空。
如今白首趋行阙，不是当年长乐钟。

当今皇帝对他也算关照，让他袭爵郡王，迁宁远军承宣使、同知行在大宗正事。赵令畤把自己记录掌故、诗词、雅谈的笔记命名为《侯鲭录》。"侯鲭"典出汉人楼护，楼护把五位侯爵赠送自己的佳肴合为"五侯鲭"，味道奇美，后世以此比喻天下之至味。当年苏门弟子李廌来京，住在太平兴国寺，赵令畤与魏泰、谢公定、潘仲宝等友人带着酒菜前去探望。席上联句作诗，李廌有一句"角巾代公绂，草具逾侯鲭"让他记忆深刻，多年以后他以此作为著作的名称，不仅与他的宗室子弟身份相契合，也是怀念当年他与苏、黄、李等交游的情谊。只是，汴京的繁华散入云烟，如今的他仅仅是个在临安不断回望往日时光的流亡者而已。他故去后，家人没有足够的钱举行葬礼，皇帝听说后命户部赐给银绢办理丧事。

第十章　易安,江南居亦不易

当今皇帝对宗室防范甚严,从前宗室赵叔向因为擅自招兵买马被处死,太祖的六世孙赵子崧熟悉"太祖之后当再有天下"的民间传言,起兵抗金时发布的檄文颇有顺天命、承大位之意,因此被贬谪岭南,故而如今的宗室子弟都颇为谨慎,唯恐祸从口出。

七月,李清照接到讣告,谢克家在衢州知州任上病逝了。他身体多病,爱服食丹药治病,晚年多次因病辞官,最终也没能长生。家人把他的棺木运到台州临海灵石寺西北安葬。李清照和弟弟都去信慰问他的家人。此外,还听闻前任宰相吕颐浩、范宗尹、翰林学士綦崇礼等人都在台州置办田庄,安置家人。

十月,金军、伪齐军联合进犯淮南,一时间江南百姓也一阵骚动,许多人都往山区逃跑。赵明诚的妹婿李擢任婺州知州,去那里可以得到他的照应,于是李清照与弟弟一家带着仆从乘船,沿着富春江西行,去偏僻的婺州躲避。

经过桐庐的严子陵钓台时,此时冬末水浅,水中礁石突起,行船颇为不易,即便如此,江中仍然大船、小船不断,有的是运送商品的,有的是求名的文士所乘的,也有的是载着她这样的逃难者的。她想起名臣范仲淹经过此处所作的"子为功名隐,我为功名来。羞见先生面,黄昏过钓台"一诗,作了一首七言绝句《夜发严滩》:

> 巨舰只缘因利往,扁舟亦是为名来。
> 往来有愧先生德,特地通宵过钓台。[1]

---

[1] [宋]李清照著,黄墨谷辑校:《重辑李清照集》卷五《夜发严滩》,中华书局,2009年,第95页。

沿着婺江行船，几天都在船上，她觉得憋闷，到了婺州南大门——通远门外的码头登陆，才松了一口气。她带着婢女、仆从进入城门，穿过繁华的西市，一行人在李擢的关照下，租赁陈家的房子住下了。

婺州下辖金华、义乌、永康、武义、浦江、兰溪、东阳七个县，以出产的丝织品"婺罗"著称，金华县"民以织作为生，号称衣被天下"[1]。如今因为移民的涌入，此处比往日还要繁华。这里的府城即金华县，城墙乃是宣和四年新修的，周长为十里，基宽为三丈，高六丈，设门共十一座，总体呈不规则的长方形，南北长，东西短。城南临婺江，以大江为险，城北靠北山，以连绵群山为屏，东西都有高坡。城内州府所在的子城有四门，南为保宁门，东为熙春门，西为桐树门，北为金华门。其中外城的通远门外就是婺江，在此可以乘船前往临安，此处也是通往东阳、兰溪、安徽、江西、福建等地的水路与陆路的交会处，"通远"即通往远方之意。

听说，苏轼的侄子、苏辙的长子苏迟把家安在这里，他在建炎元年出任婺州知州，把家迁移到这里。他见百姓承受的赋税太多，主动上奏请求朝廷减少百姓上供绫罗的数额。他离任的时候，当地百姓为他修建生祠，称颂他的功德。如今他在朝中担任权工部侍郎，其子苏简任宣州通判，苏籀任大宗正丞。他们都在外任官，婺州家里仅有几个亲戚、奴仆看门而已。神宗熙宁年间，担

---

[1] ［宋］刘敞：《公是集》卷五十一《先考益州府君行状》，载舒大刚主编：《宋集珍本丛刊》第九册，线装书局，2004年，第766页。

第十章 易安,江南居亦不易

任杭州通判的苏轼曾偷偷乘船到婺州,探望当时担任婺州知州的苏颂,想必他见识过城墙上的名胜八咏楼。

李清照也去八咏楼上参观,望着近处的城池和远处的山水,写了一首豪迈的《题八咏楼》,颇有五代诗僧贯休"满堂花醉三千客,一剑霜寒十四州"的声调:

> 千古风流八咏楼,江山留与后人愁。
> 水通南国三千里,气压江城十四州。[1]

大多数时候她都待在院子中,更长烛明,她觉得无聊,常与婢女一起玩打马之类的博弈游戏。这是她从前在汴京、青州时爱玩的游戏,可惜南渡以来各处逃难,没什么心绪游戏,已经许久不玩,如今再次上手,觉得格外亲切。

玩打马有两种规则,一种为"关西马",每人有一个"将"和十个"马";一种为"依经马",每人二十个"马"。两种玩法下都有印刷的图经凡例可供玩乐者参考,而移动规则、赏罚标准略有差异。宣和年间,还有人把上述两种玩法混合起来,形成一种新玩法,号称"宣和马"。她喜欢对照图例玩打马,这样赏罚明确,也更有趣。她闲来无事,觉得这种游戏的规则、典故也值得写一写,于是戏写了数条风雅的赏罚条款,让侄女、侍女按照自己的文字绘制图画,以后喜欢博弈、爱好文辞之人,可以参阅自己制

---

[1] [宋]李清照著,黄墨谷辑校:《重辑李清照集》卷五《题八咏楼》,中华书局,2009年,第96页。

订的这套文雅的赏罚条款玩打马。

等到她们绘画完毕,十一月二十四日李清照在手卷上写作《打马图序》。她首先从大道理讲起,写道:"慧即通,通即无所不达;专即精,精即无所不妙。故庖丁之解牛,郢人之运斤,师旷之听,离娄之视,大至于尧、舜之仁,桀、纣之恶,小至于掷豆起蝇,巾角拂棋,皆臻至理者何?妙而已。后世之人,不惟学圣人之道不到圣处,虽嬉戏之事,亦得其依稀仿佛而遂止者多矣。夫博者无他,争先术耳,故专者能之。"即凡事不管大小,能做到专精,就可以取胜。在她看来,这类博弈游戏的关键在于"争先",占据先机就可以步步领先,取得胜利。然后她说自己"性喜博,凡所谓博者皆耽之,昼夜每忘寝食",接着就以此讨论各种游戏的玩法。她认为"打揭、大小猪窝、族鬼、胡画、数仓、赌快之类,皆鄙俚,不经见;藏酒、摴蒲、双蹙融,近渐废绝;选仙、加减、插关火,质鲁任命,无所施人智巧;大小象戏、弈棋,又惟可容二人;独采选、打马,特为闺房雅戏"。

她觉得打马最适合有品位且聪慧的女子参与,只是"尝恨采选丛繁,劳于检阅,故能通者少,难遇劲敌。打马简要,而苦无文采"。故而,她的目的是以图文形式宣扬简要而有趣的打马游戏规则,并赋予这种游戏更多的"文采",即文化意义。

《打马赋》云:

岁令云徂,卢或可呼。千金一掷,百万十都。樽俎具陈,已行揖让之礼;主宾既醉,不有博弈者乎!打马爰兴,摴蒲

第十章 易安，江南居亦不易

遂废。实博弈之上流，乃闺房之雅戏。齐驱骥骤，疑穆王万里之行；间列玄黄，类杨氏五家之队。珊珊佩响，方惊玉蹬之敲；落落星罗，忽见连钱之碎。

若乃吴江枫冷，胡山叶飞；玉门关闭，沙苑草肥。临波不渡，似惜障泥。或出入用奇，有类昆阳之战；或优游仗义，正如涿鹿之师。或闻望久高，脱复庾郎之失；或声名素昧，便同痴叔之奇。亦有缓缓而归，昂昂而出。鸟道惊驰，蚁封安步。崎岖峻坂，未遇王良；局促盐车，难逢造父。且夫丘陵云远，白云在天，心存恋豆，志在著鞭。止蹄黄叶，何异金钱。用五十六采之间，行九十一路之内。明以赏罚，核其殿最。运指麾尽方寸之中，决胜负于几微之外。

且好胜者人之常情，小艺者士之末技。说梅止渴，稍苏奔竞之心；画饼充饥，少谢腾骧之志。将图实效，故临难而不回；欲报厚恩，故知机而先退。或衔枚缓进，已逾关塞之艰；或贾勇争先，莫悟阱堑之坠。皆由不知止足，自贻尤悔。况为之不已，事实见于正经；用之以诚，义必合于天德。故绕床大叫，五木皆卢；沥酒一呼，六子尽赤。平生不负，遂成剑阁之师；别墅未输，已破淮淝之贼。今日岂无元子，明时不乏安石。又何必陶长沙博局之投，正当师袁彦道布帽之掷也。辞曰：

佛狸定见卯年死，贵贱纷纷尚流徙。

满眼骅骝杂骡骍。时危安得真致此。

老矣谁能志千里，但愿相将过淮水。

她觉得自己所写的这些文辞，可以提升这种游戏的文化品位，或者赋予其更重要的文化意义。就像当年的欧阳修，通过著作《集古录》赋予拓片收藏以更重要的文化意义，或是苏轼通过文章赋予随意涂抹的枯木怪石这类"墨戏"以更重要的文化意义一样。

这一系列图画、这篇序言、这篇赋，目的是"使千万世后，知命辞打马，始自易安居士也"。她希望自己的名字也可以借此游戏流传，或者说，让打马游戏借自己的文采流芳百世。实际上，她在诗文中有所寓意，比如"老矣谁能志千里，但愿相将过淮水"乃是期望大宋出现雄才伟略之辈，打到淮水以北，恢复中原。玩这种游戏时，她似乎也在想象自己犹如战场上的武将，带着千军万马在征战，她期望朝廷也能任用豪杰，也能打到北方去，夺回汴京，夺回青州，恢复中原。可是，现实不是游戏，也不知道何年何月才能出现这样的英雄。

绍兴五年（1135年）初，又是春天，她并没什么心情出游，宁愿闲坐在庭院中。暮春时节，一阵雨后，海棠花落了，她想起从前读过的韩偓《懒起》，其中有诗句"昨夜三更雨，今朝一阵寒。海棠花在否，侧卧卷帘看"，于是作了一首具有相近味道的《如梦令》：

> 昨夜雨疏风骤，浓睡不消残酒，试问卷帘人，却道海棠依旧。
> 知否，知否，应是绿肥红瘦。[1]

---

[1] ［宋］李清照著，黄墨谷辑校：《重辑李清照集》卷一《如梦令》，中华书局，2009年，第10页。

第十章　易安，江南居亦不易

双溪是婺州的名胜，唐人严维的《送人入金华》便有诗句"明月双溪水，清风八咏楼"。张籍、贯休等人的诗中都写到过那里的景观。如今是春天，想来那里有许多踏青的人的游船，说不定还有歌妓在演唱曲子词。她依稀还记得秦观写的"便做春江都是泪，流不尽，许多愁"那类巧妙的比喻，也作了首《武陵春》：

> 风住尘香花已尽，日晚倦梳头。物是人非事事休，欲语泪先流。
> 闻说双溪春尚好，也拟泛轻舟。只恐双溪舴艋舟，载不动，许多愁。[1]

舴艋乃是农家使用的小船，形状如同蚂蚱，故有此名。她这是说自己的忧愁太多，一艘小船装不下。相比被贬谪的秦观心中的满腔愁思，估计她的这点春愁还算少的。

听闻苏迟不知得罪了谁，被任命为提举江州太平观的闲职，回到婺州闲居。他是城中的有名人物，如果李清照是男子的话，当然要去拜会一番，谈得投缘的话还要赠诗唱和。只是，她身为女子，要遵守闺阁礼仪，与非亲非故的士人唱和诗文容易招来非议。加上之前与张汝舟的那一场纠缠，贸然投递名帖去拜会士人，或许又要招来流言蜚语，她寻思一阵还是放下了这份心思。说来有趣，她如果是曹希蕴那样的女道士，与士人交往反倒自由些。

---

[1] ［宋］李清照著，黄墨谷辑校：《重辑李清照集》卷三《武陵春》，中华书局，2009年，第37页。

又听说，大观、宣和年间的著名词人中，王安中去年已经病逝，叶梦得隐居吴兴卞山，那个擅长写词的万俟咏出任下州文学一类的闲官，他们都垂垂老矣。

五月，李擢离任，李清照也打算回临安去。她接到官府通知，说皇帝下诏让其将家藏的《哲宗皇帝实录》上交给朝廷。三年前，秘书少监洪炎以为赵存诚家藏有《国史》《哲宗皇帝实录》的善本，曾请求皇帝下诏让赵存诚进献，如今又让李清照进献，怕是觉得赵明诚遗留下了什么史书。可惜，家中的书册大都已经被毁坏、盗掠，并没有什么史书的抄本留存，只能上书解释一番。要是真有这样一部书，献上去估计也能得到皇帝的嘉奖吧。

回到临安后，听说爱好书法的皇帝转学米芾的字体。据说是一位朝臣郑亿年进言说伪齐的君主刘豫让宫人模仿黄庭坚的书体，可能有伪造御笔的企图，于是皇帝就改写米芾式样的字体。皇帝命令近臣、内侍访求米书，经常临摹内府所藏米芾所临王羲之字帖，还把米芾之子米友仁招入朝中当侍从，常与之探讨书艺。见皇帝如此，朝臣也纷纷改学米书。这是都城特有的风气，皇帝初学黄书，朝臣、士人皆学黄书；后作米书，众人又皆学米书。皇帝经常提起本朝太宗皇帝搜罗法书的举动，也让内侍留心法书、拓片等。

听说，当了一年多绍兴府知府的綦崇礼最近称病请辞，皇帝命他当了祠官养病，他回到台州临海家中闲居，整理自己的诗文与奏章等。

绍兴六年（1136年）二月，临安发生火灾，上千户人家的房舍都被烧掉了。十二月皇帝北上巡幸建康，宣称要北伐占据中原

第十章 易安,江南居亦不易

的刘豫。而后临安又起火了,烧毁上万房舍,冬天天冷,不少居民没有房子可住,也没有亲友可投靠,冻死了不少人。

皇帝在建康修建了太庙,并把临安瑞石山的那处太庙改名"圣祖殿",以示现在的行都是建康而非临安。但皇帝在建康只待了不长的时间,觉得建康紧邻长江,敌人南下的话,一日就可以渡江迫近。绍兴八年(1138年)仲春,皇帝又带着大批人马返回临安府,以之为都,瑞石山的圣祖殿又改叫太庙了。

第十一章　帖子，居士可比学士

又回到临安，又是元宵佳节。别人都举家外出到街上赏灯，也有几个要好的亲友邀李清照一起出去逛街、观灯，她不愿去掺和，宁愿独自待在房中读书、写字。听到院子外传来男男女女呼朋唤友的叫声、笑声，李清照不由得想起很久以前在汴京度过的元宵节。自己同闺中女伴戴上点翠的头冠和银线捻成的"雪柳""玉梅"之类的首饰，打扮得光彩照人，前去游乐，欣赏各式灯笼，从龙津桥一直走到宣德门，走上大半夜也不会累。那个无忧无虑的少女时代，早已经远去。

时光荏苒，如今自己头发斑白，心也老了，对外面的热闹提不起兴致。她总是想起从前在汴京的日子，那里的元宵节比临安的热闹。更重要的是，那时候的自己还是青春少女，对未来有许多期望，今昔对比，老年的自己回望少年的自己，不如以一阕《永遇乐》形容：

落日熔金，暮云合璧，人在何处？染柳烟浓，吹梅笛怨，春意知几许？

元宵佳节，融和天气，次第岂无风雨？来相召，香车宝

第十一章　帖子，居士可比学士

马，谢他酒朋诗侣。

中州盛日，闺门多暇，记得偏重三五，铺翠冠儿，捻金雪柳，簇带争济楚，如今憔悴，风鬟霜鬓，怕见夜间出去。不如向，帘儿底下，听人笑语。[1]

夏天梅子黄熟之时，连连下雨，她已然习惯了这样的季候。入秋后，她遇见一位故交，想起年轻时候，自己的诗句得到父亲以及晁补之那样的名士的赞扬，而后有了些名声。可是如今经历了靖康之变，人过中年，垂垂老矣，她和那位故交只能把各自所作的新诗词赠给对方，聊作纪念，她于是作了一首《青玉案》：

征鞍不见邯郸路。莫便匆匆归去，秋正萧条何以度。明窗小酌，暗灯清话，最好流连处。

相逢各自伤迟暮，犹把新诗诵奇句。盐絮家风人所许。如今憔悴，但余双泪，一似黄梅雨。[2]

拿出秋衣穿的时候，她发现了以前在北方制作的衣裳，是自己在年轻时穿过的，至今还保存在箱笼中。经过多年，用绿丝绣成的莲蓬似乎变小了，用金线缝成的莲叶似乎稀疏了，又想起从

---

1 ［宋］李清照著，黄墨谷辑校：《重辑李清照集》卷三《永遇乐》，中华书局，2009年，第43—44页。
2 ［宋］李清照著，黄墨谷辑校：《重辑李清照集》卷三《青玉案》，中华书局，2009年，第42页。

前在汴京、青州的经历，想起亡故的丈夫，衣已旧，人已老，情已逝，作了一首《南歌子》：

> 天上星河转，人间帘幕垂。凉生枕簟泪痕滋。起解罗衣，聊问夜何其。
>
> 翠贴莲蓬小，金销藕叶稀。旧时天气旧时衣。只有情怀，不似旧家时。[1]

趁着天气好，她外出游览西湖。荷叶半残，自己也没有从前的心情，作了一首《怨王孙》：

> 湖上风来波浩渺，秋已暮，红稀少。水光山色与人亲，说不尽，无穷好。
>
> 莲子已成荷叶老，清露洗，蘋花汀草。眠沙鸥鹭不回头，似应恨，人归早。[2]

住在临安，难免听闻许多宫廷、朝廷的消息。听说淮西宣抚使张俊颇爱聚敛钱财，他让麾下士兵在临安为他营造了一座大酒楼"太平楼"，命士兵搬运花木、赏石。张俊的士兵从臀部到足部

---

[1] ［宋］李清照著，黄墨谷辑校：《重辑李清照集》卷三《南歌子》，中华书局，2009年，第39页。

[2] ［宋］李清照著，黄墨谷辑校：《重辑李清照集》卷一《怨王孙》，中华书局，2009年，第4页。

第十一章　帖子，居士可比学士

都有刺青图案，号称"花腿"，别人一看就知道这些人是张家军。有民间歌谣咏叹："张家寨里没来由，使他花腿抬石头。二圣犹自救不得，行在盖起太平楼。"[1]

皇帝又想起被冷落了几年的秦桧，于绍兴六年召他回朝担任醴泉观使兼侍读、行宫留守，到尚书省、枢密院参议政事。如此秦桧又对朝政有了影响。绍兴七年（1137年），何藓等使者从金国回来，皇帝才知道太上皇五年前已在五国城（今黑龙江依兰）驾崩，郑太后也已故去数年，太上皇在那里还生了六个儿子、八个女儿。皇帝听闻太上皇、太后故去，大为悲痛，希望与金人议和，迎接自己的生母韦太后回来，曾对近臣说："朕有天下，而养不及亲。徽宗既无及矣。太后年逾六十。日夜痛心，今虽与之立誓，当奏告天地宗庙社稷，明言若归我太后，朕不惮屈己与之和。如其不然，则此要盟神固不听，朕亦不惮用兵也。"[2] 看起来，"孝"成了皇帝说服朝野与金人议和的一大理由。[3]

年底，听说金主觉得扶持刘豫建立的伪齐政权无法控制边境形势，不如金人自己直接控制中原领土，于是命亲贵统兵南下，以南侵江南为名进入汴京，废刘豫为蜀王，伪齐灭亡。金人长期扣留靖康皇帝（钦宗），随时有重新扶持他，或者以他的名义扶持

---

1 ［宋］庄绰撰，萧鲁阳点校：《鸡肋编》卷下《铜颔铁颔》，中华书局，1983年，第92页。
2 ［宋］李心传撰：《建炎以来系年要录》卷一百四十二，中华书局，1988年，第2291页。
3 何玉红：《孝与宋高宗政治的展开》，《中国史研究》2023年第4期，第148—166页。

某人在中原当皇帝的可能。皇帝、朝臣对此有所担忧。

皇帝有心与金人议和。绍兴八年三月，皇帝提拔秦桧任右仆射、同中书门下平章事，秦桧二次拜相。众人皆知秦桧是主张与金国议和的，猜测皇帝大概也是如此心思。十月，皇帝免去左相赵鼎的相位，从此秦桧独相，成了最受皇帝恩宠的大臣。中书舍人兼侍读、权直学士院吕本中也被罢职，提举太平观。吕本中曾作《江西诗社宗派图》，最为推崇黄庭坚。

秦桧辅佐皇帝办了两件大事。其一是对外与金国议和。皇帝以迎还先帝梓宫、迎接生母韦太后奉养为由，希望"屈己请和"[1]，秦桧主持此事。绍兴九年（1139年），宋金谈判刚有进展，不料金国却出了内乱，以完颜宗弼为首的主战势力把持朝政，撕毁与宋的和约，夺回原来说好归还宋的几处地方。绍兴十年（1140年）金军又分四路南下进犯，在韩世忠、张俊、岳飞等将领的抗击下无功而返，这才恢复谈判。绍兴十一年（1141年）十一月，朝廷与金国正式达成协议：双方以淮河至大散关一线为界；宋每年向金贡银二十五万两以及绢二十五万匹；宋帝向金主称臣，由金主册封为帝。

秦桧辅佐皇帝办的第二件事是对内解除掌握雄兵的将帅的武装，防止尾大不掉。绍兴十一年，朝廷以给诸将"论功行赏"为由，调韩世忠、张俊、岳飞相继回朝，给予枢密使、副使的高位，撤掉他们长期掌控的三个宣抚司。这实际是收回武将个人掌握的

---

[1] ［宋］李心传撰：《建炎以来系年要录》卷八十一，中华书局，1988年，第1321页。

第十一章　帖子，居士可比学士

兵权，此后军队由皇帝通过枢密院指挥。之后皇帝、宰相又杀鸡儆猴，让谏官万俟卨弹劾岳飞，以此为由将岳飞撤职并关押起来，调查他的罪责。

与金人达成和议，皇帝才真正安心。十一月，皇帝派出报谢使何铸、副使曹勋前去金国。曹勋乃是擅长写词的曹组之子，亦擅长文艺，应对机敏。他也爱作诗词，词风与其他的俗体风格不同，颇为典雅。得知曹勋要出使，有好事者模仿苏轼《送子由奉使契丹诗》的最后两句"单于若问君家世，莫道中朝第一人"，写道"单于若问君家世，说与教知，便是红窗迥底儿"[1]，意即他乃写《红窗迥》的那个人的儿子。《红窗迥》代言青楼女子口气，写其所见、所闻、所思，格调俚俗，乃是正统士人不齿的艳词。

据说皇帝、秦桧之所以派何铸出使，也因他主持审理岳飞谋反一案时，不愿伪造罪名冤杀岳飞。秦桧升他为端明殿学士、签书枢密院事，并让他充任报谢使出使金国，以这种方式将其调职。之前弹劾岳飞的右谏议大夫万俟卨接任御史中丞，他竭力罗织岳飞谩侮先皇、意图谋反、受诏不救淮西等罪名。十二月二十九日，岳飞被赐死，年仅三十九岁。其子岳云、部下张宪则被公开处斩，临安朝野议论纷纷，许多人私下都说这是一桩冤案。

何铸带到金国的实际是皇帝与金国盟誓的《誓表》。"表"是臣子上奏皇帝的文书体式，"誓表"即臣子向君主发誓之意。在文中，宋帝对金国君主自称"臣"，说金国是"上国"而宋国是"敝

---

[1] [宋] 洪迈撰，何卓点校：《夷坚志》支乙卷第六《单于问家世词》，中华书局，2006年，第840页。

邑"，显然是在降低宋国的等级而尊崇金国君主。朝廷担忧外界议论这一文书，对外宣称是"讲和誓书"，只有极少数官员知晓这份文书的详细内容。该《誓表》云：

> 臣构言：窃以休兵息民，帝王之大德；体方述职，邦国之永图。顾惟孤藐之踪，猥荷矜存之赐。敢忘自竭，仰答殊恩。事既系于宗祧，理盖昭于誓约。契勘今来画疆，合以淮水中流为界。西有唐、邓二州，割属上国，自邓州南四十里，西南四十里为界，属邓州；其四十里外南并西南尽属光化军，为敝邑沿边州军。
>
> 既蒙恩造，许备藩方，世世子孙，谨守臣节。每年皇帝生辰并正旦，遣使称贺不绝。所有岁贡银、绢二十五万匹、两，自壬戌年为首，每春季差人般送至泗州交纳。淮北、京东西、陕西、河北自来流移在南之人，经官陈理，愿归乡者，更不禁约。其自燕以北人，见行节次遣发。今后上国逋亡之人，无敢容隐，寸土匹夫，无敢侵掠。其或叛亡之人，入上国之境者，不得进兵袭逐，但移文收捕。沿边州城，除自来合该置射粮军数并巡尉等外，不得屯军戍守。上国之于敝邑，亦乞并用此约。既盟之后，必务遵承。有渝此盟，神明是殛，坠命亡氏，踣其国家。臣今既进誓表，伏望上国蚤降誓诏，庶使弊邑永有凭焉。[1]

---

[1] 曾枣庄、刘琳主编：《全宋文》第205册《与大金国讲和誓书》，上海辞书出版社、安徽教育出版社，2006年，第128页。

第十一章　帖子，居士可比学士

据说是曹勋在拜见金国君主时，反复呈说，金主才首肯归还梓宫以及送回皇帝的生母韦太后。而何铸一回朝就遭到万俟卨弹劾，说他庇护岳飞、反对和议云云，导致何铸被贬为左朝奉郎、秘书少监，到徽州居住。

绍兴十二年（1142年）初，皇帝经常与大臣谈及书法，宣称："朕于宫中无嗜好，惟好观书，考古人行事以施于政。凡学必自得乃可用，第与古人点姓名，何所益也。"[1] 这倒也不全是假话，皇帝精通书法、音律，颇为留心文事。前年他曾经与秦桧谈论书法，提出："学书必以钟、王为法。得钟、王笔法，然后出入变化，自成一家。"[2] 他爱写《兰亭序》，多次将其赐给皇子和朝臣，并让太子学书，朝臣也纷纷跟着学习王羲之、王献之的书法。去年他又颁诏翻刻内府所藏《淳化阁法帖》，刻板置于国子监，又命把内府所藏米芾墨迹摹勒上石，拓印《绍兴米帖》。

三月，金国的左宣徽使刘筈带着衮冕、圭册抵达临安，在皇宫举行册封礼。册文云：

> 皇帝若曰：咨尔宋康王赵构。不吊，天降丧于尔邦，亟渎齐盟，自贻颠覆，俾尔越在江表。用勤我师旅，盖十有八年于兹。朕用震悼，斯民其何罪。今天其悔祸，诞诱尔衷，

---

[1]　[宋]李心传撰：《建炎以来系年要录》卷一百四十四，中华书局，1988年，第2305页。
[2]　[宋]熊克撰：《皇朝中兴纪事本末》卷五十四，北京图书馆出版社，2005年，第1043页。

封奏狎至,愿身列于籓辅。今遣光禄大夫、左宣徽使刘筈等持节册命尔为帝,国号宋,世服臣职,永为屏翰。呜呼钦哉,其恭听朕命。[1]

朝廷对这份文书和此次册封仪式自然也是保密,只有极少数官员知晓内情。如此,双方达成盟誓。此时,皇帝才得知自己被掠到北方的一妻二妾和五个女儿都已故去。

刘筈带来信息,金国同意归还徽宗、郑太后以及皇帝原配邢后的灵柩,释放皇帝生母韦太后。四月初一,皇帝派遣两位大臣分别为迎护梓宫礼仪使、奉迎两宫礼仪使,前去迎接徽宗、郑太后、邢后的灵柩,以及皇帝的生母韦太后。

八月,韦太后以及三座梓宫抵达临安。皇帝先去临平奉迎韦太后,带着普安郡王和文武百官,共两千多人,仪仗声势浩大,临安人纷纷前去围观。据说皇帝见了太后,喜极而泣,近卫都大声欢呼,庆祝皇帝母子相聚。次日太后、皇帝回到城中,太后入住特地为她修建的慈宁宫。之后,皇帝又穿着黄袍,乘辇到临平迎接三座梓宫到临安皇宫,之后将之安葬到绍兴府郊区。

韦太后来了,另一个女子就丢了性命。原来,建炎四年,有自称徽宗女儿柔福帝姬的女子来到临安,自述是从金国逃回来的。皇帝命老宫女和老宦官查验,他们觉得该女子与印象中的公主很像,盘问宫中旧事,她也都知道宫廷的讲究,显然在宫廷生活过。

---

[1] [元]脱脱等撰:《金史》卷七十七《完颜宗弼》,中华书局,1975年,第1756页。

第十一章　帖子，居士可比学士

唯一值得怀疑的地方是她有一双粗糙的大脚，不似公主所有，但是她说在北方奔走万里，脚肯定要变得粗糙。于是，皇帝授予她福国长公主的称号，为其挑选永州防御使高世荣为驸马。结果韦太后回来说，柔福帝姬前一年已死于五国城，临安的这位柔福帝姬是开封尼姑静善冒充的。皇帝随即密令处死这位假的柔福帝姬。也有人私下议论，这位柔福帝姬是真的，据传韦太后、柔福帝姬在金国，都曾服侍盖天大王完颜宗贤，还生下了孩子，太后回朝后，为掩盖此事就故意说她是假冒的，以此灭口。

此时临安城中传言纷纷，据说韦太后的车驾从五国城出发时，还活着的靖康皇帝披头散发，挽住她的车轮，请她转告皇帝，若自己能回去，他只要当个太乙宫主就满足了，意思是他不会与皇帝争皇位。韦太后哭着说："如果你不回来，我宁愿眼睛瞎掉。"可是知晓旧事的朝臣心中清楚，当今皇帝与靖康皇帝关系并不算和睦，估计并没有迎接他回来的心思。

十六年后再见生母，皇帝大为欣慰，视为国家大庆。有朝臣建议应该令词臣撰写歌诗赞美此事，"勒之金石，奏之郊庙，扬厉伟绩，垂之无穷"。[1] 朝野文士纷纷响应，进献了上千首《皇太后回銮颂》之类名目的诗歌，朝廷从中评选出四百首为优等，对优等颂词作者的奖励是"有官人进一官，进士免文解一次"。[2]

1　[宋]徐梦莘撰：《三朝北盟会编》卷二百二十三，上海古籍出版社，1987年，第1612页。
2　[宋]李心传编撰，胡坤点校：《建炎以来系年要录》卷一百四十七，中华书局，2013年，第2781—2782页。

皇帝觉得宰相秦桧是和谈的功臣，给他进位太师，封魏国公、秦国公，犹如当年蔡京的官职与封号一般。秦桧位高权重，成了众多官员、文士颂扬的对象。听说宣城文士周紫芝科举不顺，一直是白衣身份。六十一岁的他近来作文谄谀秦桧，得到秦桧举荐，在廷对中位列第三，被赐同学究出身，为礼、兵部架阁。他为诗推崇梅尧臣、苏轼、黄庭坚，强调当先严格律，然后讲句法。颇有能文之名的黄州知州曾惇也作了《书事十绝句》，称颂秦桧犹如中唐的裴度一般，是"圣相"，也得以进官一阶。

李清照听说，帮过自己的綦崇礼在临海家中病逝了。他没有子嗣，只有一个女儿嫁给了谢克家之子谢伋，丧事只能靠女婿办理。

年底，十二月二十五日，皇帝亲临太师秦桧的府邸，为此专门下《赐太师秦桧生日诏》，称赞他的功德超越前朝名相，"独斡化枢，再安王室，明谟高世，成绩格天"[1]，褒扬秦桧外能达成和谈，内能削弱专擅的武将，安定王室。当然也有机敏的朝臣、文士纷纷以此为契机，歌颂宰相的功德。此后每年秦桧生辰，皇帝都会驾临他的宅邸。每年都有众多朝臣、文士赋诗作文，称颂皇帝、宰相。

秦桧如此受宠，掌握朝廷大权，弟弟要与他打交道，李清照也免不了到秦家后院与她名义上的表妹王氏有所应酬。[2]如今秦桧

---

[1] 曾枣庄、刘琳主编：《全宋文》第175册《赐太师秦桧生日诏》，上海辞书出版社、安徽教育出版社，2006年，第375页。

[2] 陶然：《李清照南渡后行迹及戚友关系新探》，《文学遗产》2009年第3期，第151页。

第十一章 帖子，居士可比学士

家族中的人都身居要职。秦桧之兄秦梓去年十二月入朝担任秘书少监兼崇政殿说书，今年三月兼赞读，十月升侍读。秦桧的养子秦熺考中今年的进士，开始考官定其为状元，秦桧谦让请求让儿子为第二名。秦熺即被任命为临安通判，两个月后就入朝任行秘书郎，九月升任秘书少监，十月为崇政殿说书。妻党王氏一门也纷纷得到拔擢，她的两个弟弟王唤、王会都谋得美官。曾经想要强买赵家古器的御医王继先也去奔走她的门路，与王夫人认了同宗。秦桧、王氏与他结交，是为了从他那里打探宫廷的动静。据说皇帝极恩宠王继先，曾对近臣说"桧，国之司命；继先，朕之司命"。[1] 王继先在丰乐桥的大宅屋宇宏丽，他收纳了名妓刘荣奴为侍妾，其子王悦道收纳了另一名妓金盼盼为妾，故而京城人把他家称作"快乐仙宫"。[2]

因为王氏的关系，李清照得以入宫拜见后妃。她这样做，也是"为稻粱谋"，如果能得到皇帝授予的命妇身份，年节有些补贴，多少能帮补家用。如今，张汝舟那件事过去十年了，赵家人对自己以赵明诚的遗孀身份活动，应该不会再议论什么。

作为宫城南门的丽正门门楼金钉朱户、画栋雕梁，楼顶覆以铜瓦，看上去华丽壮观。此处一般并不开放，人们大都是从北门进出。沿通道往前走就到了刚修好的大内正衙——崇政殿。因为如今宫城狭小，无法像汴京宫城那样，为不同功能修建不同的宫

---

1 [宋]叶绍翁撰，冯惠民、沈锡麟点校：《四朝闻见录》乙集《秦桧王继先》，中华书局，1989年，第58页。
2 丁传靖辑：《宋人轶事汇编》卷十六，中华书局，2003年，第849—850页。

殿，故而人们想了个"一殿多名"的主意：举行明堂大礼、正朔大朝会时把这里叫作"大庆殿"；给皇帝祝寿时改叫"紫宸殿"；进士唱名时改叫"集英殿"；检阅武装时改叫"讲武殿"。崇政殿后面还有一座大殿"垂拱殿"，乃是常朝之殿，即皇帝日常办公的地方。百官出入的大内北门叫"和宁门"，金碧辉煌的门楼下开设左、中、右三门，卫士把守甚严，出入都有守卫高唱名称，以防闲杂人等混入。和宁门外，御道两侧红杈子之外就是百姓聚集的早市，有许多餐馆、食摊，早晚都能听到商贩吆喝的声音。宫中妃嫔、宫女、宦官等经常在此购买食品，什么山珍海味、蔬菜水果都能在此买到，买的东西都是通过栅栏之间的空隙递进来的。御道左右两边为待班阁（上朝官待漏院），左待漏院旁有孝仁坊、阁门司、六部、三省的官署，右待漏院旁有登平坊、客省四方馆、六部桥。

皇太后居住在慈宁宫，贵妃居住在和宁殿。两殿各有太官、殿长、内侍、黄院子、幕士、殿属、亲从、辇官等人祗候，还有女官负责文书事宜。李清照拜见过皇太后韦氏和最受皇帝宠爱的吴贵妃等人。

吴贵妃十四岁入宫侍奉当今皇帝。建炎年间，皇帝流徙各处，她常常穿着戎装侍奉左右。皇帝逃亡到海上时，有条鱼跳进御舟，她说这是周武王白鱼入舟的祥兆。皇帝大喜，封她为和义郡夫人，此后她一直得到皇帝的恩宠。或许因为吴贵妃博学多闻，皇帝才说："朕以谓书不惟男子不可不读，虽妇女亦不可不读，读书则知

第十一章 帖子，居士可比学士

自古兴衰，亦有所鉴诫。"[1] 吴贵妃博通书史，擅长写作，也知道李清照的才名，与她谈得来，几次召她入宫闲谈，作陪的常常是擅长文字书画的刘夫人、高级女官张从义。[2] 刘夫人是临安本地人，工书画，号尚衣夫人，负责后宫的文字起草事宜，所绘的仕女图尤其出色，画上常用"奉华堂"印以及"闭关颂酒之裔"印，宫里称她为"刘娘子"。张从义就是才女魏玩教过的那个女孩，如今是主管大内公事、知尚书内省，兼提举十阁，封号是润国庄淑惠徽夫人。从此，临安的贵妇、闺阁女子渐渐也知道李清照乃后宫赏识的人物，一些人与她有了往来。

李清照的丈夫赵明诚的官职是朝散郎、秘阁修撰、直龙图阁，她的外命妇封号应是"安人"。她知道皇帝爱好古物，为了取悦皇家，便把手中保存的《金石录》书稿整理以后，进呈给皇家。因此她得到宫中贵人的关照，升为品级更高的"令人"。如今她入宫，都是以"赵令人李氏"的名刺。外命妇可以获得一些食料、茶汤补贴。[3] 此外，外命妇可在一定范围之内减免赋役，命妇可以佩戴霞帔、金首饰，乘坐棕车出行。

常能听到宫中的闲话，如今宫廷贵人颇为欣赏一个叫马兴祖的待诏。他擅长绘制花鸟杂画，也擅长鉴别。皇帝获得前代名画，

---

1 [清]徐松辑，刘琳等校点：《宋会要辑稿》二之九，上海古籍出版社，2014年，第281页。
2 丁传靖辑：《宋人轶事汇编》卷三，中华书局，2003年，第82页。
3 《宋会要辑稿》记载宋孝宗乾道年间"外命妇郡夫人即无禄令"，规定外命妇郡夫人以下包括郡夫人都无俸禄，但南郊大典等特殊典礼之后或许会赐给外命妇津贴等。见[清]徐松辑，刘琳等校点：《宋会要辑稿》二之九，上海古籍出版社，2014年，第240—241页。

常常召他入宫鉴别。米芾长子米友仁官至兵部侍郎、敷文阁直学士，人称"小米"，近来颇受皇帝赏识，也奉命鉴定过内府藏品。米友仁眼力虽高，但往往迎合上意，有时候会说些模棱两可的话。

进入绍兴十三年（1143年），虔州知州薛弼汇报说在木头内发现文字"天下太平年"，皇帝下诏交付史馆。于是朝野纷纷粉饰太平，呈送各种祥瑞。依附秦桧的康与之如今担任尚书省的郎官，他作了应制之词《瑞鹤仙》歌颂太平，云：

> 瑞烟浮禁苑。正绛阙春回，新正方半。冰轮桂华满。溢花衢歌市，芙蓉开遍。龙楼两观。见银烛、星毬有烂。卷珠帘、尽日笙歌，盛集宝钗金钏。
>
> 堪羡。绮罗丛里，兰麝香中，正宜游玩。风柔夜暖。花影乱，笑声喧。闹蛾儿满路，成团打块，簇著冠儿斗转。喜皇都、旧日风光，太平再见。[1]

见如今朝野流行填词，大多不堪听。李清照细想自己的见闻、感受，写了一篇《词论》，简述唐代已有《菩萨蛮》《春光好》《莎鸡子》《更漏子》《浣溪沙》《梦江南》《渔父》等词，之后提及江南李氏君臣词作，再重点论述本朝的创作：

> 逮至本朝，礼乐文武大备，又涵养百余年，始有柳屯田

1　唐圭璋编：《全宋词》，中华书局，1965年，第1304页。

第十一章 帖子，居士可比学士

永者，变旧声作新声，出《乐章集》，大得声称于世，虽协音律，而词语尘下。又有张子野、宋子京兄弟、沈唐、元绛、晁次膺辈继出，虽时时有妙语，而破碎何足名家。至晏元献、欧阳永叔、苏子瞻，学际天人，作为小歌词，直如酌蠡水于大海，然皆句读不葺之诗尔，又往往不协音律，何耶？盖诗文分平侧，而歌词分五音，又分五声，又分六律，又分清浊轻重。且如近世所谓《声声慢》《雨中花》《喜迁莺》，既押平声韵，又押入声韵；《玉楼春》本押平声韵，又押上去声，又押入声。本押仄声韵，如押上声则协；如押入声，则不可歌矣。王介甫、曾子固，文章似西汉，若作一小歌词，则人必绝倒，不可读也。乃知词别是一家，知之者少。后晏叔原、贺方回、秦少游、黄鲁直出，始能知之。又晏苦无铺叙，贺苦少典重，秦即专主情致而少故实，譬如贫家女，虽极妍丽丰逸，而终乏富贵态。黄即尚故实而多疵病，譬如良玉有瑕，价自减半矣。[1]

她认为本朝的高官、名士，如晏殊、欧阳修、苏轼乃是"学际天人"的大人物，可惜所写之词皆是"以诗为词"，缺乏细致的铺叙，又往往不协音律，难以精准地搭配曲子演唱。张先、宋祁、宋庠、沈唐、元绛、晁端礼等人并没有典型的个人风范。本朝能入她法眼的四位词人之作都可以应和音律，其中晏几道所作几乎

---

[1] ［宋］李清照著，黄墨谷辑校：《重辑李清照集》卷四《词论》，中华书局，2009年，第53—54页。

都是小令，故而少细微婉转的铺叙；贺铸之词不够典雅；秦观之词突出情致，但是不善使用典故；黄庭坚之词善用典故，但经常用事太多，却与情景并不契合，显得生硬，就像白玉有瑕疵，卖不了好价钱。言下之意，上述四人之作也不够完美。

春天要到了，入宫闲聊时李清照得知宫廷贵人在立春这日悬挂对联在门楼两侧。按惯例，翰林学士要提前起草皇帝、皇后、夫人使用的帖子，届时要剪贴于禁中门帐，供皇帝及内宫欣赏。帖子的内容多为歌功颂德之辞。她知道以前欧阳修、宋祁、苏轼等名士当翰林学士时都写过这类东西，于是想凑个热闹，也写了两则呈给后宫谈得来的贵人，供皇帝、贵妃采择。

《皇帝阁春帖子》：

莫进黄金簟，新除玉局床；春风送庭燎，不复用沉香。

《贵妃阁春帖子》：

金环半后礼，钩弋比昭阳；春生百子帐，喜入万年觞。[1]

她写的词句当然都是颂扬皇帝、贵妃的。先是赞美皇帝简朴、风雅，谢绝进奉"黄金簟"，喜欢坐在"玉局床"上讲论经典。"玉局"两字可谓一语三关，既可指棋盘，又可指有曲形高脚的

---

[1] 褚斌杰、孙崇恩、荣宪宾编：《李清照资料汇编》，中华书局，1984年，第23页。

第十一章　帖子，居士可比学士

坐榻。传说老子曾于成都坐在"局脚玉床"上讲经，后来蜀人在那里设立道观玉局观。苏轼的最后一个官职就是提举成都玉局观，他亦曾在诗中自称"玉局翁"，或许宫中熟读苏诗之人见了这句也会想起这位名士。因后宫没有皇后，吴贵妃乃是"半后"，李清照就在帖子中祝愿她多生子，能长寿。贵妃欣赏这等文辞，赏了钱帛给她。

吴贵妃果然好运，闰四月十七日，皇帝册命她为皇后。大典之后没几天，听说皇帝、皇后到慈宁宫陪同韦太后赏牡丹。在宴会上，通晓音律的皇帝自制一则曲牌，赐名《舞杨花》，命随行的小臣赋词，让宫中擅长演唱的一位夫人演唱。宫廷的人举着玉卮为太后祝寿，词云：

> 牡丹半坼初经雨，雕槛翠幕朝阳，娇困倚东风，羞谢了群芳，洗烟凝露向清晓。步瑶台，月底霓裳，轻笑淡拂宫黄，浅拟飞燕新妆。
> 杨柳啼鸦昼永，正秋千庭馆，风絮池塘，三十六宫，簪艳粉浓香。慈宁玉殿庆清赏，占东君，谁比花王。良夜万烛荧煌，影里留住年光。[1]

这样的颂圣诗词，李清照觉得一般，自己写的话当然不在话下。即将到端午节，李清照因为之前写的春帖子得到吴皇后的赏

---

[1] 唐圭璋编：《词话丛编》，中华书局，2005年，第1212—1213页。

识，再接再厉，又撰写了三则端午帖子，依次是：

　　皇帝阁：日月尧天大，璇玑舜历长。侧闻行殿帐，多集上书囊。
　　皇后阁：意帖初宜夏，金驹已过蚕。至尊千万寿，行见百斯男。
　　夫人阁：三宫催解粽，妆罢未天明。便面天题字，歌头御赐名。

　　献给皇帝的颂词称赞他的功德、节俭以及对书法的爱好；献给皇后的帖子与之前的差不多，说此时已过养蚕的日子，即将到端午，皇后可以评定端午帖子的高下，祝愿皇后长寿，见证后宫多子多福的情形；献给夫人的帖子则是称颂她手握的扇面有皇帝的赐字，所唱的曲子词乃是皇帝赐名的《舞杨花》。
　　这几篇帖子得到后宫的赞扬，可是却得罪了翰林学士秦梓。他是宰相秦桧的哥哥，之前一直在地方当知州，最近才入朝出任翰林学士。之前都是翰林学士撰写这类帖子供后宫选用，秦梓进入翰林学士院后，别人都唯其马首是瞻，推举他撰拟或审订这类帖子后进呈。李清照这样做，等于与秦梓争宠，令他老大不快，他便故意给李清照写的帖子挑刺儿。秦梓说李清照写给皇后阁的帖子里，使用了唐中宗时上官婉儿为修文馆学士评定诗赋高下的典故，而上官婉儿是史书中有名的负面角色，以此形容后宫女子并不妥当。后宫虽然对秦梓的意见不以为然，觉得他只是在故意

第十一章 帖子,居士可比学士

挑刺儿,可是又不好驳回这位宰相之兄、翰林学士的面子,便没有采用李清照所拟的这几篇帖子。一个月后,皇帝就让这位秦学士外出担任知州去了,也不知后宫是否影响了皇帝的决定。

李清照听闻此中内幕,此后便不再进呈这类帖子了。其实,她真有点与翰林学士争锋的意思,不是为了争宠,而是一较文辞的高下。她觉得自己的才学不比那些学士差,要是自己是个男子,完全可以入翰林学士院做个"李学士",就如之前大名鼎鼎的欧阳学士、苏学士一般。可惜,自己是个女子。她比照的对象是欧、苏那样的翰林学士,却引起秦梓这样的寻常之辈的不快,也是晦气。

如今临安有几位有名的女性。宫中的韦太后、吴皇后、刘夫人、张夫人以外,张俊的爱妾张氏也是其一。她本是歌妓,颇知书能文,前些年被张俊买下,改姓张氏。绍兴十一年春,金军再次南侵,担任太尉、浙西江东宣抚使和淮西宣抚使的张俊指挥军队在淮北作战,他从前线致信她安排家事。张氏在回信中以霍去病、赵云不问家事为例,说今日的要务是抗敌,不应以家为念,鼓励张俊勉力报国。张俊把这封书信进呈给皇帝,圣上大喜,亲笔写诏令褒奖这位女子,加封雍国夫人。第二年张俊被剥夺军权,受封清河郡王,在京城颐养天年。皇帝对其赏赐极为优厚,赏给张俊一处位于天井巷的大宅,有房舍二百六十八间,又把位于平江府的朱勔的宅园的一部分赐给他。

清河郡王张俊闲居无事,热心于赚钱之道。据说他在临安抢占承天寺作为宅基,也有强占民田民宅的举动。为此皇帝把他召入宫，告诫他不要与民争利，不要大兴土木，他才安分了一些。据说他拥有良田一百多万亩，每年能收取租米六十万斛，房租收入为每年七万三千多贯钱。他还介入海外贸易，让擅长此道的老兵主持经营，出资五十万贯钱打造巨舰，使之出航海外诸国，自称"大宋回易使"，带回珠犀、香药、骏马，获利几乎是投资的十倍之多。有一次宫廷内宴，有伶人拿他打诨逗乐，上台表演时拿出一枚铜钱，对众人说可以从中看到不同人物的星象，他从方孔依次看皇帝、秦桧、韩世忠，分别说见到了"帝星""相星""将星"，唯独看张俊时却说"不见星"。台上众演员装作吃惊的样子，让那伶人再仔细看看，他看后说"只有张郡王在钱眼内坐"，众人哄堂大笑，让张俊有点尴尬。[1]

著名的武将韩世忠也在京赋闲，不再掌握军权。他的夫人梁红玉是位奇女子。她本是艺人，成为韩世忠的侍妾后依旧特立独行。建炎三年苗傅叛乱时，宰相朱胜非与隆祐太后秘密让她出城联络援军，她一昼夜奔驰数百里，到秀州召韩世忠进兵平叛，被皇帝封为护国夫人并赐爵禄，从此也有了功臣之妻给俸制度。建炎四年，她在黄天荡之战中亲执桴鼓，协助韩世忠指挥作战，将入侵的金军阻击在长江附近达四十八天之久。金军撤退之后，她还上书弹劾丈夫韩世忠，说他失机纵敌，令世人惊叹，而后她被皇帝封为杨国夫人。绍兴五年，韩世忠的原配去世后，梁氏成了韩世忠的继妻。绍兴十一年，韩世忠被剥夺军权，成了闲人，他

---

[1] 丁传靖辑：《宋人轶事汇编》卷十五，中华书局，2003年，第808—809页。

第十一章 帖子，居士可比学士

们隐居临安西部，以养花和种瓜为乐。

乱世之中，一些女子沦落为草芥、尘埃，也有些歌妓、艺人能立功、立德、立言，在世间享有大名。可惜，李清照年华老去，她知道自己所作的诗词文章与政教领域的"立言"无关，只是一些私人的感慨，难免被人看轻。

朝堂上，秦桧是得意人物，凡以前非议、弹劾过他的人，都会遭到打击。听说，与他不和的前任宰相赵鼎、李光都被流放到海岛。从绍兴十四年（1144年）开始，为了控制舆论，朝廷禁止撰写野史，鼓励百姓告发私自撰写史书的行为。一时间，文士人人自危。秦桧为了把持史书修撰的事宜，让自己的养子秦熺任秘书少监，负责撰修国史，焚毁秦桧第一次罢相以后涉及秦桧的所有诏书和奏章，还打击理学，禁止印制和传播程颐、张载的著作。

听说，韦太后出资在孤山大规模兴建四圣延祥观，供奉她信仰的道教紫微北极大帝手下的天蓬、天猷、翊圣、真武四位真君。据她说，当年她的儿子，即当今皇帝为康王时奉旨使金，离开王府时她看到有手执弓、剑的四位金甲神将随护康王，这才保佑他虎口脱险，逢凶化吉，故而她自己被金人俘虏到北方时也虔诚奉祀这四位神灵的画像。为此，人们把孤山的寺庙，如广化寺、玛瑙寺、智果寺、龙王庙等迁至葛岭，从内廷迎请太后供奉的四圣圣像到此观。孤山西方的广化寺的后面有一亭阁，传说是名士白居易修建的，名为竹阁，他假日常来此寺修禅，有诗云"晚坐松檐下，宵眠竹阁间"。后来僧人在竹阁内供奉白居易像，前些年僧人又增加了林逋、苏轼的塑像，称之为"三贤堂"。如今广化寺被迁走，三贤堂也没了踪影。

绍兴十五年（1145年）四月，皇帝赏赐了秦桧一座位于望仙桥东侧的大宅邸，以及银、绢、缣等。十月，皇帝把亲笔题写的"一德格天"匾额赐给秦桧，这是表彰秦桧辅弼皇室、安定天下的大功。朝中官员纷纷献诗祝贺。到了年底，秦桧生辰之前，各地官员、文士纷纷献诗祝贺，热闹了一阵。其中包括张元幹献上的词《瑶台第一层》：

> 宝历祥开飞练上，青冥万里光。石城形胜，秦淮风景，威凤来翔。腊余春色早，兆钧璜、贤佐兴王。对熙旦，正格天同德，全魏分疆。
>
> 荧煌。五云深处，化钧独运斗魁旁。绣裳龙尾，千官师表，万事平章。景钟文瑞世，醉尚方、难老金浆。庆垂芳。开云屏间坐，象笏堆床。

张元幹从前编辑自己的词集《芦川词》，以《贺新郎》、同调《送胡邦衡待制》为压卷之作。前阕所寄即为建炎首相、抗金领袖李纲，后阕是他绍兴十二年送别因上书请求处死秦桧而遭贬的胡铨的作品，因为写这首词，他曾遭到削除名籍的处罚。他从前谴责秦桧，如今为了仕途，却只能写《瑶台第一层》这样的谀辞。可惜，他这样做并没有得到秦桧的怜悯，也没有获得任用。

如今的文坛上，有名气的不过数人而已。如吴县的叶梦得从前得到蔡京的赏识，在徽宗朝担任过中书舍人、翰林学士，学问

第十一章 帖子，居士可比学士

博洽，精熟掌故，乃是能文之人。建炎年间，他得到当今皇帝的任用，长期在建康、福州等地担任地方大员，颇有行政才干。可惜他与当权的秦桧不和，绍兴十五年以崇庆节度使致仕，隐居湖州弁山玲珑山石林，以读书吟咏自乐，自号石林居士，撰著《石林燕语》《石林词》《石林诗话》等。他的一些词明显受苏轼清旷词风的影响，如用苏词原韵的《念奴娇·云峰横起》，就模仿自苏轼的《念奴娇·赤壁怀古》，还在《鹧鸪天·一曲青山映小池》等词作中直接化用苏轼之诗。

洛阳人朱敦儒早年以清高自许，隐于洛川，靖康、建炎间，屡召不起。绍兴三年，他得到举荐，出任右迪功郎，历任秘书省正字、兵部郎中、临安府通判、秘书郎、都官员外郎、两浙东路提点刑狱等。绍兴十六年（1146年），右谏议大夫汪勃弹劾他专立异论，与主战大臣李光交通而被罢官，退居嘉禾。

在朝中担任枢密院编修官的周紫芝的诗词也有些名气。他的词作风格清丽婉曲，如"泪珠阁定空相觑"都是佳作。听说他早年学习晏几道，推崇张耒，认为"本朝乐府当以张文潜为第一"[1]。

绍兴十七年（1147年），李清照听说赵明诚的二兄赵思诚于五月在泉州故去了。他南渡以来历任起居郎、试中书舍人，之后被排挤在外，一会儿当宫观的提举闲职，一会儿当温州、台州、南剑州的知州。又听说，前任宰相赵鼎遭编管吉阳军，他对儿子说："秦桧必欲杀我。我死，你们无事，否则祸及全家。"于是

---

1 ［宋］周紫芝：《竹坡诗话》，中华书局，1983年，第354页。

他在这年八月绝食而死。如此看来，党争并没有随着靖康之变而消失。

有认识的亲友生了双胞胎，李清照作了一则《贺人孪生启》送去，云："无午未二时之分，有伯仲两楷之侣。既系臂而系足，实难弟而难兄。玉刻双璋，锦挑对褓。"双胞胎的母亲用系彩绳的方法辨别两个孩子，一个系在手臂上，一个系在脚上。李清照称赞两个孩子如玉人一般，这是常见的吉祥话，应酬亲友而已。

绍兴十九年（1149年），听说皇帝亲自下令在临安城南的包家山修建了一座道观供奉磁州崔府君。据说当年靖康之变时，当今皇帝还是康王，奉命出使金国，朝臣宗泽为劝阻康王北上，故意让他在崔府君庙占卜，以神灵的名义阻止其北上，并组织兵马抗金。皇帝从前对这种神怪说话不以为然，但如今可能是年纪大了，或许是也想"神道设教"，颇为支持散播崔府君护佑、泥马渡康王之类的传说。这座崔府君庙建成不久，一天宰相秦桧迎接金国使者时，在玉津园望见这座建筑，就上奏说"金虏以为您这个皇位是他们册封的功劳，而如今您却归功于神灵，恐金虏的使者见了会责怪"。皇帝只好命人当日就拆掉此庙。[1] 皇帝、宰相如此畏惧金人，也是可笑。看来他们是宁肯得罪神灵，也不敢招惹金人，默认自己偏安一隅是出自金国君主的恩赐。

---

1 有关研究参见邓小南：《关于"泥马渡康王"》，《北京大学学报（哲学社会科学版）》1995年第5期，第101—108页。

第十二章　衰年，老了倦了走了

听说，有个叫林升的文士在驿馆的墙壁上题写了一首《题临安邸》：

山外青山楼外楼，西湖歌舞几时休。
暖风熏得游人醉，直把杭州作汴州。

这是讽刺朝中君臣安于在临安享乐，无心恢复中原。是啊，许多北方移民已习惯了江南，有些记不清汴京的情形了。听说有个叫孟元老的人撰成了一部书稿《东京梦华录》，细细回忆从前在汴京的每一条街巷的见闻，有点"白头宫女在，闲坐说玄宗"的意味。

李清照在临安居住的年月，都超过在汴京、青州居住的时日了。这里的春天来得早，一场风把红色、白色的花瓣刮到地上。听着鸟鸣声，她又一次感伤起来，过了这么多年，亲人的样貌在梦中模糊了。自己一年年老去，没了浓烈的爱恨情仇，就以一阕《好事近》略抒胸怀吧：

风定落花深，帘外拥红堆雪。长记海棠开后，正伤春时节。

酒阑歌罢玉尊空，青缸暗明灭。魂梦不堪幽怨，更一声啼鴂。[1]

绍兴二十年（1150年），李清照七十岁了。

她决定去拜访闲居的米友仁，请他在其父米芾所书《灵峰行记帖》《寿时宰词帖》上题跋。从前她不敢主动去拜访士人，担忧被人说闲话，如今她已经是白发苍苍的老妇，别人也没什么可说的了。米友仁擅长书法，因为求索的贵人、官员众多，他经常让门客模仿自己的风格书写碑文、传记之类，然后自己在文后亲书"元晖"二字而已。[2] 因为赵挺之、赵明诚父子从前与米芾有交往，两家也算是旧交，故而他得知李清照来拜会，当然要出来应酬。

《灵峰行记帖》是徽宗崇宁三年五月时，任管勾洞霄宫的米芾与同僚邵篪、胡端修、吴亮等人同游杭州灵峰宝刹时留下的诗歌与题名记。米友仁题跋云："易安居士一日携前人墨迹临顾，中有先子留题，拜观不胜感泣。先子寻常为字，但乘兴而为之。今之数句，可比黄金千两耳，呵呵。敷文阁直学士、右朝议大夫、提举佑神观友仁谨跋。"

---

[1] ［宋］李清照著，黄墨谷辑校：《重辑李清照集》卷一《好事近》，中华书局，2009年，第8页。

[2] 南宋人尤袤指米友仁"方此老无恙时，诸公贵人求索者日填门，不胜厌苦，往往多令门下士效作而亲志元晖二字于后"。见曾枣庄、刘琳主编：《全宋文》第225册《跋米元晖潇湘图卷》，上海辞书出版社、安徽教育出版社，2006年，第226页。

第十二章　衰年，老了倦了走了

《寿时宰词帖》所书李义府《咏乌》的诗有个典故。当年李义府得到李大亮、刘洎的举荐，拜见唐太宗，正好院子里的树上有几只乌鸦，皇帝命他写一首咏乌诗，他当即作了一首，云："日里扬朝彩，琴中伴夜啼。上林如许树，不借一枝栖。"皇帝欣赏他的才华，说："与卿全树，何止一枝。"这背后是米芾对得到宰相重用的渴望。崇宁年间，赵挺之为相，米芾也曾到府上拜会，这大概就是他送给赵挺之的，期望能得到这位宰相的关照。米友仁也是若有所感，题跋云："先子真迹也。昔唐李义府出门下典仪，宰相屡荐之，太宗召试讲武殿，侧坐，而殿赐有鸟数枚集之，上令作诗咏之。先子因暇日偶写，今不见四十年矣，易安居士求跋，谨以书之。敷文阁直学士、右朝议大夫、提举佑神观米友仁谨跋。"[1]

李清照重新整理丈夫的遗著《金石录》，补充了一些新的条目。卷十四的《汉巴官铁量铭》下有跋注云：

> 右《汉巴官铁量铭》云："巴官，永平七年，三百五斤，第二十七。"前代以"永平"纪年者凡五，汉明帝、晋惠帝、后魏宣武、李密、伪蜀王建。惟明帝至十八年，其他皆无及七年者，以此知为明帝时物也。此铭王无竞见遗。

最近有一个叫韩晖仲的人曾经过巫山，他在县衙看到一个大铁盆，底部犹如半瓮状，上面有东汉永平年间的铭文，旁边有

---

[1] ［宋］李清照著，黄墨谷辑校：《重辑李清照集》卷八《灵峰行记帖、寿时宰词帖跋二则》，中华书局，2009年，第225页。

黄庭坚所作的《盆记》："建中靖国元年，予弟叔向嗣直自涪陵尉摄县事，予起戎州，来寓县廨。此盆旧以种莲，余洗涤乃见字云……"[1]绍圣二年，黄庭坚被贬涪州别驾，黔州安置，路过巫山一次。元符三年徽宗即位后，黄庭坚于五月遇赦复宣德郎、监鄂州在城盐税，十月，改奉议郎、签书宁国军节度判官。他拖到第二年建中靖国元年才从三峡东下，三月初抵巫山，发现这个铁盆后写了这篇文章。

李清照想起，黄庭坚题写这个铁盆的那一年，自己嫁给了赵明诚。那是自己一生值得纪念的日子之一，她就在这一条下面补充了几句：

> 此盆色类丹砂，鲁直《石刻》云："其一曰：'秦刀，巴官三百五十戊，永平七年第二十七酉。'"余绍兴庚午岁亲见之，今在巫山县治。韩晖仲云。[2]

她之前上表进献《金石录》三十卷，其中并没有列入自己写的那篇追忆与夫君如何收藏、自己如何逃亡、如何丢失藏品的文章。她觉得那篇文章写得太琐碎，写那么长完全是为了应付张汝舟的纠缠，没有必要把那种文字与《金石录》这样的著作放在

---

1 [宋]陆游著，钱锡生等校注：《陆游全集校注》第十一册《入蜀记校注》，浙江教育出版社，2011年，第143页。
2 [宋]赵明诚著，刘晓东、崔燕南点校：《金石录》卷十四《汉巴官铁量铭》，齐鲁书社，2009年，第114页。

第十二章 衰年，老了倦了走了

一起。不过她想，那篇文章也记录了自己的真实经历，舍不得丢弃，就保存下来吧，或许以后，有人可以借那篇文字了解那些陈年旧事。

听说，帮助过自己的谢伋因为父亲谢克家、岳父綦崇礼与秦桧有过矛盾，长期被排挤在地方当官，如今闲居在黄岩灵石山，自号"药寮居士"，以写作诗文为乐。据说他在揣摩四六文的写法，这是翰林学士、中书舍人写诰文的体式，他的父亲、岳父都写过不少，而他自己却没有机会担任那样显贵的官职，无缘写作这类文章，他应该心心念念，有些不平吧。其实，不平的何止是他，李清照自己也是写四六文的好手，可惜身为女子，更与翰林学士那等官职无缘，无法与前辈名士和当代那些学士一较高下。

她常常想，丈夫的这些文字，能否像欧阳公的《集古录》一样传世？而自己，易安居士的诗词文章，能否一并传世？她见到或听到几人编辑的词选中有自己的词作，那么总有一些是可以传扬下去的吧。

建炎三年，成都文士黄大舆编定《梅苑》十卷，选录唐末以来词人涉及梅花的四百余阕，序称："于是录唐以来词人才士之作，以为斋居之玩。目之曰《梅苑》者，诗人之意，托物取兴，屈原制骚，盛列芳草，今之所录，盖同一揆。"[1] 里面选录了李清照所作的《渔家傲·雪里已知春信至》《玉楼春·红酥肯放琼苞碎》《满庭芳·小阁藏春》《临江仙·庭院深深深几许》《清平乐·年年

---

[1] 曾枣庄、刘琳主编：《全宋文》第173册《梅苑序》，上海辞书出版社、安徽教育出版社，2006年，第19页。

雪里》《孤雁儿·藤床纸帐朝眠起》等几首词。能与欧阳修、王安石、苏轼、黄庭坚并列，此生足矣。

《乐府雅词》三卷是虔州知州曾慥于绍兴十六年编选完成的，共选录欧阳修、贺铸、周邦彦、叶梦得等三十四位词家的七百多首词，其中以欧阳修入选的词作最多，共八十三首（今人考证其中十首为唐及五代词人所作）。曾慥的选择标准是："谐谑则去之……欧公一代儒宗，风流自命，词章幼眇，世所矜式；当时小人，或作艳曲，谬为公词，今悉删除。"里面没有选柳永之作，恐怕是因为柳永之作多是艳词，不符合"雅"的观念，而其中也没有选晏殊、晏几道、苏轼、黄庭坚、秦观之作，有点奇怪，恐怕是没有寻得他们的词作抄本吧。[1] 其中选了李清照的词二十三首。

一个叫鲖阳居士的人编辑《复雅歌词》五十卷，兼采唐、五代迄宣和间词作四千三百余首，是当时卷帙最大的词集，其中也选了李清照的词。

有个叫王灼的川人撰著《碧鸡漫志》，他推崇的是贺铸、周邦彦那样的词人。此书也提及李清照，评论她道："再嫁某氏，讼而离之，晚节流荡无归。作长短句，能曲折尽人意，轻巧尖新，姿态百出，闾巷荒淫之语，肆意落笔，自古缙绅之家能文妇女，未见如此无顾藉也。"[2]

---

1 仅《拾遗》选苏轼词两首、秦观词三首，以及晏殊和黄庭坚词各一首。今人对《拾遗》是否乃原书组成部分尚有疑问。有关研究参见王慧敏：《曾慥〈乐府雅词〉不录苏轼词之探测》，《忻州师范学院学报》2009年第6期，第40—42页。
2 ［宋］王灼撰，彭东焕、王映珏笺证：《碧鸡漫志笺证》卷二《易安居士词》，巴蜀书社，2019年，第84—85页。

第十二章 衰年，老了倦了走了

李清照想，如此说来，自己的词在蜀地也有人读、唱，应该是哪个好事的亲友传播出去的吧。只是，这个姓王的怎么如此少见多怪，对自己再婚、写词颇为轻视，为何不像蜀人苏公那样开通？黄公那样的人物，年轻时候也写过不少艳词，此人是否懂得这仅仅是"代言"而已，并非自传？自己要是男儿，这人又会是如何的嘴脸？不过，这人似乎也非穷乡僻壤的没有见识之辈，论说她"自少年便有诗名，才力华赡，逼近前辈。在士大夫中已不多得。若本朝妇人，当推词采第一"。[1] 这大概说的是自己的诗词超过曹希蕴、苏颂之妹延安郡夫人、魏玩等擅长诗词的女性，足可以与当朝名公一较高低，这倒有些见识。

亲戚谢克家的儿子谢伋撰著的《四六谈麈》于绍兴十一年刊印，里面在介绍李清照时写道："赵令人李，号易安。其《祭湖州文》曰：'白日正中，叹庞翁之机捷。坚城自堕，怜杞妇之悲深。'妇人四六之工者。"谢克家当年来拜祭时，应见过这篇祭文，他当过翰林学士，对自己这个女子的诗文，背后应该也有过评价吧？仅仅是"工"吗？李清照想，谢伋说自己的赋体文乃是女子中的特出之人，那么，与苏公、黄公那样的男子、学士相比呢？自己最大的劣势，或许就是无法如他们一样立身朝堂，写那样的大篇章，也无法自由地去见识各处的风景，与不同的文人交流，从而获得更丰富的体验，诗文创作也无从得到更广的传播。

她认识了一个姓孙的小女孩，此人乃是士人孙综之女，她

---

[1] ［宋］王灼撰，彭东焕、王映珏笺证：《碧鸡漫志笺证》卷二《各家词短长》，巴蜀书社，2019年，第84页。

觉得这个十来岁的女孩聪明异常，有点像自己小时候，想把自己写作诗词的技艺传授给她，让她有空的话经常到自己家中来，跟自己学写诗词。可这个小女孩拒绝了，她推辞说："才藻非女子事也。"[1] 也不知这个女孩的父母是怎样的人，总之，不如自己的父亲、母亲那样开明。据说女孩的父亲觉得她说得好，特地纂辑《烈女传》等书里的女子故事给她读，显然不想让她沾染诗词歌赋一类的知识。李清照见惯了各类人物，也只能叹息人各有志，就这样吧。

钱塘县有个叫朱淑真[2]的女子也擅长写词，有几首是模仿自己的。可惜，听说她嫁给俗吏，跟着夫君迁徙各地，颇为郁郁，写过《春日书怀》一诗感叹"从宦东西不自由，亲帏千里泪长流"[3]。据说，这位女词人年纪轻轻就故去了，写的诗词手稿也遭父母焚弃，只有之前外传或者其他亲友保存的一些诗词有所流传。可惜了，她日日思念的父母并不能理解她的写作。

时光匆匆，似乎一切都变了。临安城里，唯一没变的似乎就是皇帝、吴后、秦桧的位子。皇帝老了，吴后老了，秦桧也老了。秦桧把持相位多年，有人说是因为皇帝宠信此人，也有人说是

---

[1] ［宋］陆游撰，钱仲联、马亚中主编：《陆游全集校注·渭南文集校注》卷三十五《夫人孙氏墓志铭》，浙江古籍出版社，2015年，第103页。

[2] 学术界对朱淑真的生卒年代多有争论，或者认为她是北宋末、南宋初的人，或者认为她为南宋中晚期人，本书从前者。

[3] ［宋］朱淑真撰，［宋］魏仲恭辑，［宋］郑元佐注，冀勤辑校：《朱淑真集注》后集卷一《春日书怀》，中华书局，2008年，第160页。

第十二章　衰年，老了倦了走了

因为当年皇帝与金国盟誓"不许以无罪去首相"[1]。皇帝不愿多事，只得容忍秦桧，对其尾大不掉之势无可奈何。

朝廷官员都顺从秦桧的意志办事。但是私下依旧有很多人议论他的作为，觉得他比蔡京还要狠毒。绍兴二十年正月，秦桧上朝时，殿前司军人施全试图刺杀他，未能刺中，被当场逮捕，施全随即在闹市被磔杀。朝野纷纷猜测此人的背景，有人说秦桧故意一直不给军官升官，故而施全心怀怨恨，才有刺杀之举。[2] 也有人说秦桧亲自审问施全时，此人大义凛然地答道："全天下都要去杀金虏，只有你不肯杀金虏，所以我要杀你！"[3] 也有人传说，此人乃岳飞的老部下，要为故主报仇才如此。[4] 此后，秦桧出门便以五十武士执长梃护卫。

朝中官员皆知，得罪秦相的人会被贬、被杀，而赞美秦相的人可以升官，比如绍兴二十一年（1151年），李冈作了百韵长诗贺秦桧生辰，由大理少卿超升为吏部侍郎。另一方面，反对秦相之人，会被御史弹劾，轻则丢官，重则丢命。绍兴二十二年（1152年），秦桧以"诽谤朝政罪"，兴王庶二子、叶三省、杨炜、袁敏求四大狱案，把一批人贬谪边荒。听说，有个毛文以"大骂

---

1 [宋]叶绍翁撰，冯惠民、沈锡麟点校：《四朝闻见录》乙集《吴云壑》，中华书局，1989年，第50页。
2 [宋]李心传撰：《建炎以来系年要录》卷一百六十一，中华书局，1988年，第2603页。
3 [宋]刘时举撰，王瑞来点校：《续宋中兴编年资治通鉴》卷六，中华书局，2014年，第128页。
4 [宋]黎靖德编，王星贤点校：《朱子语类》卷一百三十一，中华书局，1986年，第3158页。

剧谈"在士人中著称，喜欢议论时政。一天他在临安酒肆遇唐锡，唐锡故意捉弄他，对他说："君素号敢言，不知秦太师如何？"毛文听了大为惊恐，急忙起身，遮住自己的耳朵连声说："放气！放气！"便匆匆走了，可见他也害怕谈论秦相。[1]

绍兴二十三年（1153 年），秦桧上书声称綦崇礼曾经将皇帝罢免自己相位的手书给别人看，议论自己。因綦崇礼无子，而独生女嫁给了谢伋，这封手书也就传承到了谢伋手上。秦桧奏请皇帝令台州官员从谢伋家收回綦崇礼所受的手书，他要以这种方法消灭对自己不利的史料。此外，进士黄友龙毁谤秦桧，被处以黥刑，发配岭南。另有内侍裴咏因指斥秦桧，遭编管琼州。

绍兴二十四年（1154 年）春天，又一次科考，秦桧的孙子秦埙考中省试第一。据说廷试的时候，考官准备把秦埙定为状元，秦桧的门客曹冠为第二，文士张孝祥为第三。皇帝称赞张孝祥"议论确正，词翰爽美"[2]，特地把张孝祥擢为第一，降秦埙为第三。同榜进士还有范成大、杨万里、虞允文等人。不久，秦埙被任为实录院修撰，宰相子孙同领史职，前所未有。

皇帝命人在西湖边的灵芝寺的空闲土地上修建显应观以祭祀崔府君，传扬此神护佑自己的神迹。还有一则传闻，说当今太子的母亲在怀孕时曾梦见自称崔府君的神人抱着一只羊，对她道"以此为识"。太子乃羊年（建炎元年）所生，曾被赐名为"瑗"，

---

[1] ［宋］陆游撰，李剑雄、刘德权点校：《老学庵笔记》卷一，中华书局，1979 年，第 11—12 页。
[2] ［宋］张孝祥撰，宛敏灏校笺：《张孝祥词校笺》，中华书局，2010 年，第 268 页。

第十二章　衰年，老了倦了走了

而一些人相信崔府君即汉代人崔瑗，认为他在护佑太子云云。这让李清照又想起当年汴京百姓祭祀崔府君的场景，她自己也曾挤在街道上看过热闹。

现在，她是个老人了。镜子中满头白发的那个人是自己吗？就这样一日日老去，可惜自己没有子女，没有含饴弄孙的机缘。可惜有这一身才华，却无法像男性文士那样，收及门弟子或开塾授课。女子，真的只能在闺阁中从事女红，独自吟诗吗？

老了，身体对深秋"乍暖还寒"的气候变化最是敏感。已有一些飞雁在南下。黄昏起了晚风，吹落了台阶前的菊花。她独自坐在房间，无心读书、赏花，只是默默等待着天黑。既然没有人可以说话，不如就写一首《声声慢》：

> 寻寻觅觅，冷冷清清，凄凄惨惨戚戚。乍暖还寒时候，最难将息。三杯两盏淡酒，怎敌他、晚来风急。雁过也，正伤心，却是旧时相识。
>
> 满地黄花堆积，憔悴损，如今有谁堪摘？守着窗儿，独自怎生得黑？梧桐更兼细雨，到黄昏、点点滴滴。这次第，怎一个，愁字了得！[1]

韩愈《南山诗》中七个联句，五言句句嵌入叠字，加起来十四叠词。本朝也有词人使用三叠、四叠、连叠等叠法。以七个

---

[1] ［宋］李清照著，黄墨谷辑校：《重辑李清照集》卷三《声声慢》，中华书局，2009年，第34页。

叠字开头，前所未见。推敲词里的一字一句，可以消磨时间，帮助她挨过这一天又一天的寂寞。

她常常在屋内和庭院中静坐，回忆往日的时光，想起在青州、建康与丈夫相处的日子，想起元祐年间与父亲、母亲在汴京的时光，想起自己抄写苏公、黄公、秦少游的诗词并轻声念诵的少女时代。他们那样的大才已作古多年，再也没有见到他们那样超群的英杰。她想，要说自己的诗词，与当下的文人学士的相比，可以并肩而立，甚至有些长处吧，与柳三变、张三影、贺梅子可以一校短长，与苏公、黄公那样的伟人相比呢？以后会有人把自己与他们相提并论吗？

问题是，自己的《易安文集》十二卷、词集《漱玉集》五卷，能传给谁？亲戚中有几个后辈喜好诗词文章，就把抄本交给他们吧，希望能使这些作品流传下去。以后的岁月，应该会有一些男男女女的"好奇者"或"好事者"，对一位女子写的诗词文章感兴趣吧。有一位女子，她写诗，写词，写文章，以文字传情达意，议论万象，欲与苏、黄那等人物匹敌，总该有人对其故事感兴趣吧。

许多年后，大宋还能偏安江南吗？是大宋的豪杰挥军北伐，还是金军南下，马踏临安？赵明诚和自己的诗词文章是否会遭遇兵火，化为尘埃？如果自己的文稿失传了，以后还会有人记得一个叫清照的女子吗？自己的故事能如庞灵照的传奇那样引人感慨吗？

灵光乍现的刹那，如白驹过隙，何以涌现？何以言说？何以流传？

第十二章 衰年,老了倦了走了

一个老人,要以老人的样子离开。按理说,从前赵明诚刚故去时,自己可以立继子,待继子长大了,让其继承财产,供奉赵明诚和自己的香火。可是自己没有那样办,后来自己再嫁张汝舟,有了那一场闹,之后也不好意思再立继子。自己故去的话,没有儿女的哭泣,少了些悲哀的气氛,让亲戚把自己随便埋在哪一处,没有子嗣祭奠自己,何必担忧地下的事情。父亲、母亲的坟墓在北方,自己不是也没有机会祭奠吗?经历了乱世,她学会了平静地接受世间的种种变化,把许多事、许多情、许多梦都沉淀在心底。

她故去了。

一个会写诗词文章的女子走了。几个亲戚听说易安居士故去,叹息了几句她的不容易。她没有儿女,与别人也少有人情往来,别人连她埋在哪里也不知道。临安城里,一些爱好诗词之人听闻消息,还记得她写的几句诗、几阕词,默念了一阵。

参考文献

［宋］李清照著，陈祖美注：《漱玉词注》，济南：齐鲁书社，2009年。

［宋］李清照著，黄墨谷辑校：《重辑李清照集》，北京：中华书局，2009年。

［宋］李清照著，徐培均笺注：《李清照集笺注（修订本）》，上海：上海古籍出版社，2013年。

［宋］窦仪等撰，吴翊如点校：《宋刑统》，北京：中华书局，1984年。

吴熊和：《唐宋词通论》，上海：上海古籍出版社，2022年。

诸葛忆兵：《徽宗词坛研究》，北京：北京出版社，2001年。

傅璇琮总主编，王兆鹏主编：《宋才子传笺证（词人卷）》，沈阳：辽海出版社，2011年。

方诚峰：《北宋晚期的政治体制与政治文化》，北京：北京大学出版社，2015年。

［美］艾朗诺著，夏丽丽、赵惠俊译：《才女之累：李清照及其接受史》，上海：上海古籍出版社，2017年。

徐培均：《秦少游年谱长编》，北京：中华书局，2002年。

薛瑞生：《周邦彦行实新证》，北京：商务印书馆，2022年。

程民生：《宋代女子的文化水平》，《史学月刊》2019年第6期。

薛瑞生：《周邦彦并未"流落十年"考辨》，《文学遗产》2005年第3期，第28—37页。

孟凡人：《北宋东京开封府城的形制布局》，《故宫学刊》2008年第1期，第342—390页。

邓小南：《掩映之间——宋代尚书内省管窥》，《汉学研究》2009年第27卷第2期，第5—42页。

陶然：《李清照南渡后行迹及戚友关系新探》，《文学遗产》2009年第3期，第148—151页。

罗昌繁：《元祐党籍碑的立毁与版本源流——兼论元祐党籍名录的变更》，《北京社会科学》2018年第11期，第58—74页。

后记

之前，我已给文徵明、赵孟頫、苏东坡、白居易、王羲之数人写过传记，两三年前，同中信出版的编辑曹雪萍女士闲谈时，她说我写的都是男性文士的传记，为什么不写个女性？

我寻思一刻，当即拒绝，当时觉得要给明清之前的古代女性写严肃传记，恐怕只能写武则天一人，盖因唐代的史书、笔记小说等各类著作对武则天有较详细的记述，可以写作史实相对准确、颗粒度比较细的传记。其他女性，即便如李清照这样今人觉得无比熟悉的人物，她留下的诗词文章加起来不到百首（篇），宋人对其记述也仅有一鳞半爪，很难以之为基础写作严肃、详细的传记。比如，今人甚至无法确知李清照的高矮胖瘦、生卒年份，也不知道她晚年生活在何处，与谁相依为命。尽管她有位弟弟，可不见有史书多给这位弟弟几笔记述，不知道他何年故去，妻儿几个。总之，李清照是个迷雾中的人。坊间大量的李清照传记，绝大多数都是按照今人的浪漫想象虚构对话、场景的传记小说，仅有两三位学者写过相对严谨的评传，其中文字大多是分析诗词的，对其人生行迹着墨不多。

一度，我有心写本与众不同的武则天传记，已写了近二十万字的草稿，可是写到其晚年的宫廷斗争的细节，那些死亡、阴谋

后记

让我越写越厌恶。我觉得前人已经写了太多这类讲述宫斗、权谋的小说、传记，似乎不必再增加我写的一本。我也曾半途中止写作，转头去忙其他事了。不过，心中时不时还浮出写本女性人物传记的念头。

前年年底，清华大学出版社的编辑孙元元女士也向我建议，可以写写李清照，就算短一点也没关系。先后有两位女性编辑对李清照的人生感到好奇，对李清照念念不忘，让我再次思考这件事。或许，真的该写写李清照？或者，可以挑战一下传记写作的新难度？挑战一下男作者写女性历史人物这件事？

更早之前，我曾尝试克服更极端的限制条件给另一位古人吴道子写传记。吴道子虽然声名赫赫，但是并无真迹传世，也无所作文字留存，唐人对他的记述非常稀少。我当时有点不自量力，想要给他写一本严肃的传记。我写了十几万字的初稿，却越写越惶恐，他人生中毫无记载的空白实在太多，如果不辅以推测或者虚构，写出的文字恐怕只能算"玄宗时代朝野见闻录"，而难以称作"传记"。再三犹豫，只能不甘心地丢下那大半部草稿，去写其他的东西去了。

好在，比起吴道子，我们至少知道李清照的父亲、丈夫的名讳和履历，她也留下了《金石录后序》这样的自传性文本可供参考。不过，她活着的时候，女性作家仍然是极少数，作为女子，她无法如男子那样外出游学、科考，无法在朝堂和士林立功、立德、立言，只能在室内、庭院、街巷活动，因此很少有人记述她的行迹。这导致当代的作家、学者撰写李清照的传记，要么写成虚构的传记小说，要么写成侧重评析诗文的评传。

尽管原始资料有限，可是我仍然决心写一本传记，试图以史实基础追溯她作为个人、作家的成长历程，而不纠结具体诗词的典故、词句。这意味着，我必须直面其传世诗文极少、同时代人对其记述极少这两个限制条件。我的策略是，跟着李清照走一遭，通过她的眼睛、耳朵去见闻周边的人物、景观、信息，描述她可能看到什么、听到什么、读到什么，弄清她的榜样是谁，对手是谁，在互相映射的关系网络中塑造李清照的形象。或者说，我是以"切片重组"的方式"捕捉"那个若隐若现的影子，让"李清照之重影"显现。有心人可以从书里诸多的"重影"中辨认自己认可的影子，以自己的知识、体验、想象重绘属于自己的那个"可能的李清照"。

本书所采用的李清照词的版本主要参考陈祖美《漱玉词注》、黄墨谷《重辑李清照集》、徐培均《李清照集笺注（修订本）》三本著作，但对个别词句的认定、作品编年的归类与之有所不同。另外，我也参考了当代学者对李清照生平、作品以及相关情况的研究成果，具体参见注释和参考文献。在写作中，我对李清照、赵明诚的生平做了详细的考察，有几处与前人不同的看法。如关于李清照《金石录后序》所云"余自少陆机作赋之二年，至过蘧瑗知非之两岁，三十四年之间，忧患得失，何其多也"，这相隔三十四年的"忧患得失"，前人一般解读为两事，一指其十八岁时与赵明诚结婚，二指其五十二岁写此文时与张汝舟的纠缠。但是我认为结婚乃喜事，不属于"忧患"，她十八岁发生的"忧患"应暗指母亲王氏病逝之事。那件事让她初次体验到死亡之悲,这一点进而也可以支持李清照的生年为元丰四年之说。另如对赵明诚在《金石录》中影射时政的解读、曹希蕴对李清照的影响等也是前人较少论述之处。

因为是一本传记,文中难免要把李清照的诗词归入相关的章节和生命的相应阶段,但是本书对李清照其经历和诗词的关系的解读与绝大部分之前的李清照传记都不同。正如汉学家艾朗诺在《才女之累:李清照及其接受史》一书中揭示的,赵明诚、李清照乡居青州十年期间,两人分离的时间并不长。在我看来,分别最长的时段可能是宣和三年五月至八月初的三个多月而已,其他几次分离的时间可能都很短,大多是几天而已,最长也不过十来天。因此,不应把李清照所写的表达离愁别绪的词作当作她的自传,好像她长期忍受着寂寞之苦似的。应当破除以"自传体"解读易安词的思维定式。与具有一定纪事功能的诗不同,词这一文学体裁在诞生之初时乃歌女在酒宴上演唱的曲子,有虚构和想象的表演色彩。男性文人写的许多词也是模拟女性口气的代言之作而已,所写的不必是真实发生的事情,甚至并不一定是真实的情感,这是填词的惯例。李清照的写作也有类似的方面,比如她早期的许多词作写少女情态、男女相思,未必就是在实录自己的生活,而是有虚构的可能。她完全有可能同今天的诗人、小说家一样,是在写"虚构文学",也有从文本到文本的"互文性创作"。

我认同艾朗诺的研究,所以在本书中,并没有将李清照的词作与其人生履历、心理状态一一对应到固定的时间点,而是采取了相对开放的态度。我在叙事中把不少词作的创作动机归于她与同时代的文学大家进行的才力比拼，而非对人生经历的情感抒发。比如《凤凰台上忆吹箫》这首词，以前的传记几乎都当作李清照思念丈夫的情感自述，但在本书的叙述中，此词乃是她针对晁补之的词作进行的文学对话和才华竞赛。

就算书中一些章节是把部分词作与她的经历相结合进行叙述的，我的处理也与前人有微妙的不同。比如把李清照多首有关离愁别恨的词作的时间都归到大观三年丈夫第一次离开后，认为她是以某一亲身经历为触发点，受到刺激之后写出这些作品的，这主要是创作行为，而非仅仅是对离别之愁的心理感知。又比如，我把李清照写梅花的多首词作都归到建炎二年，彼时她第一次经历江南的春天，这一触发点足以刺激她写作一系列诗词，并很快转变为她与其他作家的写梅之作的文学竞赛。

在此也要约略说一下李清照的身后事。简单说来，李清照活着的时候就颇有名气，同时代的评论家王灼说她"才力华赡，逼近前辈，在士大夫中已不多得。若本朝妇人，当推词采第一"。稍后的朱熹也称赞说："本朝妇人能文，只有李易安与魏夫人。李有诗，大略云：'两汉本继绍，新室如赘疣。所以嵇中散，至死薄殷周。'中散非汤武得国，引之以比王莽，如此等语，岂女子所能。"朱彧《萍洲可谈》卷中云："本朝女妇之有文者，李易安为首称。易安名清照，元祐名人李格非之女。诗之典赡，无愧于古之作者；词尤婉丽，往往出人意表，近未见其比。"即不仅把她当作女子中的魁首，还认为她的作品可与"古之作者"，即古代大作家相提并

后记

论。他们都已注意到李清照的创作主题超出一般女诗人、女词人的书写范畴，而且其才思、文字可以与杰出的男性文士相比，但是在当时的文化语境中，一个女作家的作品的传播广度、得到的认同肯定无法与苏轼、黄庭坚这样的顶级名士相比。

之后历代的通达之士都承认李清照的才华，如明人杨慎也说其词作与男性作家相比毫不逊色，"宋人填词，李易安亦称冠绝。使在衣冠，当与秦七、黄九争雄，不独雄于闺阁也"。清代的李调元认为其"词无一首不工，其炼处可夺梦窗（吴文英）之席，其丽处直参片玉（周邦彦）之班。盖不徒俯视巾帼，直欲压倒须眉"。到了现代，郑振铎称颂她是"宋代最伟大的一位女诗人，也是中国文学史上最伟大的一位女诗人"。

可以说，李清照是个在世的时候就有意与她那个时代最优秀的男性文士较劲的女学士。她具有"雌雄同体"的意识，有文学上明确的创作意识、竞争意识，超越了宋代一般女子的自我意识局限，这一特点很快就被当时和后世的文人注意到了。最终，在现代，她被追认为中国古代文学史中可与苏轼、黄庭坚比肩的伟大人物。

作为当下的作者，我尝试上溯九百年的时光之河，回到李清照活着时的历史语境，尽可能真实而又细微地呈现她的生命历程。这既要依据大量文献，如侦探一般探寻真相、隐情，也要依赖常识、常情，给予"同情之理解"，写下的一字一句，有依据，有选择，也有犹豫，知者当有一二会心之处。

周文翰

2025 年 2 月 6 日

附录

《卢眉娘像》（一说《庞灵照像》） 绢本设色 116.5厘米×42.1厘米 宋代或元代
史密森尼学会国立亚洲艺术博物馆

  画中人头戴冠簪，眉如细线，双目上挑，颇具超凡脱俗的仙家气度。馆方认为此图所绘人物乃卢眉娘，但是也有艺术史研究者认为此图应是女禅师庞灵照的画像，理由是画中人物所持乃是其标志性的道具竹笊篱。庞灵照是唐代著名禅门居士庞蕴的女儿，传说庞蕴抛弃万贯家财隐居修行，靠编竹器让女儿拿到集市卖钱维持家用。此图实际描述的是庞灵照右手持竹笊篱，左手提竹篮，篮里还可见供出售的其他竹笊篱的把柄。庞蕴预测自己将在中午入灭，令女儿灵照出门观察日光，她回来说"日已中矣，而有蚀也"。待父出门观看时，她坐在父亲的座位上合掌而亡，父亲夸赞女儿"锋捷"，自己延至七日之后乃亡。画史传说李公麟曾绘有《丹霞访庞居士图》，李清照或许见过类似的图画，她在悼念亡夫的《祭赵湖州文》中写的"白日正中，叹庞翁之机捷"即指"灵照入灭"的禅宗公案。或许，在李清照的心目中，她自己的形象、灵慧与庞灵照有近似之处。

《上元婴戏图》 缂丝 107.3厘米×66.5厘米 宋代 台北故宫博物院

　　此图描绘上元节时孩童在庭院游戏的场景，有的执弓臂鹰、狩猎为戏，有的放风筝、蹴鞠，有的摆弄乐器，有的观画、读书，共计三十余人。画面饰以象征长寿、富贵的鹿、丹顶鹤、牡丹、梅花等吉祥图案，或许是当时士人常用的装饰素材。

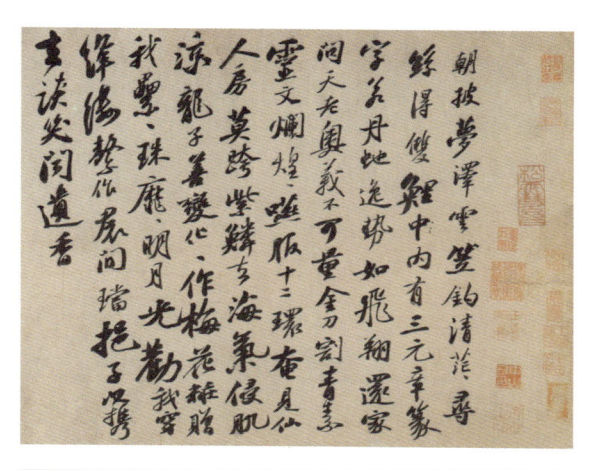

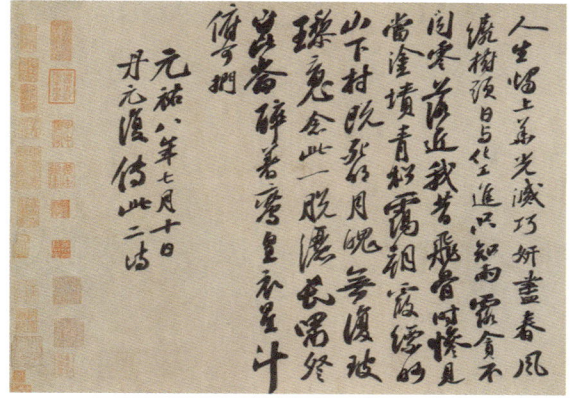

《李白仙诗卷》 纸本墨迹 34.5厘米×116厘米 宋代 苏轼 大阪市立美术馆

元祐八年苏东坡离京前夕所书的这两首"李白之诗"据说来自道士丹元子（姚安世）口诵，后世猜测或是姚安世所作，或是苏轼自己托名而作，不见于传世的《李太白文集》。

释文：

朝披梦泽云，笠钓清茫茫。寻丝得双鲤，中（衍文点去）内有三元章。篆字若丹蛇，逸势如飞翔。还家问天老，奥义不可量。金刀割青素，灵文烂煌煌。咽服十二环，奄见仙人房。莫（暮）跨紫鳞去，海气侵肌凉。龙子善变化，化作梅花妆。赠我累累珠，靡靡明月光。劝我穿绛缕，系作裙间珰。挹子以携去，谈笑闻遗香。

人生烛上华，光灭巧妍尽。春风绕树头，日与化工进。只知雨露贪，不闻零落近。我昔飞骨时，惨见当涂坟。青松霭朝霞，缥眇山下村。既死明月魄，无复玻璃魂。念此一脱洒，长祭登昆仑。醉着鸾皇衣，星斗俯可扪。

元祐八年七月十日，丹元复传此二诗。

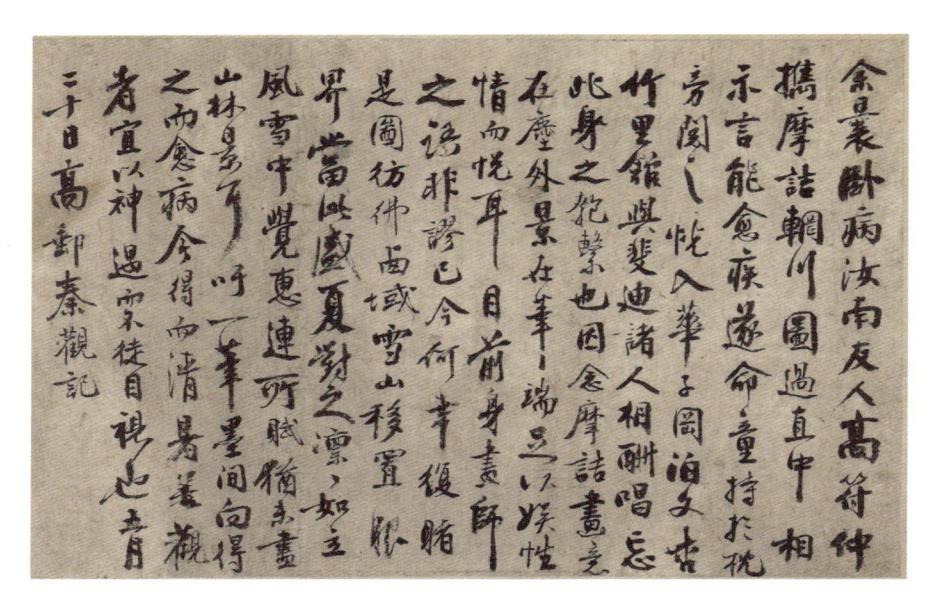

《摩诘辋川图跋》 纸本 25.2厘米×39.4厘米 宋代 秦观 台北故宫博物院

释文：

　　余曩卧病汝南，友人高符仲携《摩诘辋川图》，过直中相示。言能愈疾，遂命童持于枕旁阅之。恍入华子冈，泊文杏竹里馆，与斐（裴）迪诸人相酬唱，忘此身之匏系也。因念摩诘画，意在尘外，景在笔端，足以娱性情而悦耳目，前身画师之语非谬已。今何幸复睹是图，仿佛西域雪山，移置眼界。当此盛夏，对之凛凛如立风雪中。觉惠连所赋，犹未尽山林景耳。吁！一笔墨间，向得之而愈病，今得而清暑，善观者宜以神遇而不徒目视也。五月二十日，高邮秦观记。

《宋哲宗坐像》 绢本设色 179.7厘米×144.7厘米 宋代 台北故宫博物院

宋哲宗九岁登基，前期年号"元祐"，太皇太后高氏垂帘听政，任用旧党，哲宗亲政后年号"绍圣""元符"，任用新党，施行新政。

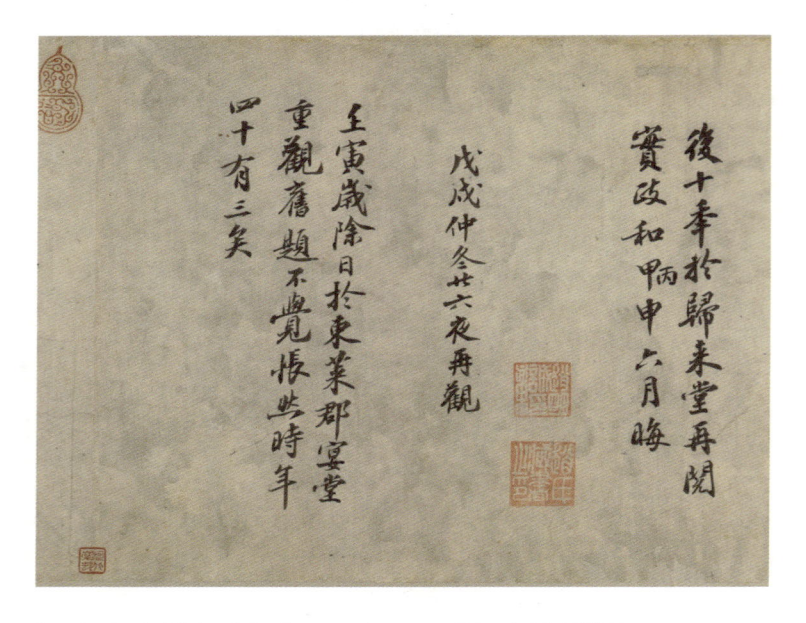

赵明诚题欧阳修《集古录跋尾四》 27.2 厘米 × 171.2 厘米　台北故宫博物院

赵明诚题词释文：
　　右欧阳文忠公《集古录跋尾四》，崇宁五年仲春重装。十五日德父题记。时在鸿胪直舍。
　　后十年于归来堂再阅。实政和丙（原为"甲"字）申六月晦。
　　戊戌仲冬廿六夜再观。
　　壬寅岁除日，于东莱郡宴堂重观旧题，不觉怅然，时年四十有三矣。

之陽開陰闔變化無窮顧天下諸
侯無不在其術中者惟不見其所
好者不可得而說也以此知君子宜慎
其所好泊然無欲而禍福不能動
利害不能誘此鬼谷之術所不能為
者此是聖賢之所難也

右歐陽文忠公集古錄跋尾
四崇寧五年仲春重裝十五
日德父題記　時在鴻臚直舍

《清明上河图》(局部) 绢本设色 24.8厘米×528.7厘米 宋代 张择端 北京故宫博物院

从这幅图可以想象李清照所见的城镇景观。对《清明上河图》所绘的地点，学术界看法不同，徐邦达、杭侃等学者认为该图描绘的是汴京外城东水门附近；禹玉、杨新等认为所绘为汴京内城东角子门附近；刘益安等认为图中所绘并非汴京，而是汴河沿岸的某一集镇；赵里萌认为所绘地点是蔡河，图中的城门为新门（崇明门），桥梁为新门所对之新桥。

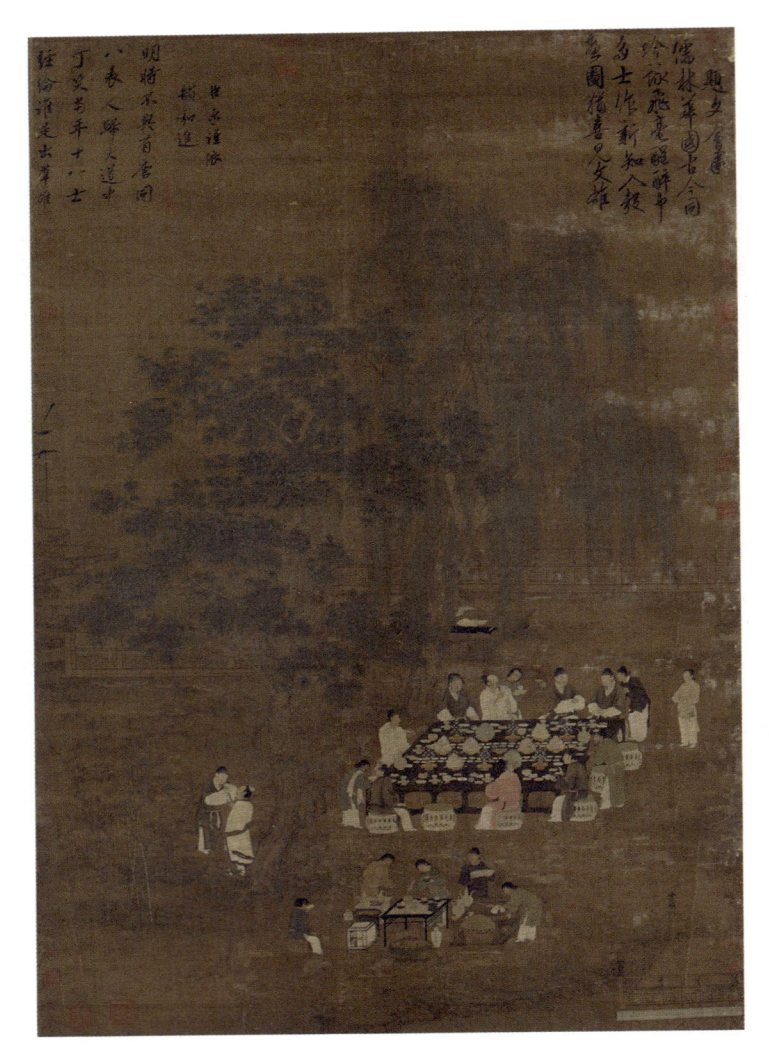

《文会图》 绢本设色 184.4 厘米 × 123.9 厘米 宋代 赵佶 台北故宫博物院

这是唐代以来流行的"十八学士"主题的画作，描绘文士聚会品茗的场景，案上摆设有果盘、酒樽、杯盏等，众文士或围坐案旁，或在树下寒暄。由此可以想见赵明诚等官员、士人雅集的场景。图中，右上题文出自赵佶，左上题文出自蔡京。

释文：

《题文会图》：儒林华国古今同，吟咏飞毫醒醉中。多士作新知入彀，画图犹喜见文雄。

《臣京谨依韵和进》：明时不与有唐同，八表人归大道中。可笑当年十八士，经纶谁是出群雄。

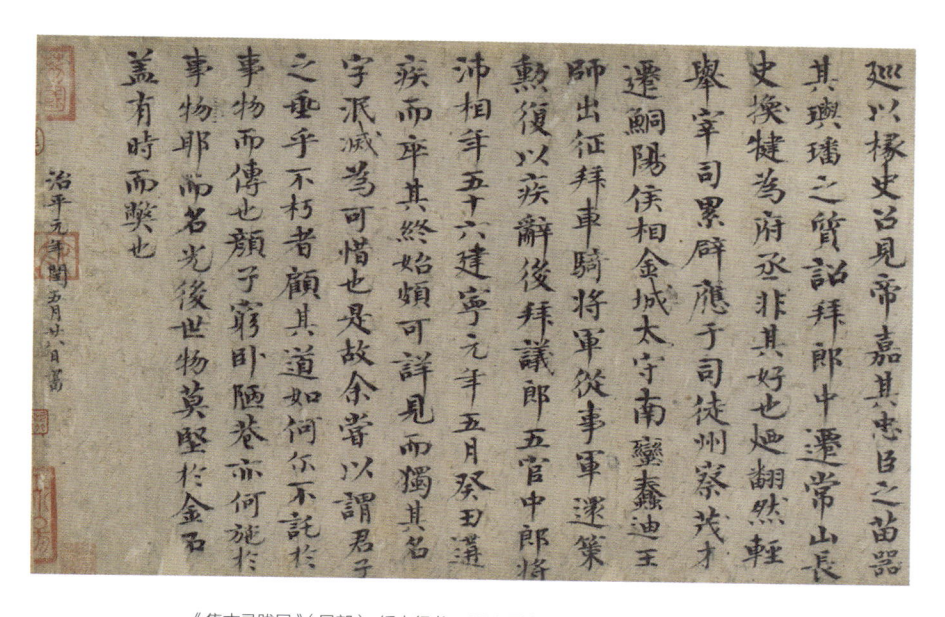

《集古录跋尾》（局部） 纸本行书 27.2 厘米 × 171.2 厘米 宋代 欧阳修 台北故宫博物院

释文：

（右汉杨君碑者，其名字皆已磨灭，惟其铭云"明明杨君"，其姓尚可见尔。其官阀、始卒，则粗可考，云"孝顺皇帝西"巡，以橼史召见。帝嘉其忠臣之苗，器其玙璠之质，诏拜郎中。迁常山长史，换犍为府丞，非其好也，乃翻然轻举，宰司累辟，应于司徒，州察茂才，迁䣚阳侯相、金城太守。南蛮蠢迪，王师出征，拜车骑将军从事，军还策勋，复以疾辞。后拜议郎、五官中郎将、沛相。年五十六，建宁元年五月癸丑遘疾而卒。其终始颇可详见，而独其名字泯灭为可惜也。是故余尝以谓君子之垂乎不朽者，顾其道如何尔，不托于事物而传也，颜子穷卧陋巷，亦何施于事物耶，而名光后世。物莫坚于金石，盖有时而弊也。治平元年闰五月廿八日书。

《宋徽宗后坐像》 绢本设色 186.3厘米×105.2厘米 宋代 台北故宫博物院

《宋徽宗坐像》 绢本设色 188.2 厘米 × 106.7 厘米 宋代 台北故宫博物院

《元祐党籍碑》拓片　纸本墨拓　140厘米×79厘米　清代　中国国家博物馆

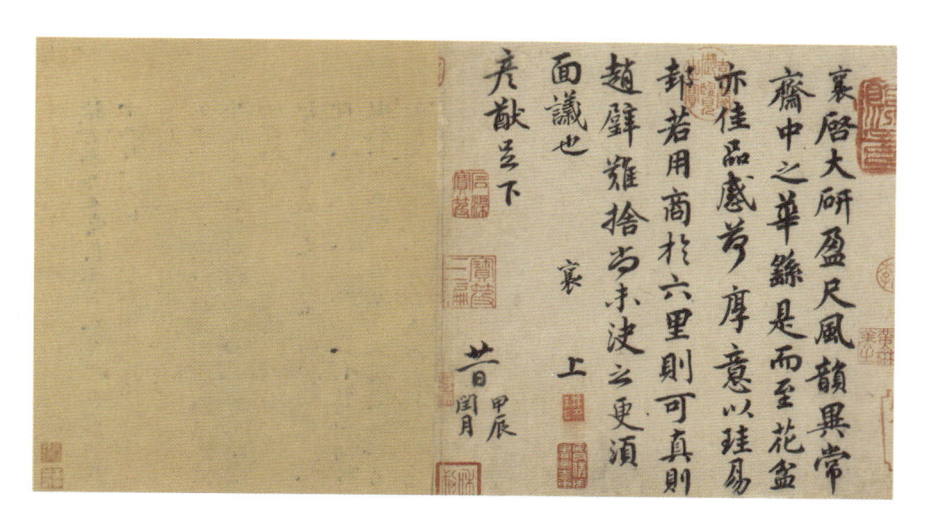

《蔡襄致彦猷尺牍》 纸本墨迹 25.6厘米×25厘米 宋代 蔡襄 台北故宫博物院

蔡襄所说"风韵异常"的大砚或许就是唐询（字彦猷）所推崇的青州红丝砚，两人皆为爱砚之人。

释文：

襄启：大研盈尺，风韵异常，斋中之华，籋是而至。花盆亦佳品，感荷厚意。以珪易邦，若用商于六里则可。真则赵璧难舍，尚未决之，更须面议也。襄上，彦猷足下。廿一日，甲辰，闰月。

牡丹纹陶瓶　高 31.8 厘米　宋代　纽约大都会艺术博物馆

从这类宋代遗留的器物可以推想李清照生活中的用具、摆设。

崇宁通宝　铜钱　直径 3.5 厘米　宋代　纽约大都会艺术博物馆

耀州窑青瓷刻划花凤纹提梁壶　瓷器　高 21 厘米，直径 15.2 厘米　宋代　纽约大都会艺术博物馆

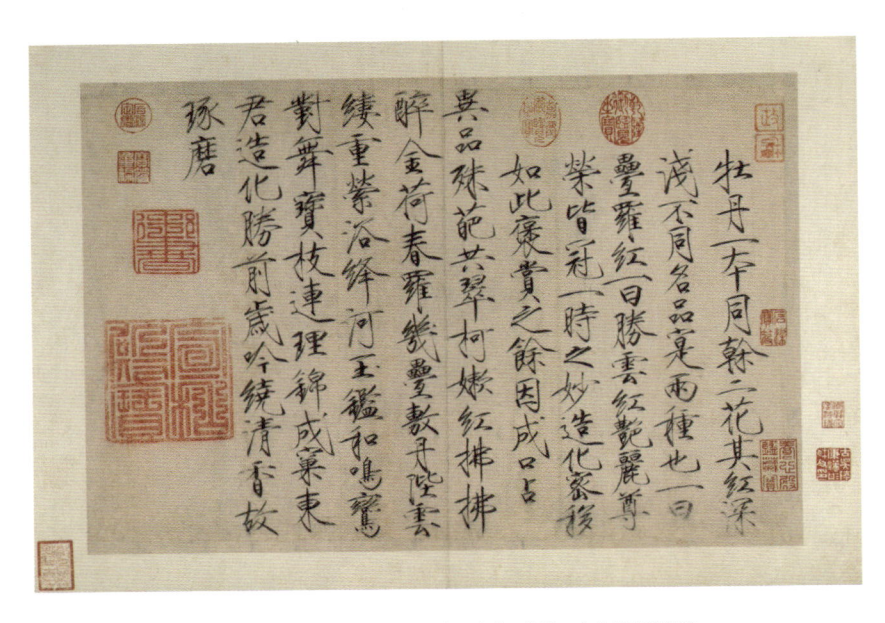

《宋徽宗书牡丹诗》 纸本墨迹 34.8 厘米 × 53.3 厘米 宋代 赵佶 台北故宫博物院

宋徽宗爱好花、赏石，由此有了搜罗东南花木、赏石的"花石纲"，引起东南百姓不满。

释文：
　　牡丹一本，同干二花，其红深浅不同。名品实两种也，一曰叠罗红，一曰胜云红。艳丽尊荣，皆冠一时之妙，造化密移如此，褒赏之余，因成口占。
　　异品殊葩共翠柯，嫩红拂拂醉金荷。春罗几叠敷丹陛，云缕重萦浴绛河。玉鉴和鸣鸾对舞，宝枝连理锦成窠。东君造化胜前岁，吟绕清香故琢磨。

《跋雪江归棹图卷》 绢本墨迹 30.3厘米×190.8厘米 宋代 蔡京 北京故宫博物院

释文：

　　臣伏观御制雪江归棹，水远无波，天长一色。群山皎洁，行客萧条。鼓棹中流，片帆天际。雪江归棹之意尽矣。天地四时之气不同，万物生天地间。随气所运，炎凉晦明。生息荣枯，飞走蠢动。变化无方，莫之能穷。皇帝陛下以丹青妙笔，备四时之景色，究万物之情态于四图之内，盖神智与造化等也。大观庚寅季春朔，太师楚国公致仕，臣京谨记。

政和鼎　23 厘米 × 19.1 厘米 × 19.3 厘米　宋代　台北故宫博物院

　　政和鼎铸于北宋徽宗政和六年，是徽宗赐予宠臣童贯的，以作为家庙祭祀之器。器形、纹饰仿商代铜鼎形制，器内铭文采西周赏赐铭文体例，体现徽宗君臣复兴上古三代礼制之意。

杨时金星歙石砚　31.5厘米 × 17.3厘米　宋代　台北故宫博物院

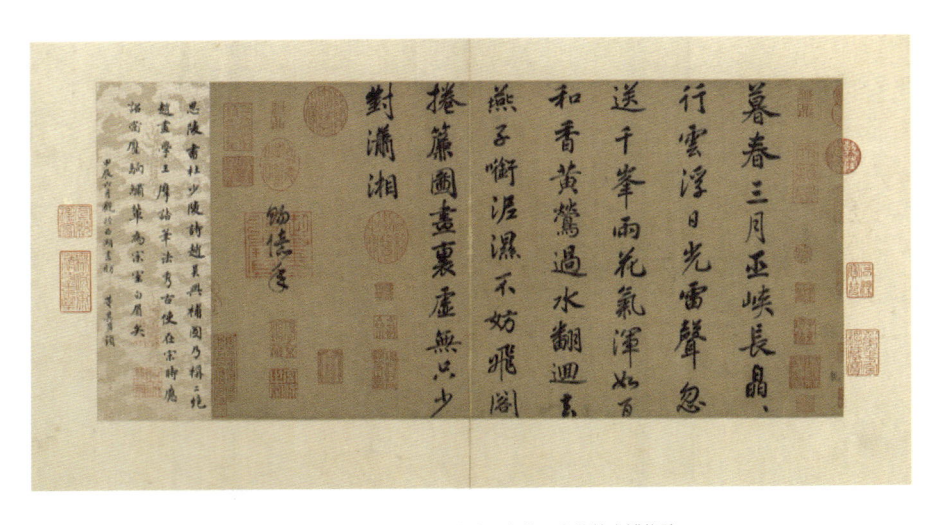

《暮春三月诗帖》 绢本墨迹 48.7厘米×70.3厘米 宋代 赵构 台北故宫博物院

所书杜甫《即事》释文：
  暮春三月巫峡长，晶晶行云浮日光。雷声忽送千峰雨，花气浑如百和香。
  黄莺过水翻回去，燕子衔泥湿不妨。飞阁卷帘图画里，虚无只少对潇湘。

《宋高宗坐像》 绢本设色 185.7厘米×103.5厘米 宋代 台北故宫博物院

《待渡图》 绢本设色 23.8厘米×25.2厘米 宋代 史密森尼学会国立亚洲艺术博物馆

《观灯图》 绢本设色 171厘米×107.1厘米 宋代 李嵩 台北故宫博物院

《西湖清趣图》("大佛"局部) 纸本设色 32.9厘米×1581.1厘米 元代 弗利尔美术馆

全图从钱塘门绘起,经断桥、孤山、苏堤、雷峰塔等景致,逆时针环西湖一周,再回到钱塘门,描绘了南宋西湖全景。此处为在宝石山山腰的大佛。李清照所看到的西湖,应就是这样的面貌。

《西湖清趣图》("雷峰塔"局部) 纸本设色 32.9厘米×1581.1厘米 元代 弗利尔美术馆

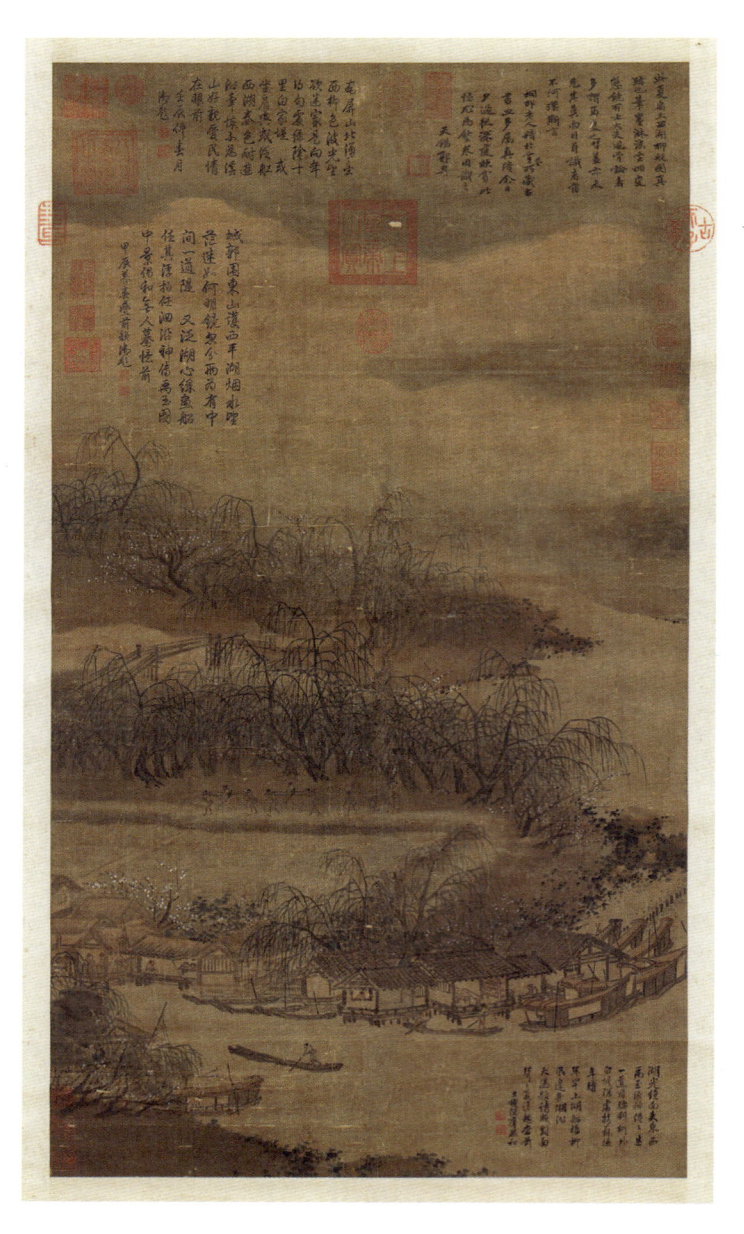

《西湖柳艇图》 绢本设色　107.2 厘米 × 59.3 厘米　宋代　夏圭　台北故宫博物院

《市担婴戏图》 绢本设色　25.8厘米×27.6厘米　宋代　李嵩　台北故宫博物院

画中货郎担着琳琅满目的食物、玩具等百货，还有"仙经""文字""山东黄米酒""酸醋"等文字标记。

龙泉窑双耳瓶　瓷器　高17.1厘米　宋代　纽约大都会艺术博物馆

仿古纹样铜细颈瓶　铜器　高 20.3 厘米，直径 10.8 厘米　宋代　纽约大都会艺术博物馆

玉雕螭龙荷叶洗　玉器　5.7厘米×17.1厘米×7厘米　宋代或元代　纽约大都会艺术博物馆

青铜弦纹炉　铜器　高 7 厘米，直径 10.5 厘米　宋代　纽约大都会艺术博物馆

《宋高宗后坐像》 绢本设色 347厘米×138.4厘米 宋代 台北故宫博物院

宋高宗皇后吴氏也擅长文辞、典故，李清照曾向她献春帖子、端午帖子，两人有过交往。

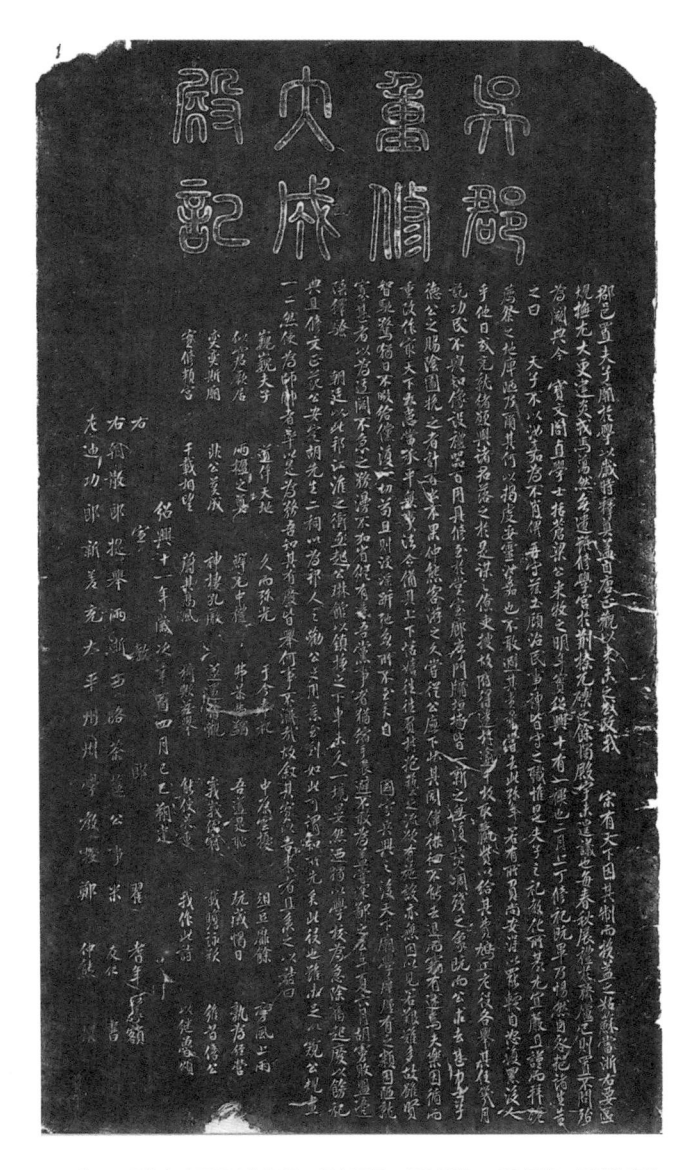

《吴郡重修大成殿记碑》拓片　纸本墨拓　185厘米×96厘米　原碑为南宋
苏州碑刻博物馆

苏州文庙始建于北宋景祐二年，建炎四年毁于兵燹。绍兴十一年平江知府梁汝嘉重建，邀请郑仲熊撰文，米友仁书丹，翟耆年篆额，徐杲镌刻。

《花篮图》 绢本设色 19.1厘米×26.5厘米 宋代 李嵩 北京故宫博物院

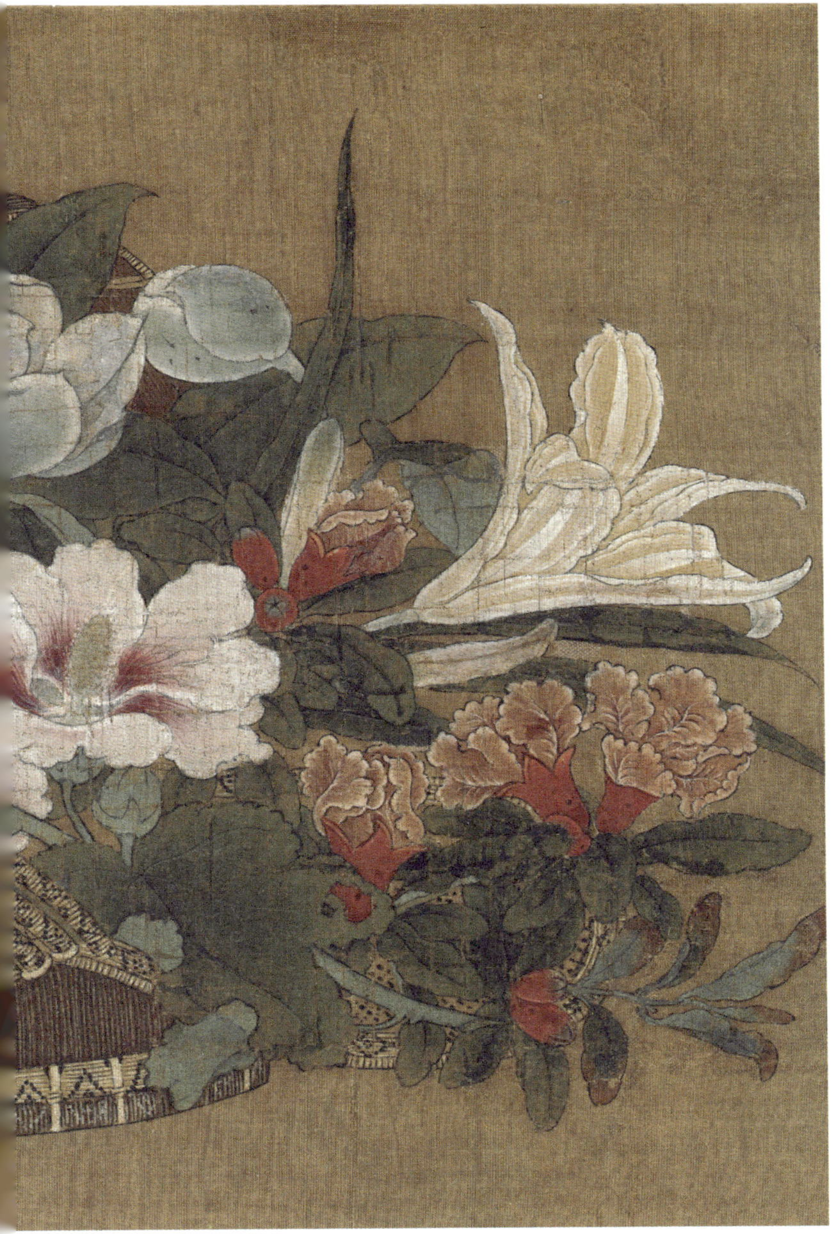

《湖亭游览图》 绢本设色　26.9厘米×28.1厘米　宋代　弗利尔美术馆

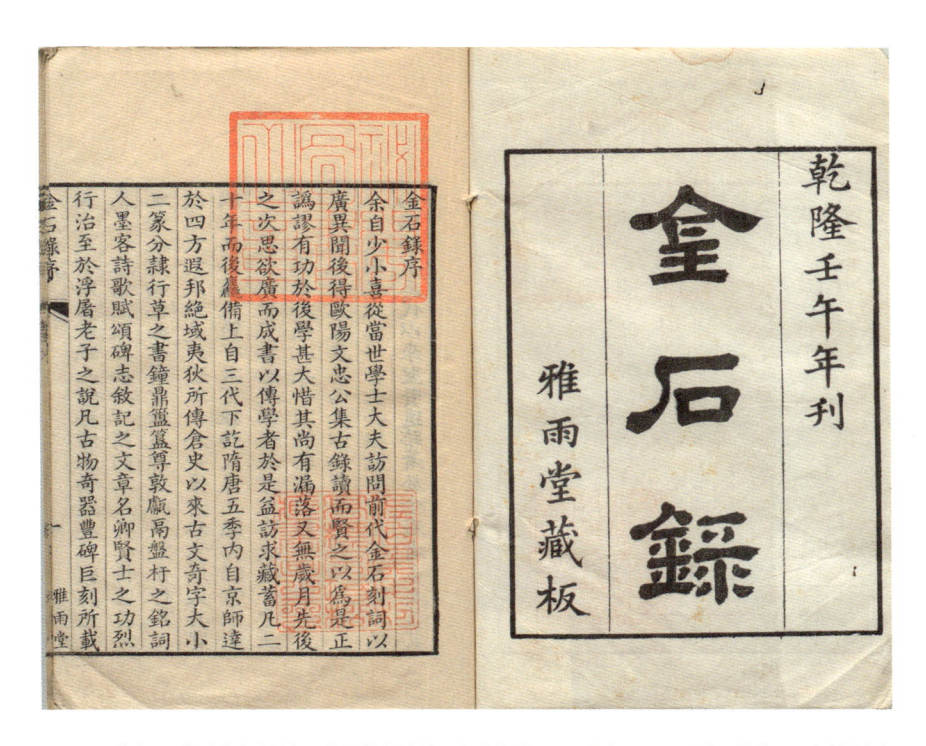

《金石录》清乾隆德州卢氏雅雨堂精写刻本　纸本印刷　18.2厘米×14.5厘米　清代　日本内阁文库

南宋淳熙年间龙舒郡（今安徽舒城）斋刻本《金石录》并不包括李清照撰写的后序，洪迈《容斋四笔》云："赵德甫《金石录》三十篇，其妻易安李居士作后序，今龙舒郡库刻其书，而此序不见取。"可能是李清照没有把自己的后序放入书稿，而是当作单独的文章，也可能是赵氏族人手中的传本没有列入李清照的后序，但此明清刻本已把李清照的后序列入其中。

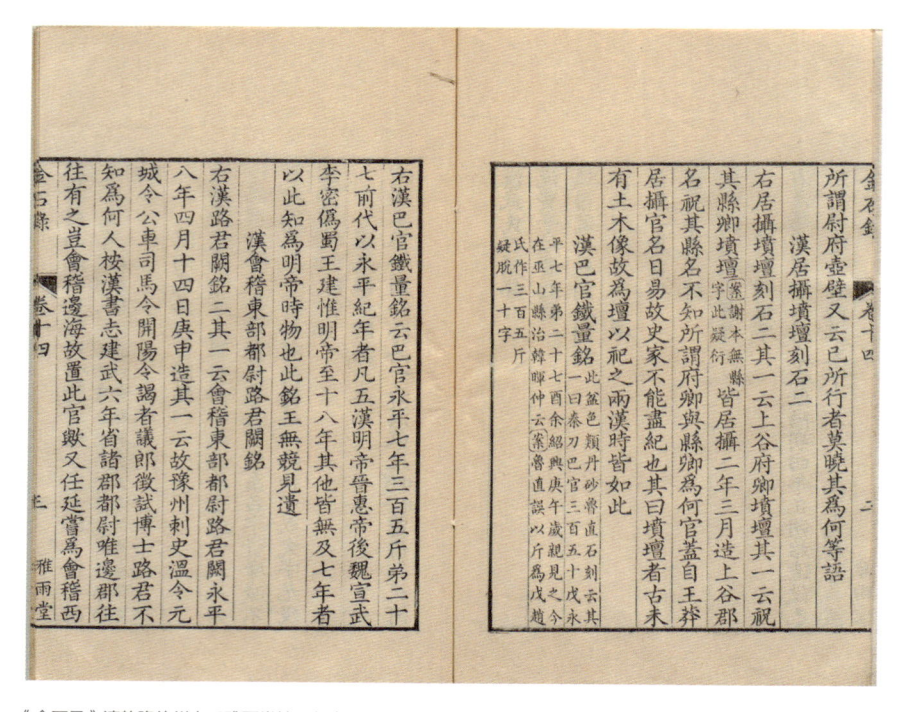

所謂尉府壺壁又云巳所行者莫曉其爲何等語

漢居攝墳壇刻石

右居攝墳壇刻石二其一云上谷府卿墳壇其一云祝
其縣卿墳壇〖謝本無縣字此疑衍〗皆居攝二年三月造上谷郡
名祝其縣名不知所謂府卿與縣卿爲何官蓋自王莽
居攝官名日易故史家不能盡紀也其曰墳壇者古未
有土木像故爲壇以祀之兩漢時皆如此

漢巴官鐵量銘

此篋邑頭丹砂券直
一曰泰刀巴官三百五十戊寅今
平七年二十七酉紹興庚午歲觀仲云〖案〗此蓋直誤以斤爲戊
在亞山縣治韓脚氏作疑脫一十百五十字

右漢巴官鐵量銘云巴官永平七年三百五斤弟二十
七前代以永平紀年者凡五漢明帝晉惠帝後魏宣武
李密僞蜀王建惟明帝十八年其他皆無及七年者
以此知爲明帝時物也此銘王無競見遺

漢會稽東部都尉路君闕銘

右漢路君闕銘二其一云會稽東部都尉路君闕永平
八年四月十四日庚申造其一云故豫州刺史溫令元
城令公車司馬令開陽令謁者議郎徵試博士路君不
知爲何人按漢書志建武六年省諸郡都尉唯邊郡往
往有之豈會稽邊海故置此官歟又任延嘗爲會稽西

金石録　卷十四　　　　七　　雅雨堂